中国企业的韧性

危机下的应对与转型

本书编写组 / 编著

人民日报出版社
北京

图书在版编目（CIP）数据

中国企业的韧性：危机下的应对与转型 /《中国企业的韧性：危机下的应对与转型》编写组编著 . -- 北京：人民日报出版社，2020.11
ISBN 978-7-5115-6440-5

Ⅰ. ①中⋯　Ⅱ. ①中⋯　Ⅲ. ①企业发展—研究—中国　Ⅳ. ① F279.23

中国版本图书馆 CIP 数据核字（2020）第 105239 号

书　　名：	中国企业的韧性：危机下的应对与转型
	ZHONGGUO QIYE DE RENXING：WEIJI XIA DE YINGDUI YU ZHUANXING
作　　者：	《中国企业的韧性：危机下的应对与转型》编写组
出 版 人：	刘华新
责任编辑：	蒋菊平　徐　澜　李　安
封面设计：	主语设计
版式设计：	九章文化
出版发行：	人民日报出版社
社　　址：	北京金台西路 2 号
邮政编码：	100733
发行热线：	（010）65369527　65369512　65369509
邮购热线：	（010）65369530　65363527
编辑热线：	（010）65369528
网　　址：	www.peopledailypress.com
经　　销：	新华书店
印　　刷：	大厂回族自治县彩虹印刷有限公司
法律顾问：	北京科宇律师事务所　010-83622312
开　　本：	710mm×1000mm　1/16
字　　数：	280 千字
印　　张：	20.25
版次印次：	2020 年 11 月第 1 版　2020 年 11 月第 1 次印刷
书　　号：	ISBN 978-7-5115-6440-5
定　　价：	58.00 元

本书编写组及点评专家组

廖 理

清华大学五道口金融学院常务副院长、金融学讲席教授、教育部"长江学者"特聘教授、清华大学金融科技研究院院长

刘碧波

清华大学五道口金融学院院长助理、助理教授、资本市场与公司金融研究中心副主任

王正位

清华大学五道口金融学院党委副书记、助理教授、智慧金融研究中心副主任

薛正华

清华大学金融科技研究院副院长、金融大数据研究中心主任

刘 健

清华大学金融科技研究院院长助理

贺裴菲

清华大学金融科技研究院院长助理

张伟强

清华大学金融科技研究院阳光互联网金融创新研究中心副主任

梁 昱

清华大学金融科技研究院证券科技研究中心研究总监

李 真

清华大学五道口金融学院博士后研究员

袁 伟

清华大学五道口金融学院博士后研究员

不要浪费一次危机

己亥末，庚子春，2020年初突然暴发的新冠肺炎疫情，对我国正常的经济社会运转产生了巨大冲击。疫情防控期间，人们的日常出行大幅减少，大规模的人口聚集与流动受到管控，使居民消费锐减；各行各业的生产、服务、物流等环节受阻，企业复工复产延迟，使经济生产活动大面积停滞。这样突如其来的疫情危机，无疑给我国的社会治理水平、产业经济结构以及企业应急管理机制等带来严峻考验，而中国企业家领导的中国企业在重重困难面前，交上了一份令人满意的答卷。

习近平总书记在统筹推进新冠肺炎疫情防控和经济社会发展工作部署会议上的讲话中特别指出，经济社会是一个动态循环系统，不能长时间停摆。我们要变压力为动力、善于化危为机，有序恢复生产生活秩序，把我国发展的巨大潜力和强大动能充分释放出来。

企业是国家经济发展的重要组成部分，"变压力为动力、善于化危为机"的中国企业精神，既体现在中国企业百折不挠、越挫越勇的韧性，也体现在中国企业对行业与经济长期向好的信心和决心。

中国企业在这次疫情危机中，深刻感受到了在新形势下，企业危机应急管理能力的建设与数字化转型升级的重要性。一方面，国内企业大多因疫情受到了波及，劳动力短缺、物流停滞、供应链受阻、资金链紧张等问题接踵而至，企业面临着巨大的生存压力，而企业对于危机的应急管理能力是化"危"为"机"的关键。我们看到，在这场危机中，众多优秀企业积极应对疫情带来的负面影响，第一时间启动危机应急预案，成立危机应对小组，在保障疫情防控的前提下，稳妥有序地安排复工复产，既为企业的生存争取了宝贵的先机，也为全社会抗击疫情恢复正常的生活生产秩序争取了时间，充分展现了中国企业的韧性与担当。

另一方面，随着人工智能、大数据、云计算、区块链等技术的快速发展，科技与各行业的交互、融合不断深化，"线上化—数字化—智能化"成为众多企业转型升级的发展方式与路径。疫情之下，远程办公、在线医疗、无人配送等新的企业组织形式和经营模式的快速应用与普及，无形中将加快各个行业数字化转型的脚步。

"不要浪费一次危机"，每一次危机背后往往蕴藏着更重大的机遇，因此我们应该积极应对，冷静思考，认真总结。本书从诸多优秀的中国企业中，摘得部分企业作为疫情下中国企业的典型，希望以企业家的角度，更直接地展现和总结中国企业在面对突如其来的疫情时所采取的应急管理举措，以及他们对未来行业转型发展的思考。本书中的案例收录的企业共有十八家，根据所处的行业，主要分为了零售物流、餐饮旅游、教育医疗、金融科技与智能制造等五个方向。由于每个方向上的企业都有其共通性，而不同方向上的企业在疫情中受到的影响却不尽相同，其中既包括了受冲击最大的餐饮旅游行业，也包括了在疫情中得到了快速发展的在线教育和在线医疗。本书希望通过这十八个企业案例，以更全面的视角为读者呈现中国企业在疫情中展现的韧性与担当，相信他们对未来行业转型发展的思考也将是中国经济转型发展的坚强驱动力。

此外，本书邀请了清华大学五道口金融学院、清华大学金融科技研究院的专家学者对五大方向的十八个企业案例进行了深入的点评，意在帮助读者更全面地理解企业各项创新举措背后的经济学逻辑，更好地把握企业转型和行业发展的趋势。

疫情终究会过去，但其给全球产业经济结构造成的冲击和影响将是长远的。因此，希望《中国企业的韧性》的出版可以在特殊时期下给大家一个了解中国企业的特殊视角，同时也能引发大家对于新时代下产业经济结构升级与企业数字化转型等方面的探讨。

廖　理

2020 年 7 月于清华园

目录

序： 不要浪费一次危机　廖理

专题一　零售物流

002 / 行业危机

004 / 企业自述

国美　线下线上融合，助力零售转型升级 / 005

便利蜂　打通"最后一公里"，守护社区新生活 / 022

京东数科　科技引领正道成功 / 032

顺丰　危机下物流行业"韧"性前行 / 048

066 / 专家点评

零售物流：技术、模式与管理的多元化创新 / 066

专题二　餐饮旅游

070 / 行业危机

071 / 企业自述

众信旅游　遭遇"黑天鹅"旅游行业的危与机 / 072

朝天门餐饮　2020：中国餐企成长的"竹节" / 084

霸蛮　用"无界餐饮"模式加速数字化转型 / 100

115 / 专家点评

餐饮旅游：突破业务边界，线上化、数字化重要性凸显 / 115

专题三　教育医疗

120 / 行业危机

121 / 企业自述

跟谁学　创新求变，向阳而生 / 122

健客网　智慧医疗：以变求新方可致远 / 142

微医　依托数字技术构筑国民"健康长城" / 163

蓝帆医疗　在新世界中找到新的增长逻辑 / 175

188 / 专家点评

教育医疗：线上平台的重要作用 / 188

专题四　金融科技

192 / 行业危机

193 / 企业自述

度小满　攻坚战之下的金融科技价值 / 194

阳光保险　"烽火"连三月　家书抵万金 / 208

美团金服　春风化冬雪，金融科技助力生活服务业共克时艰 / 223

易得融信　公共危机下金融科技的产业重塑和组织新生 / 240

258 / 专家点评

金融科技：助力金融机构运营与实体经济发展 / 258

专题五 智能制造

262 / 行业危机

263 / 企业自述

  特锐德　大考之下的自我破局 / 264

  蓝胖子机器智能　寒冬过后，必是暖春 / 279

  康力电梯　制造业：危机下的转型提速与危机管理常态化 / 295

307 / 专家点评

  智能制造：传统制造业升级转型的有效途径 / 307

/ 专题一 /

零售物流

行业危机

此次疫情不仅给人民的生命健康带来了巨大的威胁，改变了习以为常的生活方式，同样对实体商业尤其是零售业和物流业带来了巨大挑战，重塑零售与物流的运营、生态与融合模式。此部分以国美零售作为实体店线上转型的典型代表、便利蜂作为社区零售的典型代表、京东集团作为零售商业多元化的典型代表，以及顺丰集团作为物流行业转型升级的典型代表。

从疫情带来的影响来看，疫情对整个零售行业和物流行业都带来了巨大的冲击，这冲击主要来自以下几个方面：

一是客流急剧下滑。疫情对于线下社交性需求和实体聚集性场景造成了极大的冲击，消费者外出频率、时间大幅减少，甚至取消原有出行计划，致使零售实体店的客流量受到严重影响。

二是店面劳动力短缺。零售店面的值班员工普遍较少，任何一名员工的缺失都会对门店排班造成影响。此次疫情的暴发时间正值春节时期的经营淡季，加之店员返乡、复工延迟以及招聘困难等因素，导致门店出现严重人员缺口。

三是顾客消费意愿降低。疫情期间，除果蔬生鲜等生活必需品外，消费者消费行为更加保守，消费频次降低，对于其他类别的零售产品消费意愿下降，致使零售行业整体销售情况低迷。

四是物流大面积停滞。在疫情防控形势下，各地对物流中转点、城市节点、城市道路的控制政策不尽相同。在控制严格的地区，快递到达城市配送中心后因无法及时配送而出现货物堆积和停滞。即使快递送达城市，城市交通、社区封堵等问题也会导致快递无法及时送达。

五是上游企业复工缓慢。在疫情期间，上游企业的复工复产需要根据疫情状况、政府政策、企业人员防疫情况等各方面因素进行审慎规划。上游企业作为原材料及物流配送的提供方，其复工的延迟对于下游企业的产品生产乃至整条供应链的运作产生严重影响。

企业自述

国美 线下线上融合，助力零售转型升级
便利蜂 打通"最后一公里"，守护社区新生活
京东数科 科技引领正道成功
顺丰 危机下物流行业"韧"性前行

线下线上融合，助力零售转型升级

国美零售战略管理中心

疫情下的中国零售业

一、对当期零售业的影响

一定程度上，需求端带来的对线上或线下的负面影响是无差别的。

零售行业 94% 的实体店受疫情影响暂停营业或缩短了营业时间，线下客流量受到严重打击。

相比线下，疫情期间，由于人们出门少，逛得少，用户的购物行为逐渐向线上转移。尤其是生鲜等生活必需品，受疫情"统一配送"政策的影响，大量用户不得不接受"送菜上门"的购物方式。每日优鲜、盒马鲜生、永辉到家、沃尔玛到家、物美多点等生鲜电商的到家配送业务迎来一波井喷式增长。根据微信小程序官方数据显示，2020 年除夕到初七，小程序上的生鲜果蔬业态交易笔数增长了 149%，社区电商业态交易笔数增长了 322%。

疫情虽然促进了生鲜等品类线上消费需求的激增，但是部分线上电商企业也面临着备货不充分、物流配送难以及到家配送人力不足等多种问题的挑战。

二、对零售业的长期影响

1. 消费线上化趋势加速

疫情之后线上购物的习惯会被深度发掘，未来的购物模式将会呈现向线上转移的趋势。

随着宽带基础设施的日趋完善、5G时代的到来,基于新型"宅经济"需求量的持续增长和人们对在线娱乐、在线教育、在线医疗、在线购物等新鲜事物的接受度不断提高,"云"生活模式将越发受到消费者青睐,娱乐、教育、医疗、办公、电影,甚至旅游、售楼处、汽车、餐饮业,都呈现向线上化转移的趋势。

2. 健康消费理念形成并固化

疫情对全民进行了一次深刻的健康教育。国民有望持续增加健康消费支出。产品方面,消费者对健康、品质、杀菌等方面的需求大幅提升,带动健康食品、畜禽冰鲜、健康家电销量提升;生活方式方面,消费者对免疫力、体育运动、享受、家庭等方面的重视程度明显增加。

人们居家停留的时间变长,选择在家通过智能产品直播与推送接受各类信息,这会刺激人们对家居生活环境的二次改善,"让家更智能、更舒适、更健康"将成为改善居住环境的主旋律。

3. 到店/到家服务与无接触消费共存

疫情期间,外卖和快递业务虽然受损,但未来的需求量将会更多、更丰富,手机下单送货到社区的模式以及新创的"无接触"配送方式也迎合了消费者的需求。这些都将倒逼行业加速变革,拓展零售业务宽度。到家与到店业务深度融合将成为常态。

同时,非接触式消费会得到更多关注。疫情会让消费者更习惯人机自助式消费,如非接触式外卖、无人零售、智能物流等,这将进一步促进科技创新、远程商业模式的发展。疫情期间,麦当劳、百胜、星巴克等快餐巨头加强了非接触式取送服务,减少消费者和送餐员之间的面对面接触,最大限度确保消费者在取餐过程中的安全;美团外卖也积极推广非接触式配送服务,目前已在上百个城市落地并进一步向全国推广。

4. 线下实体店与线上电商深度融合

通过此次疫情,零售业将会面临大洗牌。整个行业进行重塑的同时,业态的跨界融合必然会得到进一步的加强，这既是挑战也是新的机遇。过往，虽然零售行业都在谈线上线下融合，但多是各自为战。这次疫情的暴发，使线下实体零售业意识到单纯依靠门店获客的方式已经行不通，唯有全面拥抱互联网，充分利用公众号、小程序、直播平台、短视频、社群营销等方式，导入线上流量，形成私域流量池，才能有机会实现流量变现；而线上的零售商也意识到没有物流配送的支撑，有再多的订单也无能为力，不得不与线下结合，解决最后一公里到家配送服务问题。

家国情怀：援建方舱医院，捐赠防疫物资

作为国内零售巨头，33岁的国美从成立之初，便将公益理念与企业发展并行，积极履行企业社会责任：与中国扶贫基金会联合成立公益项目"未来空间"，通过教育扶贫，延伸孩子梦想，目前，国美"未来空间"教室已在云南鲁甸、四川雅安、贵州赫章的30所贫困县学校落地；作为中国电商扶贫联盟主席团单位，国美多年持续发挥零售企业优势，助力精准扶贫，通过电商扶贫，搭建农商桥梁；国美还参与了汶川地震、玉树地震、云南大旱及雅安地震的紧急救灾以及助残就业、关爱老人等多个领域的公益活动。

2020年新冠肺炎疫情暴发以来，国美始终奔跑在抗"疫"前线，从第一时间为武汉消费者免费发放口罩，到国美员工身着防护服送冰箱进入疫区病房；从为解决援汉医疗队生活难题捐赠洗烘一体机，到深入雷神山医院火线抢装空调；从设立武汉救援物资运输绿色通道，到全国开设家电远程即时维修服务；从武汉方舱医院到北京新冠肺炎定点收治和筛查医院，国美响应抗疫号召，实施精准援建，捐赠大批空调、洗衣机、冰箱、电视等医院急需的生活物资，并发挥自身送装同步的服务优势，捐赠送装一次达成，确保医院尽快投入使用，挽救更多生命。从武汉、北京到全国各地，运输抗疫物资、千里奔袭送家电、紧急安装维修……抗"疫"前线，总有

国美人的身影。

国美零售发挥网络优势，高效协同，"1小时组货、2小时送达"，支援武汉方舱医院建设，再现"中国速度"。

疫情期间，国美连续向5家方舱医院精准捐赠六批次物资，包括空调、洗衣机、冰箱、电视、取暖器、微波炉等电器设备，通过精准援建和送装同步，助力方舱医院尽早投入使用。

国美零售还向抗击疫情的有关机构、医院、防疫部门等捐赠电器、食品等生活用品和口罩、防护服等急需物资累计达数万件。

多年来，国美始终坚持公益初心，用实际行动践行企业公民的社会责任，积极参与社会扶贫工作。未来，国美将继续发挥自身品牌资源优势，打造开放的公益生态系统，连接社会各公益主体，推进公益事业前行，用公益的力量点亮更多人的"家·生活"。

员工关爱：以"防、疏、保"为手段的"有温度"防疫

2020年春节，疫情暴发，国美积极响应国家疫情防控各项政策，在集团层面迅速组织疫情防控专项小组，以保障员工生命安全和身体健康为首要任务，从政策传达、信息掌控、物资保障、员工心理疏导等多方面、多举措落实员工保障和关爱工作。疫情形式固然严峻，但国美战"疫"充满温度。

一、技术保障，信息透明

国美的员工遍布全国，为及时掌握各地员工动态及身体健康状况，公司第一时间搭建员工健康信息提报系统，用技术手段快速了解员工的身体状况及疫情接触情况等多项实时动态信息，针对性地为员工提供服务保障。对感染或出现疑似症状进行隔离观察的员工，公司时时跟进他们的身体状态，及时了解他们的家庭需求，为他们提供基础的生活保障和支撑。

二、物资先行，科学防控

国美先后投入200余万元防疫资金，用于购买口罩、酒精、红外测温仪、防护服、护目镜、消毒液、防护手套等防护消毒物资，加强对员工的防护和工作区域的消毒杀菌。

在全国范围内，对办公场所和卖场进行全方位空气消毒，并按公司疫情防控细则要求，指定专人每日负责对公司工作区域、会议室、餐厅、电梯、卫生间等公共区域及相关设备进行清洁消毒，不留死角。全国各级单位均组织专人进行每日检查监督，确保清洁消毒及时到位。各地员工优先采用远程或线上形式办公，避免办公场所人群聚集。对于确需现场办公人员，第一时间发放防疫物资，每日进行两次体温检测。同时上线员工点餐系统，引导员工通过线上点餐、定点配餐的方式解决上班期间的就餐问题，避免聚集及交叉感染，切实保障员工的身体健康和安全防护。

三、文化助力，正向引导

在保障员工身体健康的同时，企业高度重视对员工进行心理疏导，防止因疫情在公司各层级员工间引发焦虑不安、沮丧消沉等不良心理情绪，鼓舞全员士气和斗志，正确防疫，打好抗疫之战，公司迅速成立了工作小组，组织各大区分部积极引导员工正确认识疫情，鼓舞士气，积极投入疫情阻击战中。

疫情对国美各分公司最大的打击就是经营严重受挫，为了使各项业务、各分公司的关键带头人建立信心，危中见机，鼓舞员工动起来，疫情初始，国美面向中高层管理者开展"转型中的GOME"征文活动，梳理领导者在公司转型中的感悟、心得及经验，统一管理者意识形态，坚定加快线上线下融合步伐，进而影响员工，带领团队团结一心，形成高效凝聚力，一起向上而生，破解当下的困境。

深挖疫情期间各分公司、各门店以及员工个人在社群营销、微信秒杀、直播带货等社交类销售方面的优秀案例，通过全国店长视频培训会议、"国美 MAX"系列文章、"国美文化社"等多种方式与途径宣传推广，树立榜样，号召更多的员工学习优秀分公司、优秀门店店长的实战经验、方法与心得，鼓舞员工士气，同时也感受到公司对基层一线员工的重视与认可，令员工在共克时艰的道路上充满信心和希望。

国美推出抗疫特辑专项宣传，对疫情期间个人安全防护知识进行讲解；引导员工不信谣、不传谣，对员工的思想进行正向疏解；倡导有能力的员工从自身做起，从小事做起，为社会助力，为国家助力。

国美还建立了疫情期间员工专项沟通渠道，各级单位在疫情期间，通过视频/语音等多种线上形式，组织员工沟通会/恳谈会，了解员工需求和心理状态等，协调解决员工的具体困难，疏导员工负面情绪和压力。尤其是对于奋战在抗疫一线及滞留湖北区域的员工，时时关注他们的心理和身体健康状况，帮助湖北地区的员工建立必胜的信念，解决实际困难等。

四、合理统筹，稳定就业

国美在面临疫情期间全国门店大面积停业的严峻形势时，以不裁员为基本原则，保障员工稳岗就业，并倡议员工积极为企业献计献策，在逆境中探索新模式，在挑战中把握新机遇，通过多种创新销售模式形成企业新的业绩增长点。

与此同时，企业也与各领域企业积极沟通协作，共同探索、共享用工方式方法，为员工在疫情期间提供多种就业模式与工作机会，保障员工基础权益与收益。针对因疫情防控需要而无法在门店开展销售的一线员工，迅速研发技术，迭代线上工具，大力拓展社交电商模式，并集中开展互联网营销工具、专业技能提升等多项能力素质培训，有效激发员工潜能，指导员工运用直播带货、微信秒杀、社群营销等多种方式开展销售和拓客活动。让员工能够实时与用户连接互动，使传统的到店销售模式迅速向线上社交化销售转移，也让更多的社会共享者能够借助国美平台为用户服务，实现员工价值与用户价值的双赢，成就用户的美好生活。

生产自救：以实体店、员工为中心的社群营销

作为企业，国美总部各体系、各产业公司、大区及分公司积极响应国家号召，全面参与抗击疫情工作，一方面积极申请进入央行全国防疫扶持企业大名单和地方政府大名单，享受低息贷款、快速贷款通道等专项再贷款政策及各项政府补贴、防控专项资金补助；另一方面企业采取多种形式展开生产自救。

一、在家也办公，远程办公搞起来

疫情就是命令，防控就是责任！除了支援一线防疫外，国美关闭了90%的门店。为了保证公司的正常运转，实现政令通畅、高效协作，远程办公成为控制疫情、降低感染风险的重要手段。

国美具有远程办公的基础，有自己的企业门户网站，同时前期技术团队自主开发了美办App，经过迭代更新，具有即时通信、流程审批、考勤打卡、报表查看、公司新闻动态、会议日程等多种应用功能，员工可以通过PC、手机端实现远程办公。结合疫情情况，春节期间在现有功能基础上紧急开发健康上报、工作日志等功能，及时了解员工的健康状况及工作状况。同时，公司统一对各层级人员开通VPN权限（公司数据信息保存在内网，需要开通VPN权限进行访问），员工可远程查看SAP、供应链系统等各种数据，既实现工作有序运转，又保证信息安全。

疫情后，我们也借助外部成熟系统进行会议及培训工作，比如利用

WeBex 系统、腾讯视频系统召开视频会、利用钉钉进行全国培训，等等。

远程办公工具的使用对疫情后公司业务模式转型、业务运转等起到了极大的支撑作用，随时随地办公，政令传达到个人、培训到个人，信息传达更加扁平高效，极大地提升了工作效率。

二、闭店也营业，社群营销玩起来

国美历来以"货"为出发点，以门店为销售渠道。此次疫情倒逼国美转型，真正地做到以"人"为出发点，做好选品工作。将选定的货，推送给特定的人，这才是社交电商的方式。

从百亿云集到千亿拼多多，社交电商从寡头电商格局中活生生分出一杯羹，社区团购头部平台"你我您"和"十荟团"合并为新十荟团，原本激烈的电商竞争中又开辟新版图，社区团购的前景预计将达到千亿规模。其他电商也都在试水，大家都处于探索阶段，而国美拥有线下众多门店，触点够多，立足于门店，服务于周边，别人很难在短时间建立起国美已有的优势。

当下的国美必须活用线下网络优势，全员学习"社群运营"，完成销售工作向线上转型。

1. 社群营销策略

通过针对时下流行的几种社群营销方式进行研究和梳理，围绕着拉新、黏性与转化三个核心维度，国美对社群营销的策略进行了简化升级。力推以门店辐射周边社区为单位建群的模式，并且将门店工具与社群营销相结合，通过瓜分团、助力团、在线直播秒杀等多种接地气的新型活动策略满足用户的多元消费需求。

经过全体员工的不懈努力，国美在全国建立了 10 多万个社群，覆盖近 2000 万人群。从品牌活动到品类活动，从门店、分公司活动到总部活动，营销节奏安排得紧密而有序，力求做到天天有活动、店店有活动、人人搞直播，让每个供应商都能动起来，让每个员工都能动起来，成功实现了闭店不停业。从春节后首周的日均销售 0.2 亿元，到第二周的日均销售 0.5 亿元，再到 2 月 23 日社交内购会单日销售过 5 亿元，国美通过不断拓展社群营销业务，成功地实现了销售的恢复性增长，降低了疫情对企业的负面冲击和消极影响。

2. 社群营销选品策略

国美的招商团队从正月初三便开始加强对食品、生鲜、日化用品、健康用品等关注度高的应急性产品的采购、上架的力度。经过全国各地分公司的大力支持，平均每 7 天就能增加 400 多个单品。

3. 社群营销对加盟店赋能

加盟商家对国美而言，不仅是销售渠道的提供者，还是合伙人模式的共同探索者，通过国美成熟的供应链系统完善品牌的兼容性，通过国美的管理系统解决了没有系统化管理的难题，通过国美的物流系统使配送及仓储不再发愁。

三、歇业不停学，在线培训学起来

疫情期间，为了实现停业不停教、闭店不停学的总体目标，国美在北京总部建立起培训专项小组，采用扁平化模式，利用互联网工具，组织了几十场直播培训，将好的业务模式、管理方法、操作技能全国分享，并迅速地复制推广至全国，形成国美特有的裂变方式。

开展线上社群、直播营销技能培训活动：首先梳理员工线上学习的美 E 学、钉钉直播等平台，并协调各体系建立学习/直播排期，有序组织全国自有员工、促销员共计 6 万余人学习，根据学习效果，先后组织全国经营体 3 万余名员工参与相关知识考试。

建立学习反馈机制：每周从各分部、大区定向收集新模式、新工具、新渠道销售中的痛点，并将痛点分析、整理后第一时间传达到总部相关部门跟进解决。

打造线上学习课堂——"向往的课堂":"向往的课堂"旨在通过整合线上供应商的免费资源,内容聚焦战略破界、管理创新、品牌营销、前瞻趋势、认知进化、最佳管理实践等,从战略变革、组织心智和个人思维升级三个方面重构思维框架认知模式,助力公司战略转型。

四、门店搬线上,全员直播卖起来

直播带货对于实体零售商是一个全新的话题、全新的形式。国美在建设社群运营的基础上,从开展社群秒杀到云内购会,再升级为直播带货。

在直播带货方面,国美具有非常强的场景理解优势。国美门店就是一个家庭场景:有完整的厨房、完整的环境(空气、水)处理场景、完整的高端产品展示场景。同时,国美还有极强的家电供应链优势和选品能力。一场有价值的直播不仅是把好的、贵的商品卖便宜,还要影响人们的生活方式,使人们生活更有品质、更舒适、更简单。

3月20日,国美大连分公司直播两个小时就卖了1000多万元,激励了国美总部、全国各地分公司进行各种直播形式的探索和实践。

5月1日,国美与中央广播电视总台开展了一场轰动全国的"为了美好生活,拼了!"直播,中央广播电视总台的四位超级主持人康辉、撒贝宁、朱广权、尼格买提直播了三个小时,这场直播既是一场综艺,也是一场邻居聊天,更多的是以朋友的身份向顾客推荐商品,在这三个小时里,2358万人在线,触达9.3亿人次,销售5.28亿元。

以"五一大直播"为契机,国美逐步创造多样化的直播模式:与格力品牌的"国美+单品牌"直播模式;与海尔、老板、创维、海信、荣耀、美的、九阳等品牌的"国美+众品牌"直播模式;由"顶级媒体+KOL带货"打造"融合知识型内容+顶级IP+场景"的直播模式。

随着国美对直播的理解越发深入,国美在场景打造、选品、带货等直播能力方面得到合作方的深度认可，中央广播电视总台继续与国美深化合作，策划了 31 站"买遍中国"的超级直播计划。

作为行业内第一家与国家级新闻媒体跨界进行全国巡回直播带货的零售企业，将直播带货带到了另外一个行业升华的维度，国美已成为其他零售平台竞相学习的标杆。

战略升级：从线下往线上融合的"家·生活"战略

一、国美"家·生活"战略

从 2017 年年末启动"家·生活"战略以来，通过在家电、家装、家居、家服务等领域的不断创新和实践，国美形成了"到店、到家、到网和社群"四元一体的零售模型，完成了"家·生活"战略的基础建设和第一阶段目标。从今年下半年开始，国美在战略第一阶段取得成果的基础上，快速开展第二阶段对"家·生活"战略的延展和升级。

国美"家·生活"战略第二阶段延展和升级的核心是：构建以线上平台为主，线上/线下双平台+自营/第三方外部供应链的两轴驱动、四轮互动"社交+商务+分享"的国美生态圈，打破边界，从电器、家装、家居、百货向更大范围拓展，满足用户全方位需求，打造出以用户思维、平台思维和科技思维为导向的新国美。

打造以线上平台为主的线上线下双平台发展格局，其核心是发挥线上平台技术与运营能力，主导国美零售全量业务，实现 100% 线上交易，为线下平台、线下商户及线上商户赋能。

1. 拓展以线上平台为主的双平台　加速互联网进程

打造以线上平台为主的线上线下双平台发展格局，其核心是发挥线上平台技术与运营能力，主导国美零售全量业务，实现 100% 线上交易，为线下平台、线下商户及线上商户赋能。

线上平台：国美目前拥有商品交易平台、社交分享平台，以及数百万的线上社群和数千万的线下网格化社群用户。在不断扩大社群数量和提高社群用户活跃度的同时，实现从员工触达用户，到用户触达用户的社交裂变。国美将以店面端"一店一页"、社群端"一群一页"、用户端"千人千面"的模式协同发展，为全平台商家特别是不具备线上运营能力的线下商家，提供数字化工具和包含社群在内的平台社群运营，使商家费用率显著降低，融合连通线上线下，提升效率。同时，平台通过自身积累的高质量、高转化率私域流量，向第三方外部商家赋能。通过各种大数据手段及社交媒体方式，使平台具有流量分发、线上交易、智能物流仓储追踪等智慧办公功能，进而辅助企业管理，形成智能决策系统。

线下平台：以实体店为中心，利用"网格化社群"的形式为周边3—5公里社区提供服务。在店面社交环境中，以员工作为纽带，实现与用户面对面、点对点的沟通，增强用户信任。基于此基础，线下平台一是着力于精品展示和体验，二是建设"国美家"。在精品展示和体验方面，在线上平台包罗万象的基础上，国美将利用自身门店网络优势，以电器品类为样板，选择性地为不具备线下实体的线上商家提供精品展示、展厅体验的场景，力争将其线下供应链效率提升40%以上，并实现线下为线上引流的效果，形成流量互动联盟。在"国美家"建设方面，依托线下场景，国美为家服务赋予新的经营模式和经营内涵，将家客厅、家餐厅、家厨房、家维修等场景延伸，以娱乐化营销为主题，为用户提供餐饮、娱乐、购物、休闲等全方位服务，同时作为一个社交场所，提供情感交流、会客、休憩、亲子空间等多种形式的场景互动，满足社区家庭不同年龄段、不同收入阶层的差异化服务需求。通过国美专业的服务团队，实现分时段和全场景覆盖，实现生活品质的提升。

2. 严选、开放的供应链　夯实国美生态圈

从"人、货、场"的零售经典模型看，"家·生活"战略第二阶段，已经构建起"两轴四轮"的国美模型：场的维度就是线上线下融合贯通的

场景轴，货的维度就是自营＋第三方商户的商品轴，两轴一纵一横构成国美的动力总成，驱动"线上＋线下，自营＋第三方商户"的四轮，实现对场景、商品和用户的全链接，以及对用户家生活需求的全覆盖。

在以线上为主导的线上线下双平台发展的基础上，面对不断升级的消费需求，国美将以"严选"加速品类拓展，推动自营业务和第三方外部供应链业务的良性互动和流量共建。

在电器业务方面，国美将重整供应链，以高效率及低成本的运营模式，继续打造产品丰富度最大化和具有价格优势的家电体系，快速实现市场价格主导地位。在非家电业务方面，国美已经完成生鲜超市、火锅烧烤食材，以及全产业链透明化的家装设计等自营垂类业务试验，并将逐步大力推广，以最优质的产品和服务，扩大国美生态圈。

国美将进一步加大商品定制，目前国美在家电领域的定制化比例已达45%，未来还将继续通过最优价格和高标准服务夯实差异化定制能力，将数字化选品范围从家电延展至非家电，把强控上游供应链的优势充分发挥出来，进一步扩大定制化商品的品类和规模。国美还将向全社会全面开放自营供应链，以丰富的商品和供应链优势，使众多线上社群、机构、个人融入国美生态圈，通过分享和销售获得高额佣金，在国美平台实现更大价值。据悉，目前已有外部社群成员在国美平台实现了月入万元。国美还将推出相关招募活动，邀请更多的拥有线上线下社群、地推资源的机构和个人加入，共享优质商品和供应链资源。

对于第三方外部供应链业务，国美将通过线上线下双平台，以"严选＋"的模式全品类招商，从而形成"平台自有流量＋优质商家流量＋严选商品流量"等渠道的巨大流量集合，流量间互动互补、互通互联，发挥乘数效应和规模效应，形成平台的良性循环和扩张，并实现为自营供应链赋能，加速生态链条的自生转动。

国美是国内唯一定位于"社交＋商务＋分享"的全品类以线上为主导的线上线下双平台企业。国美在深耕自营垂类家电等业务的基础上，将以更加开放和快速的理念,将多年深厚积累的能力以平台模式释放,为商家在线上线下全方位赋能,使商家获得最低成本、最高效率的运营能力,同时,为平台上的广大用户提供最优性价比的商品和高标准的服务,最终形成国美、商家和用户的多方共赢。

二、化危为机,创新裂变,星火燎原

面对这次疫情,国美在既定的"家·生活"战略基础上,化危为机,创新裂变,星火燎原,实现"家·生活"战略的升级。

1. 创新店配服务模式

"店·仓·配一体化"是指从实体门店获取流量、获取用户,通过线下作为流量入口,让客户不需要亲自到店消费,在家里下单,用互联网工具实现3—5公里商圈经营和用户经营,极大地提高门店人效、坪效水平。

国美战略转型重要支点是实现由门店经营向商圈经营和用户经营的转型,将门店塑造成汇聚体验、交易和服务于一身的场地。

线上下单,由门店一线员工或物流员工配送到指定地点,双方无须见面,避免了被感染的风险,疫情之下,催生了国美物流的新业态,即国美的特有模式——"店配服务模式"(小美骑士)。前端是服务于门店周边3—5公里社区的10万员工,后端是国美安迅物流,在智能仓储控制系统的"调配"下,实现了整件商品从收货上架,到存储、补货、拣货、包装、贴标,再到最后分拣的全流程无人化与高效率。

由于疫情的影响,网购渗透率正持续地稳步提升,多家数据研究机构均预测快递行业有望从中受益,获得更大的发展,特别是"无接触配送"的需求不断上涨,而"店配服务模式"作为"无接触配送"的重要载体,对于末端配送具有重要的战略价值。

2. 升级健康消费产品

受疫情影响,消费者健康理念迎来新一轮升级,健康系卖点加速普及,健康家居类、个人护理类产品购买需求凸显。

在健康家居类商品方面,新冠肺炎疫情不仅让口罩、医用酒精、消毒水等与健康相关的日用品畅销,还培养起消费者有关健康家电的消费意识。①空调产品:具有净化PM2.5、除菌、除尘、加湿、提高含氧量等功能的健康空调、新风空调、"空净一体"空调,中低端的自清洁空调,有望借此机会普及。②洗衣机产品:疫情期间,具备高温洗涤程序的滚筒洗衣机以及加热洗波轮洗衣机成为市场热点产品;疫情结束后,随着市场教育程度加深,消费者对健康洗涤持续关注,传统高温除菌产品、其他多种除菌方式产品、分类洗产品、迷你洗衣机产品都将获得发展机遇。③冰箱产品:首先,消费者在容积需求上会有一定的扩大,法式、十字及对开门占比将持续增长;其次,长时间的果蔬存储也体现了保鲜产品的优势,保鲜产品的消费者接受度将进一步提高;最后,疫情过后,杀菌净味类冰箱产品也会成为新的选择方向,而智能产品以"唤醒、听懂、安全"为主要目标,更懂得人类的生活习惯,实现高效的人机交互。④电视产品:疫情催生"家庭社交"新方式,引发了人们对亲情的重视,视频交流作为不能见面交流的解决方案会被重视,社交电视(AI)将成为重要卖点。

在个人护理类商品方面,疫情后,消费者将对饮食卫生特别关注,涉及抑制病毒生存和传播的洗碗机、消毒柜、净水器、净食机、热水器、微波炉等品类将会迎来健康产品的旺季;具有消毒功能的蒸汽拖把、蒸汽清洁机或成新热点。

在个人卫生产品方面,重点引进随身/车载空气净化器、电子防病毒口罩、电动消毒液洗手机、挂烫机、衣物护理机(消毒)等产品。在电脑办公类商品方面,在疫情防控特殊时期,远程办公、网络教学、休闲娱乐成了当下必要之选,受在线教育、娱乐及轻办公需求推动,笔记本和平板电脑的需求将会增加,这两个品类的增长是兼顾个人、家庭、商用多方面,不仅个人或办公类使用场景增加,很多行业用户的业务需求也会相应被带动。

3. 开拓消杀类服务产品

疫情期间，国美管家通过充分的市场调研及消费需求分析，与北京化工大学携手打造了专业环境消毒杀菌服务，即办公消毒杀菌服务和家庭杀菌服务。采用专业治理队伍及通过采买药剂赋能清洗网点两种方式操作，可以达到日均处理40万平方米的能力，实现全国一级市场区域全覆盖，主要二级市场80%覆盖。

4. 进一步深化线上线下融合

中国零售业的发展大致经历了三个重要阶段：第一阶段，是实体零售的连锁化，在家电领域，国美、苏宁在这个阶段是跑在最前面的；第二阶段，是互联网推进零售电商化，在这个阶段，淘宝、天猫、京东成了佼佼者；第三阶段，是线上线下融合的新零售。经过几年的发展，网民数量逐渐达到饱和，互联网人口红利逐渐消失，获客成本增加，网购规模增速逐渐下降，电商发展和实体连锁店一样遇到了瓶颈，这时，线上线下一体化的零售模式开始涌现。

盒马鲜生和小米之家的相对成功，是天猫和小米充分利用自身优势，走出了自己的新零售之路。

经过三十多年的积累，国美逐步形成了具有比较优势的供应链能力、物流网络和大件商品送装能力、维修保养服务能力，以及3000多家门店的体验场景和近20万的专业服务销售人员。

国美线上线下O2O融合模式就是依照国美自身优势，走"线下往线上走"的新互联网零售之路，也就是实体零售的互联网化，形成零售过程的全覆盖，国美必将引领潮流，成为中国零售的核心企业。

这个春天，因为一场突如其来的疫情，变得沉重而寂静，但仍阻挡不了百花绽放的美景，疫情改变了我们的工作、我们的学习、我们的社交、我们的生活，但不变的是我们逆风前进的脚步。

此疫过后，零售业必将迎来"体验式场景"加速替代"传统实体店"、"线上获客方式"加速替代"传统获客方式"的新浪潮。

易卜生说过,"真正的强者,从来都是在顺境中找到阴影,却又在逆境中找到光亮,时时校准自己前进的目标"。愿我们每个人、每家企业面对疫情,都能在困境中找到亮光,成为自己真正的强者。

唯奋斗者进,唯奋斗者强,唯奋斗者胜!国美人以"人定胜天"的胆识,努力奋斗,积跬步以致千里,积小流以成江海,为开创一个崭新的零售篇章而奋斗不息!

打通"最后一公里",守护社区新生活

便利蜂研究院

2020年初这场突如其来的新冠肺炎疫情打乱了很多人的假期安排,威胁着人们的生命健康,改变了大多数人习以为常的生活方式。大多数人在这个超长的"春节假期"期间深居简出,把活动范围缩小到了社区周边。

疫情也给实体商业带来了严峻挑战,让以便利店为代表的社区商业经历了重重考验——在积极应对疫情对经营造成影响的同时,便利蜂力保社区门店正常营业,全力保障社区居民的日常生活所需,让便利蜂成为社区生活中重要的守护者之一。

一、疫情对零售行业造成深度冲击

据国家统计局统计,2020年1—2月份全国社会消费品零售总额同比下降了20.5%。回顾2003年"非典"时期,在受疫情影响最严重的5月,全国社会消费品零售总额仍然逆势增长了4.3%。可以说,2020年这次新冠肺炎疫情在春节假期暴发,让零售行业迅速进入了"休克状态"。

疫情引发的客流急剧下滑、消费频次锐减是导致实体零售商业遭受重创的主要原因。根据艾瑞咨询调研,79.8%的消费者两天以上才出门一次。《中国实体商业客流桔皮书》指出,在1月20日至2月29日期间,与未发生疫情时的预测客流相比,商品零售业态的实际客流下降了71%。

在零售行业整体深度承压的情况下,便利店还要面临店员短缺的难题。

便利店是典型的小型化、少人化零售业态,正常情况下,一家 24 小时营业的门店仅有几名店员轮班值守,少一名店员都会导致门店排班捉襟见肘。而此次疫情暴发在春节期间,正值便利店经营淡季,店员放假返乡,值班店员配备不多,再加上社会招聘难、人员复工难等客观原因,导致各家便利店企业普遍出现了 30%—50% 的人员缺口。以便利蜂在北京现有的 600 家门店为例,最困难时存在超过 1000 人的人员缺口。按照正常招聘进度,要完成 1000 人的招聘、入职和顺利上岗,至少也需要几个月的时间。

对于便利店企业而言,店员短缺的问题如果无法迅速妥善应对,一些门店很有可能出现由于无人轮换导致人员继续流失,门店经营情况开始恶化,甚至出现无奈关店的情况。

当然,短期的特殊居家状态没有改变消费者对品质化、便利化社区商业的长期追求。此次疫情也让更多人开始关注"家门口的便利店",对于发展和完善社区商业属于长期利好。

二、便利蜂多措并举应对疫情危机

便利蜂自创立之初就把食品安全明确为最高红线,在食品制售、设备操作、物流运输、生产管理等全部环节建立和完善了安全制度,借助智能化的设备工具并要求全员严格执行严密的检查方式。

基于严谨完备的安全观念和持续不懈的安全追求,便利蜂在此次疫情期间成功实现"零感染"。便利蜂还积极探索了新的经营方式和业务模式,在保障平稳经营的同时为抗疫一线捐款捐物,回报社会。

(一)精准预判,尽早行动

早在 1 月 23 日武汉宣布封城之前,便利蜂就在关注和评估全国疫情走势,并于 1 月 21 日提前宣布全面启动应急机制,成立了包括管理层和主要业务条线负责人在内的应急工作领导小组,第一时间向全员通报疫情进展和最新安全管理要求，同时开通了公共通信邮箱，及时回应可能会出现的社会问题。

面对疫情管控可能导致的商品供应短缺，大量便利蜂的运营、物流、外卖、工厂员工都选择在春节期间坚守岗位，他们紧急调度了大批面包、纯净水、牛奶、方便面、火腿肠等货源，提前采购了口罩、洗手液、消毒棉球、创可贴等防疫产品，确保疫情期间生活必需品的供应。

1月27日大年初三，便利蜂向全员发出了"众志成城，点亮每个城市"的号召，提前明确了春节假期后所有员工远程办公的安排，要求所有员工"减少外出，不去人群聚集的地方，出门戴口罩，在家勤洗手，防患于未然，爱护自己和家人，不给社会添麻烦"。同时，便利蜂的技术部门还紧急上线了每日健康信息上报系统，保证全体员工都能够定期上报健康状况和接触情况。

春节假期后，便利蜂在总部员工全部在家办公的情况下，所有门店在智能运营系统支持下实现了平稳经营。

（二）实行最高级别安全防护

平时，每名便利蜂店员进入热餐区都需要经过反复洗手，将口罩、帽子、手套等护具穿戴整齐之后，才能开始为顾客提供热餐服务。

疫情期间，便利蜂的店员每天上报健康情况和接触史、测温正常后才能开始上岗。除了全程佩戴口罩执行正常安全防护要求之外，每名店员还要每小时进行洗手和消毒，每天填写2次《人员健康检查记录》及《FF区消毒记录》。

在便利蜂门店内，除了固有的清洁流程之外，便利蜂的店员每个小时都要对店内地面进行消毒，对于店内的桌椅则要求每客一消毒。顾客能接触到的其他公共设备和器皿，每4小时用75%的酒精擦拭一遍。

"无接触服务"一直是便利蜂的业务特色。便利蜂的门店里普遍都有自助结账机、自助咖啡机，顾客从挑选商品、购买咖啡到完成结账，全程都无须和店员交流。而在疫情期间，便利蜂第一时间把"无接触服务"推广到了自营外卖服务中，要求配送员到达配送地点后，电话与用户沟通约定"无接触配送"的放置地点，配送员按要求放置，等到用户取到商品后，配送员才能确认订单完成。同时，对于外卖骑手的健康测温、设备消毒等安全防护要求一样不少，所有外卖订单上都会标注店员和外卖员的体温情况，全力保障消费者的安全。

便利蜂还在店内长期配备有免洗洗手液，方便顾客用餐前进行手部清洁。这一平日里看似不起眼的设施，让很多顾客在疫情期间多了一份额外的安心感。

（三）全力保障门店正常营业

疫情管控给便利店的日常经营带来了很多难题，一些位于写字楼和工业园区的便利蜂门店积极配合物业管理要求，主动选择暂时关店。作为社区便民商业的主力，便利蜂克服重重困难，全力保障社区门店24小时营业。

在上海杨浦区一个集中隔离观察点的对面有一家便利蜂，直线距离只有168米。疫情期间，整条街上除了便利蜂开门营业，其余餐饮店、生活超市都选择了关门歇业，最近的一家面馆也在700米外。虽然疫情导致客流急剧下降，但是这家便利蜂的店长始终坚持营业，给附近执勤的警察和值班的医护人员购买食品和日用品提供了很大方便。

便利蜂不仅坚持24小时营业，还在疫情期间做到短保质期的热餐能够正常供应。在北京，便利蜂每天要供应数万份热餐，让数万户家庭不出远门就可以吃上新鲜热乎的饭菜。这一看似简单的经营行为，背后有着很多便利蜂物流和检测实验室员工的辛勤付出。

此外，对于疫情时期需求猛增的口罩、消毒液等防疫用品，便利蜂严密监控销售情况，动态追加补货，坚持绝不涨价，并在收银台等醒目位置增设了陈列口罩、消毒液的临时柜台，加大了对首都机场、北京南站、上海南站等门店的投放力度。同时,便利蜂还紧急开通了网上购买渠道。

(四) 拓展创新业务,探索员工共享

虽然疫情期间到店客流明显下降,但是消费者对便利店餐食的需求却没有减少。因此便利蜂通过 App、小程序等主推自营外卖服务,并将开通外卖服务的门店比例紧急提升到了 80%,在夜间也有超过 60% 的门店可提供外卖服务,尽可能地保证社区门店能够提供外卖服务,满足在家的消费者需求。

便利蜂还在疫情期间拓展了热餐预订业务。用户可通过便利蜂 App、小程序、客服热线进行预订,便利蜂能根据分餐制要求,按人数统一打包,在每个工作日供应配餐,全程无接触配送,满足复工时期的企业员工用餐需求。

此外,便利蜂积极探索共享员工模式,缓解用工短缺。在部分员工受疫情影响未能按期返程、社会招聘难度大、人员缺口明显的情况下,便利蜂在政府部门的指导和帮助下,积极探索企业间"共享员工",与禾绿寿司、和合谷等连锁餐饮企业合作,组织其待岗员工到便利蜂应聘,已有多名员工顺利上岗。

(五) 全力回报社会,践行企业责任

便利蜂在做好疫情期间民生保障的同时,始终不忘尽力回报社会,支援抗疫一线。便利蜂于 2 月 3 日起就向北京 302 医院以及海淀区环卫职工捐赠了首批 2000 份爱心餐。此后连续 10 天,便利蜂每天向北京海淀区、朝阳区环卫职工各捐赠 1500 份自有品牌面包和特仑苏牛奶,物品价值合计 20 万元。便利蜂还积极联系各大医院和机关,积极提供支援,助力非常时期首都的疫情防控工作。

2 月 18 日起,便利蜂开始向武汉 20 多家援鄂医疗队捐赠 10 万份盒饭,按照每日 2200 份的体量从上海鲜食工厂全程冷链连夜运送,并于第二天

上午送到武汉，然后逐一分发。为了确保武汉医护人员能够吃到安心、可口的饭菜，便利蜂可谓下足了功夫。每晚7点，经过消毒的冷链货车会准时停在便利蜂上海鲜食工厂外，为保证安全驾驶，每辆车配备了两名货车司机，都装备好护目镜和手套后再开始搬运物资，并于8点准时出发。并预留出13个小时，与武汉当地物流企业定于第二日上午9点在武汉西收费站交接。两位司机还配备有12只口罩、2瓶消毒液、3套防护服和2个护目镜，确保他们做好自身防护并完成车辆消毒后返回上海。

在冷链运输过程中，便利蜂通过自主开发的TMS运输监控系统全程监测货车位置和实时速度，每5分钟记录一次车厢温度，确保运送的盒饭始终处于0—5℃的温度范围。一旦超出温度范围持续10分钟以上，便利蜂的系统会自动提示失温报警，后台调度的同事会马上跟司机联系，检查温控设备是否出现问题，并要求司机调整温度，打开车厢对货物进行实际测温。如果温度持续异常，那么整车货品就会被作废。

在捐赠物资的种类方面，考虑到援鄂医疗队的成员来自上海、陕西、重庆、新疆、河南、北京各地，口味不同，需求各异，便利蜂不仅提供招牌牛肉饭、麻辣香锅饭等畅销口味盒饭，还贴心地补充了辣椒酱、海带咸菜、咖啡拿铁、薯片以及暖宝宝，随后应武汉防疫队的需求还提供了混合坚果、盐津葡萄、甘栗仁等补充能量的零食，尽心尽力为抗疫英雄们做好服务。

便利蜂的爱心捐赠举动也得到了中央电视台的关注。2月20日，《新闻联播》以《爱心汇聚同心抗"疫"》为主题报道全国企业为湖北输送爱心物资，高度赞扬便利蜂的爱心行动。当晚，央视2套《经济信息联播》又以《一碗跨越千里的"牛肉饭"》为题讲述便利蜂这次爱心行动。

三、疫后社区商业的长期发展趋势

便利店是离社区最近的小型零售业态，也是站在服务民生最前沿的业态。此次疫情凸显了品质化、便利化的社区商业在生活保障方面的必要性和重要性，进一步印证了推动社区商业品牌化、连锁化、智能化发展的长期趋势。

（一）持续提升生活必需品的品质和便利性

此次突发疫情让娱乐、休闲、旅游等可选消费面临非常严峻的挑战，一些规模不小的健身房、KTV、旅游企业出现了生存危机。与娱乐、休闲等可选消费相比，生活必需品消费的韧性在疫情期间得以充分体现。提供一日三餐和生活必需品的便利店在应对危机的过程中发挥了非常重要的作用，体现出了非常强的抗风险能力。

实际上，便利店是经济增长和城市化进程中的确定性业态，在很多国家都成了城市生活的基础产业。基于这一判断，便利蜂紧紧抓住提升生活必需品的品质和便利性的经营理念，在品质鲜食和食品卫生领域持续投入。

便利蜂还独创了从生产、冷链物流、制售、陈列到废弃的闭环管理体系，实现了全流程的食品追溯体系，借助自主研发的鲜度管理系统以及二维码保质期追踪系统，全面提升了食品安全管理水平，确保了一致化的经营品质。

（二）深入推进数字化创新实践

近年来，随着商业活动的数字化程度日益加深，数字化创新已经成为零售行业普遍认可的长期趋势。特别是在便利店这种消费频次高、商品周转快、经营决策多的规模化连锁零售业态中，数字化在提升经营决策智能化水平、加速业务创新等方面的倍增作用已经开始显现。

基于创立之初就具备的数字化基因和扎实的技术研发实力，便利蜂将高品质便利服务所涉及的运营标准、供应保障、决策经验、管理能力等核心要素，全部通过数字化技术手段和系统工具进行管理，打造了高质量、易扩展的科技驱动连锁网络。

这些数字化的实践让便利蜂在疫情期间得以从容应对。在便利蜂"中央大脑"的统一支持下,每个连锁门店的日常工作任务和经营决策都可以自动化流转和智能化决策,让店员把更多的工作精力投入顾客服务中。

便利蜂还将继续推进线上线下深度融合,基于数字化协同的业务体系,在现有"蜂超市"、洗衣服务、便利自行车、共享晴雨伞等业务基础上,探索创新业务,拓宽服务范围,突破售卖店内商品的服务空间限制,打造本地生活服务平台。

(三)关注构建和睦的社区关系

便利店是社区门口的商业业态,与社区的生活方式高度相关。在这段特殊时期,便利店作为商品买卖场所的属性有所淡化,作为社区生活空间的属性得到增强。便利店与消费者形成了情感上的连接,承担了更多社区服务的角色,成为构建和睦社区关系的落脚点。

随着我国城市由规模化建设转向精细化治理的新阶段,便利店作为不可或缺的社区服务基础设施,也将持续融入社区治理的方方面面,增强居民对社区的认同感和归属感,繁荣社区文化。

(四)着眼专业人才培养和长期储备

此次疫情恰逢春节返乡,导致人员短缺虽然属于短期突发情况,但也在一定程度上反映出了生活服务行业人员流动性较大、人员供给储备不足的深层次问题。要增强整个行业的"反脆弱性",仅仅依靠短期共享员工的办法并不现实,还需要从长远出发,加强专业人才的培养和长期储备。

今年,便利蜂宣布向全国应届大学生开放2000个工作岗位,与去年相比扩招16倍。这次招聘计划覆盖人工智能、门店运营、食品研发等多个岗位。

在未来便利店的就业环境中,对于线上系统和数字化设备的快速学习和适应能力将成为基本素质。因此,便利蜂在培养店员方面引入了大量的线上培训和门店数字化设备的实操练习,把店员从收银、订货、促销等机械化的工作中解脱出来，鼓励每个店员更加关心门店内的现场服务体验，更加深入思考和理解影响门店经营的实际因素，并持续通过智能化系统进行反馈和完善，培养店员快速提升系统化的专业服务能力。

四、便利店应成为社会应急救灾基础设施

作为距离消费者最近的生活服务业态，便利店能够在突发危机和面临灾难时，承担起保障基本生活、稳定民心、维护社会正常秩序的作用。

从国外发展情况来看，便利店在应急保障方面能发挥更多作用，也得到了更多支持。在2011年日本发生大地震、福岛核泄漏产生巨大社会恐慌的时候，日本政府看到很多便利店成为日本居民身边的防灾据点，承担起了食品供应、稳定民心的重要职能，已经将便利店认定为"指定公共机关"，在遇到自然灾害时便利店将持续开业，并允许便利店货车优先进入灾区，协助日本政府进行救灾。2007年美国佛罗里达州遭受飓风袭击时，多数门店关闭，而Publix和Winn-Dixie连锁商店则公布了几十家正常营业门店的地址和联系电话，为社区居民准备了充足的物资、电源，并提供信息咨询服务，在应对飓风期间给居民提供了最需要的帮助。

连锁便利店之所以能在应急救灾方面发挥重要作用，一方面是由于美国、日本、英国等国家已经普遍达到了每1500—2200人就拥有一家便利店的高密度水平，便利店网点分布与人口数量分布高度相关，成为城市生活中随处可见的基础生活业态；另一方面则是由于国外便利店企业建立起了高效的供应系统，不仅能满足平时高频次、小批量、零散化的物流配送需求，也能在应急救灾期间快速响应，满足基本生活必需品的供应需求。

与国外便利店发展情况相比，我国便利店受制于网点不够密集、鲜食供应基地建设滞后、物流配送不畅等实际原因，在应对应急事件方面难以充分发挥作用，这个问题应该引起重视。近期一项调查显示，我国60.1%的民众认为应该优化常规应急物资的储备机构，形成下沉基层的分布式物

资储备体系。

因此，应该把便利店作为常态化的社会应急基础设施，进一步提升便利店的规模和密度，优化城市商业和社区商业规划，支持便利店进一步发挥应急保障作用。

具体来说，首先是要将便利店纳入城市公共服务基础设施体系建设，通过编制便民服务设施专项规划明确便利店配置标准，确保便利店与住宅建设同步规划、同步建设、同步验收和交付使用，确保刚性执行，保障便利店的发展空间。

其次是要支持便利店企业建设标准化食品供应体系，为便利店企业建设鲜食生产基地和冷链物流配送短保质期食品提供通行和停靠便利，鼓励便利店企业研发更便捷、更卫生、更健康的短保质期鲜食，推广便利店企业在食品安全管控、智能订货、标准化废弃等方面的好做法。

最后是引导便利店企业持续提升智能服务能力，以门店为基础推进线上线下融合，大量通过数字化系统和设备提升规模化运营的效率和质量，同时在经营空间、业务模式、搭载服务等方面进一步减少限制，鼓励便利店企业从便民角度出发，积极探索和尝试创新业务。

在当前应对疫情和复工复产期间，便利店是不可或缺的民生保障服务业态，应该进一步形成小型化、少人化、分散化的便利店有助于疫情防控的共识，为便利店企业做好门店疫情防控提供支持，明确不得随意关停便利店的统一要求，及时解决便利店在经营中遇到的实际阻碍，支持便利店在常态化应急体系中发挥更多作用。

从长远来看，便利店作为现代化的便民商业业态，是城市社区生活必不可少的组成部分，对于提升城市文明、促进宜居宜业、完善社区生态、满足便利消费需求都具有重要作用。应该将便利店作为民生工作中的优先选项予以持续推进，坚持品牌化、连锁化、智能化的主要方向，积极培育和壮大本土新兴便利店品牌，让消费更便利、更优质、更放心，把"小小的幸福"带到更多消费者身边。

科技引领正道成功

陈生强

庚子年新春伊始，一场席卷全国乃至世界的新冠肺炎疫情，打乱了社会的正常秩序和人们的生活节奏，给社会和经济发展带来了深重的灾难和严重的危机。对国家而言，这场疫情是对政府治理能力的大考；对企业和个人来讲，这场疫情既是对生存能力的考验，更是社会责任和担当的"试金石"。自1月21日启动抗击疫情专项行动以来，京东累计投入十几亿元用于抗疫情、保民生、撑经济、稳就业之中。京东用"正道成功"的信仰和"科技引领"的基因，提出了科技抗疫的"京东方案"，交出了属于自己的"战疫答卷"。

一、新冠肺炎疫情对互联网行业的影响和冲击

新冠肺炎疫情给中国经济增长和社会治理带来巨大的挑战，也给各行业和企业提出了新的发展命题。传统零售、餐饮、教育和文化娱乐行业等线下场景几乎停滞，部分企业积极探索线上模式。电商、远程办公、在线教育、在线医疗和生鲜物流等领域需求火爆，"非接触式"经济助力经济转型升级。从短期来看，新冠肺炎疫情对互联网行业产生了较大影响：

作者系京东数科 CEO。

(一)零售消费领域：线下消费受阻，线上消费再迎风口

新冠肺炎疫情导致消费跌到历史低点。不过，网上消费呈现了"逆势增长"的态势，1—2月实物商品网上零售额11233亿元，同比增长3.0%，占社会消费品零售总额的比重达到21.5%，创下有数据以来的新高。

一方面，受疫情影响，实体门店消费需求锐减，零售商产业链、供应链受到冲击，部分消费品面临供应链断裂风险，更多的消费品类则是因为疫情期间人们消费方式、生活方式、工作方式以及消费心理的变化导致不同消费需求在品类、时空等多个维度相互替代。另一方面，线下需求被转移到线上消费，线上零售、社区零售、生鲜电商迎来高增长；越来越多传统零售商加速数字化转型，部分"大型商场"推出"到家服务"，逆势上涨；无接触配送、无人货架、无人超市、智能取餐柜、智能快递柜等无人零售模式火爆；在线教育、线上医疗、远程办公、线上购房等新消费场景集中爆发。

(二)消费金融领域：逾期率上升，头部平台优势愈加凸显

受停工或复工迟缓影响，消费金融市场贷款需求减少、资产质量下滑、逾期率暴增，平台两极分化现象严重。据不完全统计，有的小贷公司逾期率从疫情前的5%上升到7%，而银行信用卡机构逾期率基本维持在2%—3%。值得注意的是，随着越来越多的客户下沉到三、四线城市，甚至农村市场，在用户层级上，下沉用户风险大大增加。总体来看，小贷公司的客群质量较差，总体抗风险能力弱，部分甚至面临流动性危机；大型持牌机构、电商平台次级群体多，逾期率较低，影响有限；而客群质量较高的银行逾期率较低，影响最小，大型金融机构的抗风险优势凸显。

（三）企业金融领域：小微企业融资难加剧，数字金融服务需求激增

受疫情影响，传统金融机构线下贷款申请流程受阻、无法实地调查贷款企业情况，再加上技术风控能力不足等因素，风险偏好进一步下降，金融供给体系结构失衡更加严重。在此背景下，受疫情影响最大的小微企业更难从银行获得贷款，其他融资渠道需求激增。

疫情给小微企业造成较大冲击，依靠自有资金，大部分小微企业难以维持超过三个月运营。从近 8000 家新三板企业的统计数据看，对服务和零售业中小企业冲击最显著，比如餐饮企业账面现金仅能维持 2.4 个月的固定支出，破产倒闭风险极大，近 40% 的零售企业账面资金只能覆盖 6 个月内的固定支出，面临短期资金断裂风险。

随着数字经济时代的到来，数字金融在疫情中支持实体经济特别是小微企业方面起到重要作用。从 2011 年到 2018 年，中国各省数字普惠金融指数年均增长 36%。数字科技为普惠金融带来新的发展引擎，数字金融利用大数据解决信息不对称问题，零距离触达长尾客户，弥补传统金融机构难覆盖的"短频急"、缺乏财务报表和合格抵押物的小微企业信贷需求。同时，数字科技公司还能助力传统金融机构数字化转型，通过将数字营销、智能风控等能力，以及多样化业务场景整合输出，为金融机构提供定制化解决方案。

（四）支付领域：现金支付受挫，无接触支付需求激增

受疫情影响，线下大部分场景交易"降至冰点"，线下支付，现金支付、刷脸支付等受挫。为了降低现金付款带来的病毒传染风险，世界卫生组织建议使用非接触式方式付款，线上支付、条码支付和无接触支付快速增长。

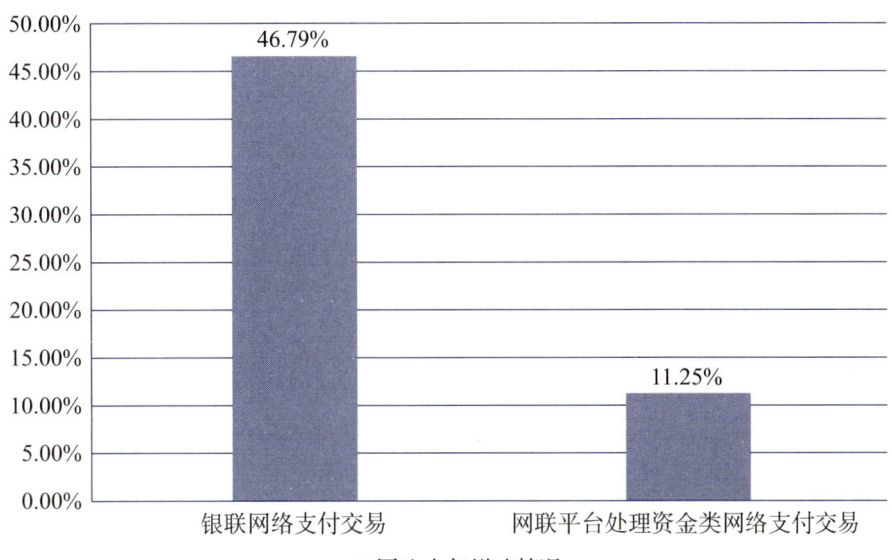

图1 春节期间银联、网联网络支付交易订单同比增速

数据来源：银联、网联公开数据

数据显示，春节期间，整体交易规模呈现上升趋势，其中，银联网络支付交易增长较快，同比增长46.79%，网联平台处理资金类网络支付交易49.19亿笔、金额27307.11亿元，同比去年春节假期上涨11.25%、5.76%。随着复工复产的推进，"无接触支付"和"自助收银"设备既能有效缓解商超排队压力，又能减少病毒传染的风险，需求将迎来新的高潮。同时，针对"戴口罩"人群的刷脸支付技术被寄予厚望，将支付技术与体温检测、疫情码等其他功能相聚合，也能较好地迎合市场需求。

（五）财富管理领域：线下财富业务营销受阻，健康险迎来发展机遇

居民财富资产从高到低对应的核心需求分别是：安全—养老—子女教育—投资收益。此次疫情暴发威胁到了人们最核心的安全需求，人们对保险的需求将进一步激发。根据历史数据，2003年"非典"疫情推动健康险

为代表的保险业保费收入快速增长，5—8月在"非典"疫情得到有效控制期间，健康险单月保费同比增速高达309%、265%、158%、131%。

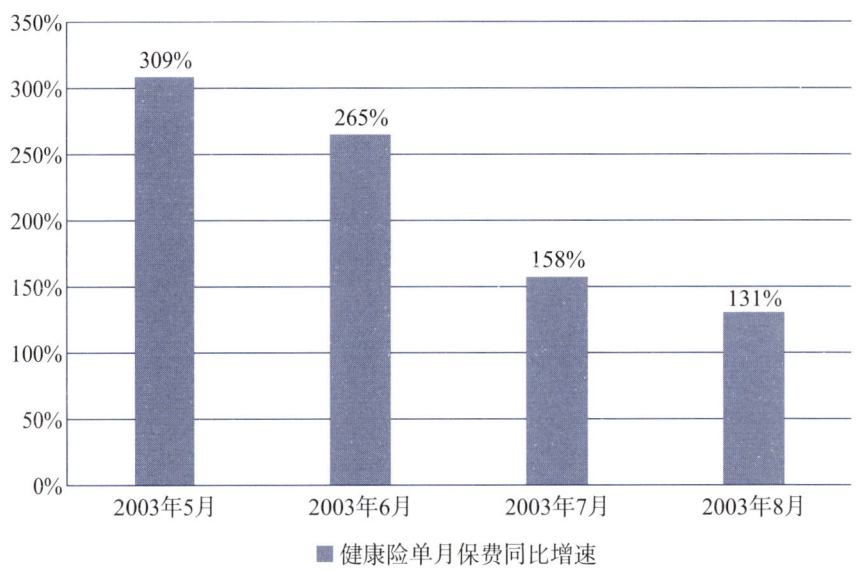

图2 "非典"疫情期间健康险保费增速

数据来源：网上公开数据

尽管此次疫情对保险企短期业绩可能带来一些影响，比如线下保险业务受阻、赔付压力增加等，但长期来看，随着人们的保险意识进一步提升，对保险业尤其是健康险业是利好的。

（六）智能城市领域：打破现有城市运行格局，催生新技术

疫情打破了现有城市运行格局，人口聚集、社区流动、公共交通服务等都加剧了交叉传播风险，线上、线下信息传播和舆情监控"全覆盖"的需求十分迫切，智能城市建设再次提上日程。根据2020年1月发布的《新型智慧城市发展报告2018—2019》显示，我国大量城市已经从新型智慧城市建设的准备期向起步期和成长期过渡，其中，处于起步期和成长期的城市占比从两年前的57.7%增长到了80%。

但从此次疫情的反映看，部分城市运行甚至出现"瘫痪"，智能城市名过其实。智能城市不只是简单信息数据IT化，智能城市是交通、医疗、政务三位一体式的横向纵向打通，提高数据交互能力，并且面对城市的风险与危机进行预判，进而提升公共服务效率。从中长期看，数字孪生城市将有效提升科学决策、协同控制的能力，更好地应对突发性事件。

（七）营销领域：户外广告受损严重，线上数字化营销增长

疫情严重冲击线下服务业，会展、商超、餐饮等线下服务骤减，品牌营销渠道损失较大；线下广告价值削弱，广告主缩减预算、暂缓营销计划，传统广告营销大幅下滑。户外广告受损严重，数字化营销却呈现增长态势。

在自媒体频繁涌现、消费者线上化和多渠道整合营销的数据驱动时代下，低成本、高效率、广影响力的社群营销、直播营销、内容营销、公益营销等数字化营销模式受到青睐，线上流量的争夺将更加激烈。

（八）互联网医疗领域：线下问诊受到冲击，线上医疗日趋活跃

2020年2月份以来，国家卫健委陆续发布多份关于互联网医疗的文件，支持大力开展互联网医疗服务，包括就诊医疗、健康评估等，同时将符合条件的互联网医疗服务费用纳入医保支付范围。疫情导致传统医疗线下问诊场景受阻，互联网医疗机构借势破局。医疗健康行业趋向互联网化逐渐成为共识，传统医院积极寻求第三方机构合作，采用共建共营模式，整合线下资源，进行IT建设和运维和开发互联网服务产品等。智慧医疗的快速发展，也进一步推动了医疗体制改革的深化。

随着疫情趋于稳定，我国新冠肺炎疫情防治已取得阶段性成效，需要及时转入一手抓疫情防控、一手抓经济恢复的新阶段。疫情对中国经济的影响是暂时的，中国经济长期向好、高质量增长的基本面并没有变化。虽然疫情短期影响了企业复工复产计划，传统零售、教育、交通和文娱等行

业受影响严重,但另一方面,疫情也激发了"非接触式"经济活力,倒逼全行业数字化转型升级,引发数字科技的新一轮变革,培育和发展新的经济增长动能。

一是新基建为数字经济注入新动能。2020年3月4日召开的中共中央政治局常务委员会强调,加快5G网络、数据中心等新型基础设施建设(以下简称"新基建")进度。新基建立足于科技端,主要包括5G基站建设、特高压、城际高速铁路和城市轨道交通、新能源汽车充电桩、大数据中心、人工智能、工业互联网七大领域。数字经济已成为中国经济增长的新引擎,而新基建将为数字经济注入新动能。据《中国互联网发展报告2019》显示,2018年,中国数字经济规模达31.3万亿元,占GDP比重达34.8%。作为新基建的重要组成部分,互联网科技平台构建的数字化供应链和智能物流体系在此次疫情防控中大显身手,发挥了重要作用。以数字技术为核心的互联网公司应抓住历史机遇,发挥自身的技术实力,积极推进和参与新基建项目,为数字经济发展打下更坚实的基础。

二是数字科技推动新一轮产业变革。未来几年,我国数字科技将推动基础设施、企业和政府数字化转型,提升国家现代化治理能力,并成为拉动经济增长、促进经济高质量发展的关键引擎。此外,以数字科技为核心的新消费将集中爆发,包括智能制造、无人配送、在线消费、医疗健康等新兴产业将蓬勃发展,为推动中国经济转型升级、助力新旧动能转换提供重要支撑。当前新一轮产业变革正在进行,以AI为核心的数字科技是主导技术,通过交叉融合,向各个产业渗透,带动产业创新。要充分抓住当前的机遇,加快推动数字产业化、产业数字化,引领新一轮产业技术革命。

三是金融科技进入新发展阶段。为解决中小微企业融资难题,央行、财政部、银保监会等部门相继出台多份重要文件,部署金融支持疫情防控和复工复产工作,政策层面鼓励各金融机构积极运用技术手段,助力中小微企业抗疫复工。在这个过程中，金融科技的作用日益凸显，金融科技疏通货币传导机制，让资金更多流入实体经济，覆盖更多中小微企业，成为金融服务实体经济的新途径，也是促进普惠金融发展的新机遇。金融机构利用金融科技手段，更加精准定位，保障信贷、财税等优惠政策更好落实；数字科技公司和传统金融机构在资金和技术方面的合作深入，助力普惠金融服务改善。金融科技已成为优化金融供给体系，推进金融供给侧改革的必然要求和重要支撑。随着新一代信息技术融合生态的建立，金融科技发展将进入新阶段。

二、"正道成功"诠释科技企业的责任与担当

正道成功是京东价值观体系中的基石，也是京东基业长青的信仰，这种信仰不仅根植于京东商业经营的全流程中，更流淌在京东人的血液里。

（一）同舟共济彰显抗击疫情的"京东责任"

京东是第一批向武汉医院捐赠并送达口罩及医疗物资的企业。凭借着供应链和物流优势，通过全国各地救援物资特别通道，京东物流承运了医疗应急物资；向全国消费者供应了米面粮油、肉蛋菜奶等生活用品。京东健康开通免费医生咨询和心理疏导服务平台。

1. 捐赠抗疫急需的医疗物资，缓解物资短缺困局

疫情暴发以来，京东集团充分发挥技术、供应链和物流方面的优势，积极捐赠抗疫继续的医疗物资。

1月24日，京东宣布向湖北慈善总会捐赠100万只口罩及6万件医疗物资，向武汉医院捐赠8万只口罩。此外，6万件医疗物资和药品也经由京东物流送至武汉大学中南医院等医疗机构。2月26日，京东健康捐赠的3吨消毒液，辗转德国、法国、日本送抵武汉，由京东物流送到相关医疗设施和机构手中，以缓解当地医疗物资短缺的局面。

2. 为小微企业生存"雪中送炭",助力企业抗疫复工

为帮助小微企业渡过难关,对京东开放平台的 27 万商家,特别是湖北地区的商家,京东推出了多项补贴支持措施。涵盖了费用减免、金融和物流支持、流量支持、技术支持、健康保障等。此外,京东数科旗下"京保贝""京小贷"等金融产品为小微企业提供展期、续贷、降低利率等一系列金融扶持计划,帮助小微企业度过疫情的寒冬,还追加 1 亿元对京东物流入仓商家进行重点补贴,极大地支持了小微企业。

与此同时,京东启动"中小企业帮扶计划",从保复工、通销路、稳资金、企业帮扶联盟四个维度推出 13 项帮扶举措,累计投入近 5 亿元的资金资源补贴,直击中小企业生存成长难题,随后追加投入价值 15 亿元资源推出"春雨计划",即整合全平台营销能力扶持重点品类,向滞销品牌、商家倾斜更多流量资源,通过全渠道模式实现线下门店线上"云复工"。

3. 实施"人才共享计划",减轻社会就业压力

为帮助中小企业纾困,全力支持稳就业、保民生工作,京东集团及其投资的达达集团联合宣布将采取灵活多样的用工形式,面向全社会提供超过 3.5 万人的就业岗位,通过余缺调剂、岗位共享等创新模式,最大限度地减少疫情在短期内对就业产生的冲击。京东 7FRESH 发布了"人才共享"计划,诚邀临时歇业的餐饮、酒店、影线及零售联营商户员工在此期间以短期打工的方式加盟。京东向社会招收 1000 名兼职客服,招聘启动当天,近万人踊跃报名应聘。因此,京东进一步增加了兼职客服的岗位数量。截至 3 月 18 日,已有超过 2000 名兼职客服顺利入职京东。

(二)供应链硬核构建抗击疫情的"京东方案"

京东依靠自身强大的供应链内核,保障了疫情期间的物资配送、政府公共服务供应链管理等关键问题,展示了抗击疫情的"京东方案"。

1. 京东物流的配送速度保证抗疫物资的顺利到位

一直以来,京东物流连续八年坚持春节期间运营,正常配送,以保证

全国近 300 个城市的快递服务，部分核心城市甚至保证可以"上午下单、下午就送达"。为抗击疫情，京东物流不仅为湖北当地药企提供紧急药品运输，还宣布优先配送医疗机构指定订单，更特意开通了全国各地驰援武汉救援物资的特别通道。比如，钟南山团队捐赠的 100 个呼吸机，京东物流仅用了一天时间就顺利从广州送达武汉，配送效率极高，钟南山院士亲笔题字表示感谢。京东集团在抗击疫情中的表现，得到了商务部、交通运输部、卫健委、工信部等多部委的肯定和表扬。

2. 京东物流承建湖北省政府应急物资供应链管理平台

京东物流与湖北省政府展开合作，正式承建其应急物资供应链管理平台。由于抗疫物资种类较多、型号不一，以传统方式实现一线抗疫需求和物资采集的及时匹配存在一定难度，为此，京东物流将抗疫物资的所有数据和信息以数字化形式进行整合，由系统性的供应链平台进行统一管理，从而为抗击疫情提供有力的后勤保障。该平台将帮助需求方、采购方、供货方三方完成采购信息、物流的高效交互，进而实现供应链前端的供需快速匹配，不仅有利于湖北全省相关物资产能、库存、调拨、分配的有效集中管控，还能实现实时数据的可视化，确保分配到各市州的省级筹集物资第一时间公开、透明地分发到位。

该平台上线后可实现两个目标：一是通过信息化、智能化的供应链平台，将应急物资进行数据化、系统化采集，前端能处理更复杂的物资信息输入，后端能对接不同物流数据，同时让信息流更完善可视，保证公开透明；二是将前端采购、库存管理、货物流向进行大数据管理，实现入库、出库、签收、验收、复核、审核等环节和流程一体化，便于物资的调配和管理，提升物资处理效率。该平台的建立标志着京东的供应链技术已经直接参与到政府部门的疫情防控指挥工作中。

（三）科技基因凸显抗击疫情的"京东智慧"

京东科技研发和应用的领域不仅仅局限于供应链管理场景，更是触达到各行各业和社会公共管理的方方面面，展现了京东在科技方面的独特优势。

1. 京东数科"智能城市操作系统"助力社区疫情防控

京东数科联合其他机构为北京经济技术开发区开发的"战疫金盾"，通过人群流动、医疗等数据，分析人群流动轨迹、预测发展趋势，实现疫情预防、溯源和追踪，必要时可用于调度各类防控资源。此外还能实现人、机构、物资、事件四大维度的多层打通，实现基本信息一次上报、多场景调取应用。这不仅方便企业和居民自主录入，还能大大提高一线人员数据统计、录入、报送的工作效率，并为工委、管委各部门提供疫情防控数据支撑、助力经济运行调度、精准服务企业等。截至目前，"战疫金盾"系统已汇聚了辖区居民的健康信息及首批规模以上企业的实时数据，既能精确赋能疫情防控，更在社会治理方面大有作为。

此外，京东数科开发的"高危人群疫情态势感知系统"，在保证数据安全的情况下，能够协助政府开展高危人群分析及疑似人群排查工作。北京市、南京市公安局正是基于该系统提供的时空大数据、时空AI等技术支持，开展了高危人群分析及疑似人群排查工作：一是分析识别目标人群迁徙轨迹，并且通过轨迹挖掘，可找到与疑似人群有密切接触的人群；二是可视化看到返程人员来源地区分布、新增健康异常人数、每日返程人数、离域人员统计、乘坐交通工具情况、去往省市分析等数据，极大提高了警方疫情防控工作的效率。

2. AI算法提升人脸识别效率，降低疫情防控难度

为解决当下戴口罩人群面部区域大范围被口罩遮挡给人脸过闸带来的挑战，京东数科从算法和数据两个角度出发，针对戴口罩人员的人脸识别技术进行了模型优化与用户体验度升级。

在算法层面，引入注意力机制，加大鼻部以上特征的训练权重，使模型更加关注非遮挡人脸区域，尽可能地降低各种样式口罩带来的干扰，此外，还显示引入局部人脸区域提取人脸特征，融合到全局人脸特征。在数据层面，京东数科通过合成各类口罩模板添加到数据集中，以模拟佩戴口

罩真实场景，使得常规人脸识别模型能很好地迁移到佩戴口罩场景。上述两方面优化，将使在佩戴口罩场景下的人脸识别通过率提升至接近常规人脸识别通过率。

京东数科自主研发的多模态人脸活体检测算法，已在检测中通过了人脸采集、图像质量分类、活体检测能力等多个测试项，能够有效拦截不同环境条件下的"假脸"攻击。近日，该算法正式通过国家金融IC卡安全检测中心—银行卡检测中心（BCTC）的技术认证，达到国家认证的金融支付级安全标准，经BCTC检测，京东数科多模态人脸活体检测算法真人识别正确率达99.8%，二维和三维头模的攻击正确拦截率达100%，这意味着京东数科成为通过国家级银行卡检测中心认证的人脸识别算法厂商。

3. 无人机等黑科技创新"无接触式服务"

2月6日，京东物流使用智能配送机器人顺利将医疗物资送到了武汉第九医院，这是疫情暴发后武汉智能配送第一单。此外，京东物流在贵阳、呼和浩特等地的智能配送站也正常运营。另外为保障偏远地区配送，在河北、陕西、江苏等农村地区，京东物流无人机也已开展无人机配送工作，为已经封闭地区提供物流服务。除机器人和无人机的共克疫情之外，扫码进店、无须结账，分布于全国各地的京东物流无人超市和智能售卖柜成为消费者此刻理想的购物场所，无人员值守、无接触购物，京东的智能零售科技正在将疫病传播的概率降至最低，为消费者提供更安全的购物方式。

三、"科技驱动"铭记科技企业的初心和使命

疫情暴发后，京东持续深耕技术，在加快自身经营理念和业务模式的转型发展的同时，铭记互联网企业的初心和使命，助力实体经济产业转型升级，给出了互联网科技企业与传统产业融合的"京东方案"。

（一）持续深耕技术，强化数字供应链的优势地位

面对疫情下爆发的供给需求，稳稳地保障着千家万户的安定生活，其背后是京东数字化供应链的深厚"内功"。京东在成立之初就开始智能供应链建设，京东数字化的供应链具备的出色柔性、弹性在疫情中彰显出了显著优势，例如自营模式在物资调动中与供货商高效配合，甚至通过数据挖掘推动上游制造商提前复工复产，自有物流网络在春节期间和疫情严重区域也保持有序运营，有效保证口罩、药品、防护服以及米面粮油等供应缺口大的物资能够及时到达医护人员和居民的手中。

疫情的发生促使京东加快了从供应链到数字化供应链建设的步伐，京东供应链的快速反应使其在与各大品牌商沟通货源供应、自营产品入仓、保障稳定货源方面凸显优势。同时，京东还凭借多年来建立的覆盖全国的供应链网络，在协调生产、物价监控、配送保障、平台搭建等方面及时响应，有力保障了重点防疫物资运输"生命线"。为保障"最后一公里"收寄服务的安全性和便捷性，京东物流充分发挥智能技术与多元生态的优势，提供自提柜、便民服务点、智能配送机器人等十余种"无接触"快递服务。京东基于多年积累的供应链、物流、技术能力，尤其是在持续加大技术研发后，供应链和物流体系的抗风险能力显著提升。下一步，京东将加大科技投入和引领，努力实现从供应链向数字化供应链、从商品供应链向服务供应链、从自有供应链向开放供应链的升级，全面提升京东供应链的硬核实力。

（二）以疫情防控为契机，加快布局"非接触式"商业模式

疫情防控的要求迫使京东思考如何在防控风险的同时保证企业经营发展，"非接触式"经济成为其在后疫情时期的重要发力方向。

一是加快发展无人车、无人机等无人科技，实现"非接触式"服务。比如智能无人车集结了自动化、计算机、人工智能等多种高科技，代替人

工不仅能进行360度环境监测，自动避让路障和行人，遇到红绿灯时立刻反应。其次，它还可以自主停靠配送点，将取货信息发给用户，然后用户通过人脸识别、输入取货码、点击手机App链接等三种方式取货。

二是加快线下零售业向线上线下结合的转型升级。一方面，借疫情契机培养并延长人们在生鲜品类之外的线上购物习惯。以生鲜为例，此"线上购物"习惯，并不是常见的"库到家"模式而是"店到家"模式，因此在配送时效上要远远超过快递。所以疫情之下人们享受到了线上购买生鲜的方便快捷，也在潜移默化中养成了线上购买生鲜的消费习惯。此后，人们一旦要购买生鲜，便很容易联想到京东到家。另一方面，借疫情契机与更多线下零售品牌建立合作关系拓宽品类范围。疫情使得线下流量骤减，线下零售商的成本控制也愈加艰难，而即便在疫情过后重建流量，也是任重道远。因此线下零售商的当务之急，便是转向线上流量，而这也恰恰是京东到家所能提供的。另外，京东到家的品类范围也得到进一步拓宽，获取流量的点越来越多。

四、后新冠肺炎疫情时期的企业危机管理

当前，国内疫情防控取得阶段性成果，"中国经验"效果显现，得到了全世界多国的高度认可。经由此次疫情危机的应对，对于后疫情时期的企业治理，理应有更客观更深刻的认识。

（一）居安思危，建立危机管理机制

此次疫情不仅给社会经济治理带来重大挑战，同时给企业危机管理提出了全新命题。企业应牢固树立"居安思危"意识，建立健全危机管理机制。危机管理机制包括人力资源调配、供应商和客户管理的协调、明晰业务流程、应急物资储备、应急账户管理、现金流管理以及压力测试等方面。企业应成立危机应急领导小组，加强应急管理专业人才队伍建设，定期进

行危机演练，打有准备的"仗"。

（二）加大科技投入，创新危机处理机制

充分发挥数字科技企业的场景和客户优势，依托大数据、人工智能、区块链、云计算等数字技术，在疫情监测分析、流动人口监控、救灾物资调配等方面，形成符合本企业实际、具有实效的企业危机处理方案，进而为行业和政府危机管理提供有益的借鉴和参考。

（三）加强内外协作，畅通对外沟通渠道

一方面，企业应强化和规范危机发生时的内部管理制度，应探索建立危机分级相应机制，针对不同程度的危机，制定不同级别的相应机制、确定不同主责部门，确保危机处理责任到人；另一方面，企业应加强危机处理的对外沟通，加强与政府部门、行业协会、同业单位等外部机构的交流合作，通过官方、媒体、社会交流等渠道，向公众及时公开重大信息，减少因信息不对称造成过度情绪恐慌和负面影响，树立企业危机管理的良好社会影响。

（四）发挥自身优势，彰显企业社会担当

面对新冠肺炎疫情的挑战，科技公司第一时间"雪中送炭"，充分发挥自身平台、技术、数据、场景等核心优势，竭尽所能，各展所长，硬核抗疫，传播正能量，彰显企业社会担当。科技公司应该继续发挥自身优势，助力数字政府、智能城市以及民生服务，探索数字经济新业态，用创新的思维解决危机和提供惠民服务，凝聚一股强大的数字科技力量，诠释"为价值而生"的真谛。

此次疫情也考验了各行业的危机应对能力，包括供给端—中介端—需求端的稳定体系、供应链的灵活性、行业联动性、行业抗风险能力、行业的前沿性等。虽然相比传统零售、旅游、文娱、教育、交通等行业，互联

网行业总体受疫情影响相对较小，但互联网行业不应事不关己，更不能沾沾自喜，而是要警钟长鸣，在做好自身危机管理、寻求业务发展空间的同时，发挥技术优势，助力全社会的危机管理和中国经济的数字化转型。

一是牢牢抓住科技企业在产业数字化升级中的历史机遇。此次疫情暴露出部分行业和企业过度依赖线下服务模式的局限性、敏感性和脆弱性，这种短板在危机应对时表现得更为突出，科技企业在数字化、网络化等方面具有天然的基因，应充分利用大数据、区块链、人工智能等技术，为危机管理提供有力的技术支撑，帮助各行各业实现数字化的转型升级。

二是构建数字供应链，提高危机管理的协同作战能力。科技行业应针对供应链上下游建立危机管理机制，具体包括危机措施储备管理、供应商帮扶计划、行业供应链调配机制、上下游沟通机制以及数字化供应手段等，形成危机处理的供应链协同作战方案，提高整个供应链的数字化程度和抗风险能力。同时，积极参与国家应急管理信息系统和基础设施建设。

三是充分发挥数字科技在危机管理中的独特优势。疫情在一定时期内的持续发展，深刻改变了存量经济业态，在线娱乐、在线教育、在线办公、远程医疗、生鲜电商等新模式的数字经济和"非接触式"经济爆发。在疫情逐步解除和社会生产恢复正常后，数字科技有能力也应当发挥更重要的作用。教育、医疗、企业办公等庞大的在线化市场需求持续激活，有望诞生"超级应用"，并为相关领域的数字科技创新带来新机会。互联网公司应积极布局新业态，加大科技投入，为中国经济转型发展提供新动能。

危机下物流行业"韧"性前行

甘 玲

武汉伢汪勇，是江城众多快递小哥中的普通一员，日复一日地在金银潭医院附近收派件。倘若不是新冠肺炎疫情暴发，他的这个春节应该和往年没有什么不同。然而，自偌大的武汉必须"封城"抗疫那一刻起，他便成了"最美快递员"。

从自己做义务司机开始，到集合志愿者车队，再到联系网约车企业、争取共享单车投放，终于解决了金银潭医院医护人员出行的难题。

从自己给医护人员取餐送饭开始，到征集志愿餐厨服务，再到寻找餐厅提供每天1.5万份的餐饮供应、缓解武汉医护人员餐饮单一、病患营养跟不上的局面。

一个矛盾得以化解、一个困难已被克服之后，他又去琢磨"客户"更为细致和个性化的需求：戴护目镜眼镜容易坏，他联系配镜商铺，帮医护人员修眼镜；援鄂医疗队个人用品准备不足，他拉清单联系超商跑腿采购……

聚光灯下，小哥汪勇还是那么实在。他说，"我做这件事的初衷很简单：一天接送一个医护人员可以节省4个小时，接送100个就是400个小时。400个小时，医护人员能救多少人？怎么算我都是赚的"。

作者系顺丰控股副总经理、董事会秘书。

一、全员战疫的顺丰

在疫区，汪勇尽到了一个顺丰小哥的本分：第一，沟通供给与需求两端，消弭病区医患与外界志愿者之间的信息不对称。第二，高效为核心病区的医患人员匹配急需资源，为他们最大限度地提供物资和服务保障。第三，不忘初心，坚持到底，做到极致！

其实，汪勇的故事正好阐释了顺丰这家企业一直以来如何一步步成长的：从1993年做快递开始，2014年开始探索多元化物流，两年前拓展供应链服务，以满足客户不断变化的需求。

（一）点：抗疫保民生，服务无"盲点"

疫情就是命令。分秒必争、全球动员，支援湖北、驰援武汉！

毫不夸张地说：即便是疫情暴发最严重的那几天，包括武汉在内的全国大中城市的每一条街道，都有顺丰的车轮在奔跑；每一个社区都有"丰巢"快递柜在运行，或是"顺丰优选"在服务。当然，更多的是身着顺丰工衣的快递小哥们，他们成了医护人员、警务人员、社区人员和志愿者之外，举国战疫期间出镜率最高的群体之一。

人们也许会奇怪：为什么只看到顺丰的快递小哥，其他的小哥们呢？他们当然也在为抗疫做着力所能及的事，只是，顺丰人的准备更加充分。

举个小例子：入驻于上海市莘庄工业园区的顺丰顺衡营业网点。1月20日接到总部发来的疫情通知后，立即启动防疫防灾预案，组建防疫防灾应急小组，并在当天召集春节期间留守园区的204名员工召开了疫情宣达会。

会很短，要求也清晰：一是保证每天发放口罩和手套等防护物资；二是严格要求全员上下班进行体温检测和登记上报，并定期为宿舍消毒；三是保障物流畅通必须要以保障员工自身安全为基础。自1月21日起，留守员工全部上岗，确保了莘庄工业园区的进口产品物流畅通。

上海顺衡是如此，全国7245个（疫情期在营业的）顺丰网点都是如此。在疫情发生之初，公司就迅速响应、启动应急预案，并组织编撰了《重大传染性疾病疫情应对总指引》。这份《指引》成了顺丰"战疫"的"总纲"。纲举目张，人员保障、安全保障、运营保障和特殊办公保障四大篇、三十六款、共四十二页的内容，细化到了每一个岗位、每一个员工该如何应对疫情影响、如何合理安排工作。

为战"疫"，顺丰甚至做到不计成本：春节期间给员工的加班费最高翻5倍，以激励值班人员；为保护小哥安全，提供足够的医用口罩、N95口罩、护目镜、防护服等装备；为了安置回城被隔离或失去住所的员工，主动租酒店和公寓给员工；为了客户收件安全，为每个快递包裹消毒；每天所有运营场地消杀处理……

如果说汪勇是疫情期间最大的"闪光点"，那么，摊开顺丰全国版图，你还会发现无数个散发着平凡光芒的点。疫情期间，共计有五十几万顺丰员工坚守自身岗位，用行动践行着总裁王卫的承诺——疫情不散，顺丰不退！

是的，正是这些勇敢、敬业的顺丰人，让公司有底气在疫情最严酷时仍能自豪地说：我们的服务没有盲点！

（二）线：抗疫防疫，运输不"掉线"

随着武汉"封城"，以及各省市自治区启动重大突发公共卫生事件一级响应，道路交通情况存在极大的不可预知性。叠加冬季部分地区的雨雪天气影响，物流企业的陆运运输面临着诸多不可控风险，但顺丰还是顶住了压力，保证了防疫运输的"生命线"时刻"在线"。自1月23日启动驰援运输任务以来，到3月15日，湖北顺丰陆运开行2069个班次，累计运输物资过万吨；顺丰全网运往湖北的包裹合计突破1亿件。

"战疫保线"的故事很多。比如，顺丰第一时间协助太极集团将价值800万元的防疫物资送往前线，支援湖北、重庆、四川等地区抗疫。又如，率先响应华大基因和华大智造的需求，并结合实际情况，为其量身定制并给予优质物流运输保障——为什么要"定制"？因为"新型冠状病毒

qPCR 试剂盒"必须时刻在 –25——–15℃的环境下冷冻保存。

精准的新冠病毒核酸检测是临床确诊和康复出院的重要依据，也是接触者解除隔离的判断依据。疫情高峰期，国家药监局应急审批通过 4 家企业的 4 个新型冠状病毒检测产品。没错，华大基因和华大智造正是其中的两家过审企业。顺丰迅疾制定"新型冠状病毒 qPCR 试剂盒"IVD 冷链 B2B 个性化解决方案，该试剂盒借助企业完善的冷链运输线，一分钟都没有耽搁——便被送到了抗疫前线。截至 2 月 12 日，顺丰已成功发运 6900 余盒（约 34.5 万人份）新冠病毒检测试剂，交付相关省级 / 市级疾控中心及其他医疗结构。

李文亮医生病逝后，社会团体和个人纷纷开始捐赠进口呼吸机，顺丰克服各种运输困难，用专机将稀缺而贵重的几十台呼吸机以最快速度运到武汉协和医院、武汉市第一医院、黄冈总医院等新冠肺炎重症定点医院，为挽救生命，顺丰毫不迟疑，快上加快。

顺丰还针对性地制定了大型精密医疗器械设备 B2B 定制化解决方案。以最快速度将华大基因注册及生产的基因测序仪及附属配件安全准时交付湖北、江西、广东等十余个重要省级 / 市级疾控中心、医疗单位、检测机构和大专院校。不仅要能满足抗疫需要，顺丰的冷链运输还在竭尽全力保证着老百姓的"救命药"需求。2 月 24 日 19 时，某药品零售平台售出的胰岛素采用顺丰医药 C 端冷链配送服务顺利发货，2 月 25 日上午 11 时广东惠州的一位购买者在家成功签收，全程精准温控 2—8℃，总耗时约 16 小时。在疫情期间，顺丰依旧安全、高效地完成了冷藏药品的送药上门服务。特殊时期运输不易。听说河北全境的孕妇产前无创筛查血液样本需要特别运输，顺丰马上制定了医学检验样本逆向供应链解决方案。

与此同时，依赖可靠的冷链储运基础能力，顺丰商业协同战略合作伙伴本来生活积极投入战疫保民生的生鲜产品供应当中去，为全国各地的城市居民提供了力所能及的生活物资保障。

为了致敬援鄂"白衣天使"，顺丰自 3 月 14 日起，到援鄂医疗团队全部工作结束止,公司将为所有援鄂医疗团队提供返程行李寄递免费服务,以实际行动协助奋战在抗击新冠肺炎疫情一线的各地援鄂医疗队员。

(三)面:"八方"来援,紧扣"一方"需求

"一方有难八方支援",抗击新冠肺炎疫情,再次向世人展现了中华民族的团结一致。不过,对于物流行业而言,要有效地沟通"一方"与"八方",还不能光凭团结和勇敢,更需要精准预测和科学调度。武汉和湖北等重点疫区缺乏什么物资?缺乏到什么程度?如何进行优先级排序?其他省市自治区能够迅速提供的是哪些物资?怎样运送最快捷?面对潮水一般涌来的各类抗疫防疫物资运送需求,如何安排物资的派送才不会给疫区造成承接混乱……为了把"八方"支援高效地呈送到"一方"面前,顺丰充分发挥了货运枢纽及自动分拣中心的作用,大量采用机器人分拣货物,于是较好地缓解了人员紧张的局面。

譬如在武汉分拣中心,原有摆轮分拣计28组,每小时处理快件2000件。2019年,顺丰投入运营了自动分拣机"小红人"共计40台,每小时新增处理快件1300件。与原自动化设备相比,"小红人"不仅产能大、抗风险能力强、占地小,而且分拣计划能依照货物流量流向情况实时调整,在相同产能情况下生产成本节约60%以上。在顺丰遍布全国的货运枢纽中,运行着各种类型的自动分拣设备,每一套设备背后都有着强大的中央分拣系统做支撑。所有快件到达自动分拣机上之后,都要经过扫描实现条码识别。然后再由中央分拣系统进行分拣派送,让各自不同的快件按照不同的目的地,流向它该去的地方。从入库、在库到分拣、装车的全过程,均无须人力参与,库房显示出极高的效率和出色的灵活性。

(四)体:硬核抗疫,"天网"显峥嵘

由点到线,由线及面,顺丰地面网络的反应能力经历了此次疫情的考验,得到了宝贵的经验。但更令人自豪的,是顺丰多年来勠力同心、苦心

经营的"天网",在疫情暴发的危难时刻初露峥嵘、大显身手,开辟了抗疫防疫紧缺物资立体投送的"驼峰航线"。

1月23日武汉"封城"后,陆路运输面临阻碍,航空运输成为武汉救援物资的主要进出渠道。出于安全考虑,很多航空公司或多或少地削减了进出武汉的航班,但顺丰航空却在不断增加飞往武汉的货运班次。

1月24日除夕夜,顺丰航空首个驰援武汉的防疫物资运输航班即从深圳起飞,延续至今,为华南地区汇集的应急物资开辟了一条直飞武汉、每日往返、单程运载空间可达48吨的空中通道。

2月14日,应地方政府的运输需求,顺丰航空"北京—呼和浩特—武汉—北京"航线顺利启航,这是顺丰航空的全货机第一次满载牛羊肉从内蒙古自治区飞往武汉,也是顺丰航空又一条专门为武汉提供生鲜食品补给的驰援航线……

截至3月18日,顺丰共执行驰援湖北航班218次,累计运输防疫物资5346吨。

同时,顺丰积极落实民航局要求,利用全球供应链资源全力支持医疗防疫物资运输,在应急物资运输中发挥更大作用。2月14日,顺丰航空"无锡—重庆—哈恩—无锡"中欧航线提前复航,通过整合顺丰全球供应链在通关、转运、配送方面的优势,帮助企业恢复海外采购渠道、尽快复工生产,快步重启消费电子产品的欧洲出口业务,助力企业重回发展快车道。

换句话说,顺丰通过长期实践所构筑的"三段式空运网"在战疫工作中起到了决定性的作用。所谓"三段式空运网",是指由货机、大型无人机、小型无人机共同构建的立体空中运输网络,动态匹配并覆盖国家干线、城市干线及偏远地区"最后一公里"的运输需求,从而实现36小时快件通达全国。

(五)核:"信息网"成就战疫"总参"

由点及线、由线到面、由面至体,顺丰精心构筑的物流速运"天网""地网"在疫情期间迸发出强大的动能,成了一支可靠的抗疫防疫"运输部队"。

而"天网""地网"的核心,则是另一张看不见的顺丰"信息网"。

天网,指以航空为代表的空运系统,主要覆盖距离大于1000公里的区域。地网,则是以铁路、公路、快递柜为代表,分别覆盖800—1000公里,800公里以内,及解决最后100米。天网与地网的融合为顺丰构造了货物全球流通的运输网络,强化公司时效优势。信息网,则是顺丰自主研发的智慧网平台,它是战疫中的"总参谋部",是它在实时调度着天网和地网的收、转、派三部曲,实现着效能最大化。

目前,顺丰信息网已实现了物流营运各个环节的信息化管理,形成了一套完整的智慧网平台。包括顺丰物流各项核心营运系统、顺丰地图平台、大数据平台、信息安全平台等,贯穿公司运营各个环节,对信息流管理、客户服务、收发派送、仓储管理等均进行降本提效。

二、无惧疫情,皆因笃信众志成城

"乱云飞渡仍从容。"对于每一个顺丰人来说,企业的操守和执念是一以贯之的。自诞生之日起,公司的愿景就是要成为人们最值得信赖的,基于物流的商业伙伴。公司始终坚守的价值观是客户为先,创造极致的服务体验;随需而变,成就卓越的客户价值。于是,即便疫情突袭、黑云压城,但顺丰依旧众志成城、遇强更强。

(一)坚守,锁定"直营"不放松

得益于顺丰一贯坚持的直营模式,在疫情吃紧、各大加盟制快递企业无法全面复工的情况下,顺丰也可以照常提供服务。

一方面,由于直营制快递企业员工统一由总部管理,员工稳定性强,在突发性事件下,能够更充分保障公司正常运转。另一方面,直营制企业政策执行性更强,能够更加有效地进行内部统一管理及政策实施,防疫措施等能够更有效执行,尽量减少疫情传染事件。正是这样专业高效的机制,使得顺丰能够在疫情艰难时期，仍然圆满履行对客户的承诺，树立企业自身的信誉。

20世纪末，顺丰也是加盟模式的受益者。加盟模式在快递企业迅速扩张过程中意义重大。可一旦违背顺丰企业价值的现象发生后，哪怕这种轻资产模式赚钱能力再强，也必须改变！

为此，顺丰启动了将"加盟"改"直营"的"削藩"计划。

任何改革都是艰辛的，更何况是要动"人家的奶酪"。有传言，王卫在推行直营化过程中甚至受到过威胁，有些加盟商为了经济利益不惜采取一些非法途径进行抵抗。

而且，对于总部来说直营模式投入大，周期长，回报慢。要收入还是要质量？要短期高速增长还是长远稳健发展？王卫都毫不犹豫地选择后者。

自1999年施行直营模式改革至今，顺丰拥有员工52万人（含外包人员），1.8万个网点，覆盖了中国大陆31个省、自治区和直辖市，335个大中城市及2834个县区。

也正是因为如此，顺丰获得了客户的信任——提供的托运是最有保障的，无须担心货物损毁、丢失或是被调换等问题。一提到顺丰，就是快速、安心的代名词。哪怕是在疫情期间，服务质量依然有保障。

（二）多元，一切皆为满足客户不断变化的物流需求

我国快递行业一直呈现高速增长态势，2018年中国的快递量就占到全球一半，过去十年件量复合增长率高达42%。前八大快递龙头企业市场份额高达82%。由此，这些第一第二梯队的企业都很享受单一快递业务的高速发展"红利"。

唯有一家企业例外，顺丰。早在2014年，顺丰就看到客户不仅仅需要寄快递，还有很多其他物流需求。于是开始默默地走多元化物流，投入巨资，逐渐试水重货、冷链、同城急送、供应链等业务。刚开始还被投资者认为乱花钱，不务正业。殊不知，这正是顺丰深谙只有不断变化、满足

客户的潜在需求才能立于不败之地的道理。

此轮疫情，恰好全方位检验了顺丰多元化物流的布局，测试了公司各个产品线的应急响应能力。

3月1日早上9点半，深圳宝安区的黄女士在"网上天虹"下了鲜奶、牛肉、鸡肉等共计400余元的生鲜食品订单；11时许，她便在小区物业指定的生活物资领取处见到了负责配送的顺丰小哥；13时左右，一家人已经吃完了新鲜的"壹号土鸡"……这便是顺丰多元化战略下的孵化成果——顺丰同城。疫情影响下，"闪送"生活必需品到居民手中，顺丰的同城服务得到点赞无数。

"丰修"这家顺丰全资子公司于3月初在全国32座城市及时推出了"专业上门消毒杀菌服务"。"丰修"除了保障自身工程师健康上岗外，还严格制定了标准化作业流程，确保客户场所重点位置全面消毒，达到消毒施工后自然菌消亡率 ≥ 90% 的目标。这一特色服务，成功帮助了诸多自身不具备消杀能力的中小微企业顺利复工。

今天的顺丰绝不仅仅是"送快递"，自 2012 年提出"以客户为中心，以市场为导向"的转型战略以来，顺丰的物流多元化之路越走越广、越行越宽。从时效快递，到经济快递；从重货物流，到冷链物流；从同城闪送，到国际快递；从丰巢，到顺丰优选；从仓干配，到供应链……公司传统业务稳健增长，多元业务势头强劲。当前公司业务覆盖面齐全，一个紧密围绕着客户的多元化需求物流网正在逐步成型。

（三）前瞻，敢于逆势而动、勇于布局长远

疫情发生后，航空专业网站 Airsavvi 制作了驰援武汉的实时航班运行图，人们忽然惊讶地发现：顺丰航空，竟然是此间出入天河机场频率最高的"常旅客"。是的，前文也提到过，拥有58架全货机的顺丰航空也在支援疫区战疫中发挥了重大作用。自1月24日起，顺丰增开多个国内、国际航班，波音757、767及747型全货机悉数投运，为防疫物资的运输备

足运力。

2003年"非典"疫情期间顺丰曾经被某些人评论成"烧钱"的"黑洞",是"不理性"的投资,那时航空运输市场整体低迷,据统计,民航旅客周转量由当年1月的110.07亿人公里下降到5月的23.6亿人公里,同比下降78.1%。正是在此时,顺丰果断"逆行",同扬子江航空签下包机5架的协议,开启了自己的"飞天"之路,也开启了中国民营快递的全货机时代。当时就有人不理解,送快递送得好好的,为什么还需要花钱养飞机、养机长?多配几辆车几个快递员不就够了吗?

当年王卫做这件事,其一是因为疫情肆虐,很多人都在家或者单位隔离办公,对以文件、合同、票据等为主的商务急件的需求不降反增。可地面交通因为防疫隔离被阻断,逼得顺丰不得不将目光投向天空。加之"非典"期间航空公司生意萧条,运价大跌,客观上也提供了有利条件。但更为重要的原因,是企业家的前瞻意识促使他必须这么做。

自从签下包机协议那一刻起,顺丰开始酝酿、申请和筹备自己的航空公司,直到2009年12月,第一架自有全货机顺利启航。发展到如今,顺丰航空已成长为中国最大、世界第四的航空货运公司。此时,质疑声已烟消云散,周遭掌声四起——试问:倘若没有当年的前瞻布局和逆势而动,还会有今天抗击新冠肺炎疫情驰援湖北时勇挑重担、有条不紊的顺丰航空吗?

如今,顺丰还与湖北省政府合资在鄂州建设全球枢纽机场,打造中国版"孟菲斯枢纽"。众所周知,联邦快递打造孟菲斯枢纽的直接原因,是由于美国经济发展不平衡,网络状的快运航空很容易出现货物流量往返不对称,"满载而去,空载而回"的不经济情况时有发生。建一个核心枢纽,将所有飞机先飞往物流中转中心,再按照优化路线统一进行调配,从而通过"分散—集中—分散"的方式实现了航运成本的经济化。

顺丰在鄂州建造枢纽机场便也是同样考虑到我国地域广阔,各区域经济发展不均衡,类似的不对称、不经济的情况同样存在。民营企业参与建机场,如果只计较眼前利益,肯定是要打退堂鼓的,毕竟运营一座机场的经济代价是一个天文数字。可是，就长远计，在拥有了立足全国中心的航空货运枢纽机场后，顺丰的航空运输组织能力将能更上一层楼。将大幅提高公司机场转运中心的运作效率，减小货运航班地面停留时间、仓储时间、仓储空间并提高飞机利用率，保障航空物流配送的便捷性与及时性，在系统整体上发挥了网络经济与规模经济效果。最终将确立公司在行业中"绝对龙头"的地位。

看长远、谋未来，顺丰的信条是：不畏浮云遮望眼，只缘身在最高层。

（四）创新，科技引领智慧物流

抗疫期间顺丰曾面对一个"小插曲"：在海外游子们纷纷向国内寄送口罩等物资时，有网友却在疯传一张图片，说是"顺丰小哥截留口罩对外出售"。这则信息迅速被公司的风控系统捕捉到，经过大数据和人工智能平台的分析查找，不足一个半小时，公司便确认了图片的拍摄地点、相关的网点和人员，同时核实了真实性——这是一则彻头彻尾的谣言，所谓"截留口罩"只不过是某位在线售卖口罩的商人为了吸引眼球而杜撰的。

这就是顺丰"慧眼神瞳"系统的威力。它是什么？它是一套AI视频识别系统，可以实时监测运营场地违规抛扔、违规码放、皮带机堵转等各类违规事件，有效提升问题件锁定率，降低破损件和丢失件概率；为全网提供货物追溯、车辆装载率、车辆调度、运力监测和场地人员能效等基础数据；提供基于包裹单号的全流程图像和视频片段查询能力，并实时检测预警各环节快件破损情况；识别网点客户与工作人员，动态统计客户流量，分析门店自寄转化率；实现全网标准化业务管理，消除管理黑洞。

依靠它，能够做到客户托付的每一票货物均可视频追溯，自然也能轻易地击破每一条杜撰的谣言。而"慧眼神瞳"，只是顺丰智慧物流"科技树"上的一个小小分支。

在举国上下抗疫防疫和保民生的物流"总动员"之中，"科技顺丰"发挥了极其重要的作用。比如基于LBS的智慧物流地图体系，平常时期，它就是快递小哥和客户们的好帮手，能够准确地标注出每一单货物精确到米的地理位置。同时，它也是运输车辆司机的好帮手，可以为转运车辆规划最短、最安全、最高效的行驶线路。疫情期间，这套地图体系更显神威，把智能路由规划的功能发挥到了极致。成功地将道路封闭、气象影响等信息实时纳入运输路线规划和运力调度当中，极大地提高了抗疫防疫物资运输的效率和精准度。

比如顺丰的大数据排班系统，能够自动地调取员工的位置和其他相关信息。疫情期间，能够让一线收派员科学排班、保证健康。甚至能够做到"全国调度"和"个性化安排"——某位快递小哥因为周边道路封闭无法回到原工作城市？没关系，系统根据实际用工需要"就近排班"，这才是货真价实的"科学"复工！

又如，在疫情最为严重的区域顺利实施"紧急空投"的"黑科技"物流无人机，构建起了疫区非接触式空中应急运输生命通道。2月12日上午，一架小型无人机降落武汉金银潭医院，将3.3公斤的医疗和防疫物资送到了医护人员手中。从基地起飞到医护人员签收，用时仅7分钟。截至3月15日，顺丰无人机疫情期间共运营32天，飞行超3000架次，飞行里程近13000公里，运送超11吨的物资，其中包括防护服、手套、食品、药品等。

这正是顺丰自主研发的一款小型无人机，此前已经执行过多次应急救援任务，在部分地区甚至实现了常态化运营。此番在疫区投放，一方面可以有效消除道路限行和小区封闭等因素的影响，缩短配送时间，将紧急物资在最短的时间送达指定地点；另一方面，可以有效避免配送人员与医务人员的面对面接触，避免交叉感染。

另一个"无接触"收寄的是顺丰研发的丰巢，这个全国市场份额超过50%的智能快递柜，疫情期间通过17万个网点触达2亿用户。

还有顺丰的智慧办公"丰声"系统，利用移动化、智能化等技术，为用户提供一站式的智慧办公平台。2019年，顺丰员工应用"丰声"进行工作沟通与业务处理，日均活跃达87%。在疫情期间，"丰声"更是成了整

个顺丰体系现场办公和远程办公双结合、高效稳定运转的关键。

纵观顺丰的"科技树",我们不难发现:一切都是紧密围绕着"物流"和"快递"展开的;所有的科技突破,终极目标均为提升客户体验、确保使命必达。近年来,顺丰在大数据及产品、人工智能及应用、精准地图平台、智能化设备、智慧硬件、综合物流解决方案等方面均取得了长足进步,已获得及申报中的专利共有2361项,软件著作权1220个,专利持有量在国内快递行业排名第一。科技引领的智慧物流,令顺丰在"战疫"中事半功倍。

(五)担当,民族企业积极投身全球战疫

顺丰是民族物流企业的代表,但从始至终,公司都将服务全球客户作为自身的使命;在疫情暴发、生灵受难时,更志愿挺身而出,践行人类命运共同体精神。

1月中旬,为满足国内抗疫防疫需求,顺丰国际业务事业部立即成立由海内外团队组合的防疫物资运输指挥调度中心,开通日韩专机航线,依托全球供应链资源全力支持医疗防疫物资运输。截至3月11日,顺丰国际承运来自海外组织、企业和中国企业及个人发往国内的医疗防疫物资超过1200吨。

2月中旬,全球疫情吃紧,许多国际航线取消或者调整。2月13日至3月24日,顺丰紧急复航了"杭州—纽约"包机货运航线,以及"无锡—重庆—哈恩—无锡""深圳—德里""南宁—胡志明""深圳—金奈"自有全货机航线,开航了"深圳—大阪""深圳—新加坡""深圳—吉隆坡""无锡—新加坡""长春—仁川""杭州—曼谷""深圳—仁川"全货机航线。国际航线开通以来,顺丰坚持"两手抓,两手都要硬"的策略。

抓好中国人民支援世界人民抗疫救灾的人道主义事业。高效运输服务得到了各国政府和人民的一致赞誉,凸显了中国作为负责任大国的国际责任感,展现了中国企业的大勇和担当。

顺丰将持续完善全球供应链，竭尽所能提供高质量的服务，全力保障进出口货物畅通。

三、阴霾尚未消散，顺丰仍须努力

依靠科技的进步和前瞻布局，顺丰在抗疫战疫的工作中做出了自己应有的贡献，经受住了疫情考验，但这并不值得骄傲。毕竟，在危机中适应和进化是企业生存的本能，顺丰只是始终循着本能在准备，枕戈待旦，等待下一个挑战。

（一）行业风险正"长短叠加"

当前，疫情对人民生命健康的威胁正逐步减弱，但对经济社会发展的考验才刚刚开始。对于中国物流行业而言，眼前风险与长期风险正在叠加。先来看一组数据：

1—2月，全国快递服务企业业务量累计完成65.5亿件，同比下降10.1%；业务收入累计完成864.9亿元，同比下降8.7%。2月，顺丰快递业务量达4.75亿票，同比增长118.89%；实现营业收入86.4亿元，同比增长77.3%，远超同业友商。显然，物流行业面临的短期收入下降风险十分突出。疫情压制了居民的消费需求，随后是否会出现报复性反弹有待进一步观察。不仅如此，由于中小企业承受的经营压力较大，相应的物流需求减少，零担、整车等细分市场需求已现萎缩。2月逐步复工后，各大物流企业的快运业务纷纷打折促销，市场出现"价格战"局面，行业或面临着新一轮洗牌。

疫情的发生又显著推高了物流行业的成本，包括消毒防疫和人力成本。当然，疫情期间用工缺口派生出未来无人化、智能化、无接触化的新需求，也必将引发物流行业对数字化技术和人力成本的新一轮思考，长期而言，利于推动物流技术转型升级，但这需要资金投入。

更进一步看来，稳预期、稳就业，想必是疫情逐步受控后整个社会经济均需要考虑的核心议题。疫情影响的中长期结果，可能导致居民失业风险提升，可支配收入预期减少，也会相应地削减开支，消费延迟甚至消费抑制的现象或将长期存在。这一趋势将很快传导至物流速递市场，行业长期发展局面不容乐观。

更不容忽视的是，疫情还是个全球性的问题，国内抗疫成果斐然，但国外又出现了疫情暴发的小高峰。长期而言，势必冲击既有的国际供应链，严重影响国际物流速运的市场秩序。譬如疫情期间海外捐赠的防疫物资持续流入国内，就考验着物流企业的国际运输能力。同时，全球疫情蔓延，中国经济出口也会受到比较大的影响，如何为进出口企业做好物流服务、降本增效，又将成为物流行业新一轮竞争中绕不开的议题。

跨国企业的成长从来都离不开国际物流的帮助。UPS和联邦快递两家美国本土的物流公司是美国制造业在全球布局的基础，对于中国来说，目前这一角色还存在缺失。顺丰有一定的潜力，曾帮助过小米集团公司布局印度工厂，但依旧处于起步阶段。如何帮助中国企业出海实现自我增值，是国内的物流公司需要思考的长期目标。

参考国际三大物流公司（DHL、UPS、Fedex）的经验，物流企业承担的角色绝不仅仅局限于将货物从A地运送到B地，更贯穿到采购、生产、仓配、销售、库存等供应链的全流程。但国内快递物流企业一直以来更多地参与成品到消费者的后端配送，之后需要延伸到供应链前端，而这也正是行业普遍的短板所在。

（二）潜在机遇已开始浮现

当然，通过抗疫实践，我们也看到了一些潜在的发展机遇。首先，是即时物流需求的爆发式增长。过去，一些互联网"新零售"平台需要靠烧钱来养成消费者线上采购生鲜的习惯，在疫情期间，自然而然地成了刚需。这也给包括顺丰在内的坚持多元化发展的物流速运企业提供了新的赛道。

其次，是受疫情影响，智能柜的需求开始多样化，应用场景日益丰富。智能柜不再局限于投放快递等传统功能，有望衍生出保温外卖柜、冷链医用柜、生鲜自提柜等多种形态，以及缴费、零售、社区互动等新的商业模式。换言之，物流速运行业多年来投入巨大的智能柜终端，或许迎来一次"脱胎换骨"的机会。以非接触式取发件为刚需驱动，以满足居民生活各种现实需要为拓展，它有望成为一个下沉到社区的多功能服务综合体。

此外，无人配送车、无人机等高科技手段在此次疫情中表现突出，成为"最后一公里"新的解决方案之一。

（三）完善应急物流保障体系

此次疫情，也让包括顺丰在内的物流行业更为深刻地认识到了：只有进一步加快企业自身发展，才能为加强国家应急物流保障体系建设做出更大贡献。

从2003年"非典"，到2008年冰雪灾害，再到"5·12"汶川大地震……历史上的每一次重大灾害事件，都需要调动大量的应急物资。而应急物资的运送迫切需要社会的物流体系发挥其应急功能；政府牵头、企业响应，建立应急物流保障机制。在这一重要工作中，顺丰责无旁贷，也具备优势。

疫情期间，口罩是重要的防护装备，熔喷布堪称口罩的心脏，在全国资源紧缺的情况下，中石化党组决定紧急筹建10条熔喷布生产线，全国200多台生产装备急需运输到北京工厂。顺丰北京区快运部知悉后迅速对接中石化，制定周密详细的运输保障方案。从2月26日至3月1日一周时间内，顺丰为中石化生产熔喷布的生产争取了宝贵时间。

这是顺丰作为社会物流企业主动担当，启动应急物流保障机制，确保防疫战略物资高效转运的例子。从此次顺丰参与抗疫的经验看来，应急物流保障的要义在于：流体充裕、载体畅通、流向正确、流量理想、流程简洁、流速快捷，从而保证应急物资能快速、及时、准确地到达事发地。

经历疫情考验后的顺丰已认清自身价值所在，下一阶段将充分发挥航空运输、科学调度和直营模式等各方面的优势，为完善国家应急物流保障体系做出新的、更大的贡献。

四、未来已来，物流行业的应对与期望

从物流行业角度审视，本次疫情的影响是客观存在的，对物流各细分行业都产生了较大冲击，甚至可能造成行业整体的"断链"危机。

由于整个供应链某个或某些环节复工不充分，导致产业链上、下游衔接不畅，使得生产企业、物流企业近期均存在"复工难复产"的情形。原材料生产企业有货运不出；物流企业收了货由于干线受阻导致货物积压，仓储压力大，甚至某些分拨中心出现爆仓现象；需求端企业因缺乏原材料而生产停滞，整个供应链的运转受到了严重影响。

因此，疫情当前，物流供应链价值凸显，物流全环节、全链条的解决方案能力将成为行业创新的主要方向。对于配送、专线运输等细分行业，由于其业务收入来源单一、智能化程度较低、运营协同度不足，重构业务产品或强化技术创新是提高竞争壁垒的有效手段。

目前，全社会的重点工作都在从战疫保民生，向着抓生产和谋发展转移，向着"十三五"收官"战役"和全面实现小康社会目标转移。包括顺丰在内的物流行业，均期待着继续保有充沛的韧劲和充足的弹性，在新的"战役"中发挥更大、更好的作用，但这也需要塑造一个相对良好的外部环境和政策环境。

对于物流行业来说，除了积极发展，自救图强，来自国家政策层面的支持也很关键。疫情持续期间，减免类政策，包括税收减免，土地、房屋租金减免，社保和公积金豁免等，对行业未来发展至关重要；同时，在运营方面，为物流企业复工开通专项绿色通道，可允许物流企业的车辆正常运输和场地的分拨开工；为网点正常经营开绿灯，给予物流从业人员特许

通行证；打通居民需求和快递配送之间的管控关卡等。此外，通过信贷支持将有利于缓解快递物流企业现金流压力，包括加强信用贷款类信贷支持和融资成本降低，鼓励金融机构减免物流企业的贷款利息。此类政策期待在疫情过后一段时间内得以延续，帮助物流行业渡过难关。

国家邮政局发展研究中心数据显示，经历 3 月恢复调整后，市场需求将加速释放，第二季度快递业迎来速度提升期，增速将明显加快，预计该季度业务量规模为 200 亿件左右，增速将重回 30% 以上。下半年将恢复常态运行，预计第三季度和第四季度快递业务量规模分别为 200 亿件和 230 亿件左右，全年快递业务量规模将超过 750 亿件。快递价格触底反弹，预计全年业务收入增速将首次超过业务量增速。

物流行业作为连通社会生产、消费的基础产业，将在新环境、新思路和新技术的驱动下变革与创新。作为中国民族物流企业的代表之一，顺丰将继续致力于畅通国际国内物流运输，为抗击疫情和促进经济社会发展提供更好支撑。

专家点评

零售物流：技术、模式与管理的多元化创新

零售业与物流业相辅相成，无论是传统零售还是当下发展火热的新零售都离不开物流的支持，而随着零售业更加注重数据驱动和用户体验，对于物流的精准、快捷与服务质量等属性又有了新的要求，促进了物流业的转型升级。

面对一系列的挑战，零售物流行业服务关系到人民群众的日常生活的方方面面，如何加强疫情期间企业管理、安全复工复产是保证社会经济稳定运行的重要内容，因此我们可以看到，在案例中，如便利蜂，作为社区零售和新零售的典型，在社区便民第一线，面临着巨大的防疫压力，但是其很好地利用了"无接触服务"的业务特色，把"无接触服务"推广到了自营外卖服务中；又如国美零售，作为大型线下线上零售平台，对于员工健康管理是一个较大的挑战，其第一时间利用技术手段搭建了员工健康平台，并与各领域企业积极沟通协作，共同探索共享用工的方式方法，为员工在疫情期间提供多种就业模式与工作机会，也为其他企业提供了可借鉴的企业管理方案；京东作为零售商业多元化的典型，不仅在互联网零售领域发挥着重要的物资调配作用，同时也利用自身的物流能力缓解不平衡的物资短缺困局；顺丰控股也通过优秀的企业管理模式和先进的物流技术，在疫情期间，保证了社会物流不掉线，也保证了防疫运输的"生命线"时刻"在线"。

我们可以看到，在疫情期间，整个零售物流业虽然受到了疫情的巨大冲击，但是仍然积极改进管理模式、加快技术应用并努力为社会经济的稳

定运行提供着最基础的保障。回顾这几个案例给我们带来的思考，大概可以分为以下几个方面：

一是新模式。随着经济社会的不断发展以及科学技术的不断进步，我们可以发现原先零售物流行业的商业模式正在受到各种新模式的挑战，而零售物流的新模式在疫情下体现出了更强的韧性。例如在零售领域，越来越多的企业在发展"社群运营"，其本质就是很好地打通了线上线下的客户资源，拉新、建群、裂变、促活，可以有效地触达有相似需求的个体客户，将线下营销线上化，是传统零售企业线上化的一个新模式。以国美零售为例，其在疫情期间积极活用线下网络的优势，全员学习"社群运营"，实现由门店经营向商圈经营和用户经营转型，将门店塑造成为汇聚体验、交易和服务于一身的场地，凸显门店服务3—5公里覆盖范围内社区的核心价值。又如零售物与物流的结合越来越紧密，也使得越来越多的企业跨界融合，提出新的商业模式。以便利蜂为例，除了原有的零售便利店的发展模式，也在推进线上线下深度融合，基于数字化协同的业务体系，在现有"蜂超市"、洗衣服务、便利自行车、共享晴雨伞等业务基础上，探索创新业务，拓宽服务范围，突破售卖店内商品的服务空间限制，打造本地生活服务平台。

二是新技术。技术是不断提高零售物流生产效率的基础要素，从无人便利店到无人物流飞机，无不体现了零售物流领域巨大的新技术应用空间，企业也越来越重视科技赋能业务的重要性。有的企业在建立伊始就带着科技的基因，能更快更有效地吸收新技术，从而使得企业快速迭代。例如便利蜂，作为从设立之初就强调新模式和数字化的企业，其在企业管理方面，将高品质便利服务所涉及的运营标准、供应保障、决策经验、管理能力等核心要素，全部通过数字化技术手段和系统工具进行管理，打造了高质量、易扩展的科技驱动连锁网络。而又例如京东集团在物流配送方面，利用其研发的智能配送机器人，高效地将医疗物资送到了武汉第九医院；同时，其研发的无人机配送服务也在此次疫情中得到了很好的应用，为已经封闭地区提供物流服务保障。

三是新思考。此次疫情无论从学术上还是从实践上都给零售物流带来了很大的反思，第一，轻资产的运营模式如何优化，疫情对于轻的模式带来的影响是巨大的，而对于自建仓储和物流渠道的企业却发挥展现了巨大优势，例如我们看到京东集团依靠自建仓储和物流渠道，保障了零售业务的物流稳定；又如顺丰控股，依靠着全球第四、中国第一的自有机队，保障了疫情期间国内外物流运输的畅通。第二，作为民生行业，零售物流企业是否能发挥更多的社会作用，可否考虑将零售物流行业的重要企业列入国家应急管理方案设计中来，例如由于零售便利店深入社区，具有分布广泛、物资流转快、储备供需平衡等特点，在许多国家的应急灾备中都发挥着较为重要的作用。在某种程度上，便利店在社会中形成了"分布式"物资储备的形态，当遇到灾难时往往能成为保障民生、稳定民心的基础设施。

从短期看，疫情带给零售物流行业的影响是巨大的，但是零售物流行业的企业表现出了极大的韧性和生命力，通过模式创新、技术创新、管理创新，将为整个行业带来新的生机；从中长期看，疫情的影响终将会过去，但是人民追求美好生活的脚步不会停步，也使得企业的发展与升级将不会停步。

/ 专题二 /

餐饮旅游

行业危机

餐饮和旅游是人们社交活动、休闲娱乐的重要方式，两者最普遍的特点就是聚集性，每一位相识或不相识的人有计划地，或不约而同地在同一时间、同一地点进行餐饮或旅游的活动。然而，疫情令人们被迫调整春节期间的餐饮和旅游出行计划，响应国家防疫号召，不出门不串门，在家做好隔离防护。已经在春节黄金周做好万全准备的旅游业、餐饮业快速陷入停摆状态，对大量企业造成严重打击。面对重重困境，部分餐饮旅游行业企业在危机中正视机遇与挑战，不但积极参与到全国防疫管控战中，更是以危为机，以退为进，不断寻求自身业务模式的创新与突破。此部分以众信旅游作为旅游行业企业的代表，以重庆朝天门餐饮集团、霸蛮湖南米粉作为餐饮企业代表。

从行业角度看，此次疫情给餐饮业、旅游业带来了以下困境：

一是营收下滑、成本巨大。疫情期间人们的外出餐饮和旅游需求大幅降低，大部分门店关闭，但企业还需支付人力、房租、原材料以及防疫物资等成本，为企业带来巨大压力。

二是融资困难，资金链断裂。餐饮旅游企业在疫情期间融资困难，传统金融机构和风险投资机构基本不为餐饮旅游企业提供贷款或投资，而企业自身的现金储备无法长时间支持日常运营工作，导致企业的资金链断裂。

三是客户协调保障压力重重。旅游企业通常会提前缴纳预付款给酒店、餐厅、交通等各个环节的供应商，疫情的到来致使客户的退改需求大幅增加，令旅游企业面临着复杂的客户协调保障工作。

企业自述

众信旅游 遭遇"黑天鹅"旅游行业的危与机
朝天门餐饮 2020:中国餐企成长的"竹节"
霸蛮 用"无界餐饮"模式加速数字化转型

遭遇"黑天鹅"旅游行业的危与机

冯 滨

新冠肺炎疫情犹如"黑天鹅"猝不及防席卷全球。作为一个以人的流动为基础的行业,旅游行业在新年第一个旺季来临前夕突然被按下"暂停键",从行业领军者到数以万计的中小微企业,都不可避免地遭受了沉重打击。然而,旅游业是最脆弱,也是最有韧性的行业之一,只要疫情过去,市场必将快速复苏。一个成熟的企业在积极应对危机的同时,更应该关注恢复后的趋势。从过往规律来看,每一次行业低谷期也是产业调整、结构优化的重大时机。此次疫情危机中也酝酿着生机,中国文旅产业转型高质量发展的契机就此到来,对中长期的旅游业发展将会产生深远影响。

一、全球旅游业受疫情影响严重,"危"与"机"并存

(一)全球旅游业增速放缓

新冠肺炎疫情是自新中国成立以来国内发生的传播速度最快、感染范围最广、防控难度最大的一次重大突发公共卫生事件。疫情大面积暴发以后,限制一定的旅游活动成为控制疫情扩散的重要手段。国内旅行社根据文化和旅游部和各地文旅局要求全面暂停旅游组团业务及"机票+酒店"

作者系众信旅游董事长。

业务。不仅仅是旅行社，从民航、邮轮公司到目的地端的供应商——酒店、地接社、用车公司、景区、主题公园、演艺娱乐、餐厅等，旅游产业整个链条全部停摆。

全球旅游业同样陷入低谷。中国是全球最大的出境游市场，中国游客在各主要旅游目的地的到访数量和消费规模上，往往都占据重要地位。疫情早期，严重依赖中国游客的亚太地区旅游业已在原本应该繁忙的旺季遭遇"冰点"，欧洲、大洋洲和北美部分地区的旅游业也不可避免地收入锐减。

中国举全国之力抗击新冠肺炎疫情，在短期内取得了积极成效，原本让行业很快看到复苏希望。但自3月开始，疫情又在境外多个国家和地区进一步蔓延，在这种态势之下，不仅中国旅游业遭受重创，全球旅游从业者都遇到了一场前所未有的危机。

（二）中国旅游业加速洗牌

近年来中国旅游市场蓬勃发展，旅游消费多样化需求不断涌现，产业链上各环节的产能都加速释放。春节"黄金周"是旅游行业一年中最重要的三个旺季之一（其他两个分别是暑期和国庆"黄金周"），各个旅游企业原本都干劲十足，进行了充分的准备。然而在春节前半个月疫情突如其来，旅游企业被迫"紧急刹车"，旅游业面临重重困难。

以运营打包产品的旅行社行业为例，一方面，客户大批量地集中取消订单，每个企业的服务能力都面临了前所未有的严峻考验；另一方面，为了抢占旺季优质资源，旅行社需要提前较长时间预付款给上游各个环节供应商，如果退回，需要反复的沟通、漫长的谈判才有可能达成。两方挤压之下，夹在中间的旅游运营商承受着巨大的业务和资金压力。

疫情之前，旅游行业两极分化已经非常严重，标准化和规模效应带来的优势在头部企业进一步凸显，而许多业务单一、产品陈旧、个性化服务缺失、创新动力不足的旅游企业已经在"死亡边缘"挣扎许久，企业转型、行业洗牌已是大势所趋。新冠肺炎疫情之后，行业竞争格局势必发生改变。

(三）行业顽疾或可改善

尽管疫情对行业造成了沉重打击，但文化和旅游消费已融入了人们的消费习惯和生活方式。我们相信，只要疫情过去，旅游市场也会很快恢复生机，继而回归正常的增长轨道。近年来我国旅游市场产业规模在不断扩大，产业素质却在不断下降，产品内容和项目模式严重同质化长期困扰着行业。在产业结构调整、优胜劣汰的同时，旅游行业过去长期存在的一些问题也有可能借此机会得以改善。

经过此次疫情的锤炼，社会消费心理和消费行为将会发生比较大的变化，广大消费者将会更加认同服务较好、品质较高的品牌，旅游企业也将更趋向于产出高附加值、更高品质的产品，把疫情催生的新型旅游消费、升级旅游消费培育壮大起来，这也是旅游行业在应对新冠肺炎疫情中化危为机的关键所在。通过旅游产品与服务供给的调整和优化，在旅游消费逐步恢复的同时，旅游业对高质量发展理解会得到进一步深化，旅游产业实现结构优化和质量提升，"旅游业高质量发展"将从导向真正走进实践。

二、疫情下的"大考"旅游企业担当有为

特殊时期里，主营业务被暂停以及随之而来的海量退改诉求，让各家旅游企业困难重重，但大多数企业仍然顶住了压力，根据企业的实际情况最大限度地保障了客户权益，在线平台、旅行社、景区、酒店、航空公司等相继出台了相关的退改政策，为了达到用户满意，多家OTA垫资都已达数亿元规模。在疫情初期国内医护物资奇缺的情况下，旅游业界尽管举步维艰，仍积极发挥行业天然优势，或募款捐赠，或志愿运送海外物资驰援抗疫一线，大爱之举获得社会赞誉。而各行各业有序复工后，旅游业作为唯一一个仍继续受到严格管控的行业，并没有自我放弃，而是利用这一暂停时段充分学习提升，谋求突围之道，行业各种主体从理论上的知识学

习到实践中的开展新兴业务，都进行了大量有益探索。

（一）延退并举缓解压力

应文化和旅游部及各地文旅局要求于1月27日取消发团后，旅游行业各企业均出台了相应的退改政策，尽管如此，协调解决客户退改需求的过程并不顺利。

按照《旅游法》规定，受此次疫情影响取消发团属于不可抗力，旅行社应在扣除已经向地接社和产品供应商支付的不可退还的费用后，把余款退还给旅游者。国内游的供应商基本上都能响应国家号召给予免费退改。出境游的供应商遍布世界各地，尽管相当多的境外供应商能够理解中国旅行社行业当前的处境，愿意退回或允许延期使用已支付费用，但旅行社产品属于服务打包产品，确认每一个团队的航空、酒店、餐厅、用车、地接等各个环节的退改政策需要非常烦琐的沟通工作，距离大众消费者普遍期望的立即完成全部无损取消尚有一定差距，一线员工在与客人沟通解释过程中需要耗费大量的时间和精力。

众信旅游各个产品部门通过不懈努力的沟通，获得了大多数境外供应商一定的延期或退款支持。同时，从零售端一线员工与客人沟通的情况来看，大多数客人待疫情解除后还是有强烈出游意愿的，因此改期也成为大多数客人理性的选择。这确实也是对客人、供应商和旅行社都损失最少的解决方案。在大家的共同努力之下，供应商、旅行社、客户逐渐达成理解，在一定程度上缓解了"退改潮"带来的压力，为疫情解除后尽快恢复市场活力打下了基础。

（二）不计代价保障在途客人返程平安

文化和旅游部数据透露，1月24日暂停旅行社和在线旅游企业经营团队旅游业务后，当时在海外的团队游客达到25万。1月29日前后，部分境外航空公司由于疫情暂停或削减至中国的航班计划，导致大量之前已经前往欧洲、澳大利亚、土耳其、卡塔尔、埃及等目的地的出境游客归途受阻或需调整行程。旅行社企业一边继续处理未出行客人的退改需求，更为紧迫的是尽快为归途受阻的客人改签航班，保证所有客人平安回家。

在新冠肺炎疫情出现之前，众信旅游作为一家拥有二十余年出境游运营经验的大型企业，已经建立了较为完善的风险防控机制，也积累了丰富的突发事件处置经验，每到旅游旺季之前，公司质检部门都会牵头组织各业务单元进行突发事件应急演练，保证了各个部门能够在遇到紧急情况时组织有序、分工明确、默契协作、有效处置。

此次疫情之下响应国家号召取消发团后，众信旅游进一步升级了对在途客人的保障力度，全体产品操作与领队保持定时联络互通信息和24小时即时响应，确保在途团队发生任何情况都能第一时间得到有效处置。在得知有境外航空公司更改航班计划后，机票、产品、领队、签证等多个部门能够有条不紊地按照此前制定的应急工作预案集体协同，调配可用的航空公司资源，尽可能为客人就近安排新的航点，并协调当地合作伙伴为客人安排必要的食宿，全力保障所有在途客人返程平安。

实际上，改签航班是一项极其考验旅行社资源、经验、员工业务能力的工作。在当时各国出入境政策、各境外航空公司航班计划随时更新的情况下，只要客人没有登机，都可能发生变化而令前功尽弃。众信旅游面临的改签任务，既有200多人包机的拆分改签，也有分布在世界各地的旅游团队极其复杂的需求。每一个团队的改签过程都经历了战斗般的惊心动魄。一个在西班牙旅游的团队，原有航班被调整后，领队在航空公司柜台处理了7个小时才为整团客人全部改签，团队分拆成3个小团组搭乘不同的航班回国，领队的付出赢得了客人的理解和尊重，企业的口碑也因此更加深入人心。

（三）发挥境外资源优势，充当战疫的"国际快递员"

尽管主营业务停滞，但这场万众抗疫的战斗，旅游人一刻也未曾缺席，尤其是以出境游业务为主的大型旅游运营商，具有连接中国与世界的天然优势，危难之际，责无旁贷。

众信旅游集团旗下拥有多家海外子公司，在国家要求取消发团之后仍有遍布世界各地的领队同事在正常带团途中。在国内医护物资紧缺之际，他们在海外的资源和采购优势得到了充分显现。

更令人感动的是广大旅游领队，疫情发生后，他们变成了紧缺医护物资的"国际快递员"。武汉"封城"后，全国各地的导游领队们自发组织了一个个微信群，联系所有还在国外没有回国的同行们，尽最大的能力从国外采购前线急缺的医用物资，人肉运送回国，有人负责联系医院，有人负责查询航班，有人负责协调采购医用物资，在国外的负责人肉运送，为武汉许多医院解决了早期的燃眉之急。

众信旅游也有众多领队加入了"国际快递员"的行列。有的领队跑遍了当地的药店，一包包地凑起来几箱口罩，回国后立即快递给湖北数家医院；有的凭一己之力运回了 30 箱防护服，来不及休息片刻，又连夜联系物流公司，只为能第一时间送到医护人员手中；还有很多领队是受到我驻各国使领馆和华人社团组织的委托，将来自世界各地的大爱以最快的速度源源不断地传递到抗疫一线。实际上，领队、导游是经常遭受社会偏见的一个职业，但在危难之际，他们毅然挺身而出，无私无怨，彰显了旅游行业正能量。

据不完全统计，众信旅游集团海外子公司向一线捐赠口罩、防护服、医用手套、护目镜等防疫物资 10 万只（件），众信旅游集团员工义务协助运回物资超过 60 万只（件）。

（四）无边界探索开展企业自救储备力量，抢占产业调整机会

在有效的应对处置下，旅游企业大部分自 2 月中下旬已经度过最初的紧张状态，各行业主体积极从多个层面着手准备迎接行业的复苏，例如利用线上平台对员工进行全方位的职业技能培训和综合能力提升；集中精力

提升产品的整体品质，进行疫情下消费新趋势分析研究，制定疫情过后的资源采购计划和新产品计划，布局增速较高的环节和市场，储备资源，做好业务恢复准备，等等。

"私域流量"作为2019年的流行词，对旅游行业来说原本还有一定距离。在疫情中却成了各大旅游企业的"自救法宝"。同程大力推广"咪店"、途牛也顺势推出"苔客"，社交电商成了疫情之下旅游企业最为火热的业务增长点；旅游顾问纷纷变身卖货群主，对相对传统的旅游行业来说，亦是一次绝佳的互联网运营思维学习实践机会。众信旅游2019年开始打造的移动社交电商平台"优客选"也在主营业务暂停期间迎来了爆发期。"优客选"主营日本、德国、澳大利亚等国家的高性价比个护家清、食品、营养保健品等，疫情发生后紧急丰富了品类，消毒用品、助农果品等都成了爆款产品。众信旅游在集团内部全体动员，以最大力度推广"优客选"平台，充分发掘私域流量，在特殊时期激活了海量客户的复购潜力，2020年2月的单日成交额相比疫情之前有了5—7倍的增长。

特殊时期的转型，为旅游企业带来了新的活力，在一定程度上减轻了一线员工的焦虑和生存压力。回归旅游主业，这次危机酝酿的产业调整空间也令头部公司看到了更多机会。众信旅游在2019年年底着重整合了国内游业务，打造了一支富有经验的精干团队，希望疫情过后在这方面能有所作为，国内研学、康养旅游、红色旅游等业态都会是众信旅游着重发力的方向。自3月以来，众信旅游着手积极与全国文旅同行建立联系及合作，在国内文化、旅游、生态资源丰富的地区签约一批优质合作伙伴，着力提升产品独特性和服务安全保障，加快自主产品研发、包装，为疫后国内游市场做好准备。7月14日，文化和旅游部通知恢复跨省团队游，众信旅游各业务板块迅速推出了一批精品国内游产品，例如海南博鳌乐城国际医疗先行区康养旅游、青海湖骑行体验、内蒙古房车游等，收获了不错的市场反响。

在出境游方面，相信旅行社行业将会在渠道端、产品端、技术端、品牌端多个维度形成聚拢效应。众信旅游也将把握时机，利用短暂的停滞期，建立更为完善的风险防控体系。在批发业务端继续打磨产品，提升自身服务品质，通过多元化的产品形态满足多样化的出游需求，相信随着疫情的好转，安全、友好、性价比高，如海岛等度假目的地将成为率先复苏方向。

众信旅游零售业务截至2019年年底已在全国16个省（市、自治区）实现落地，拥有零售门店超过1000家。此次疫情引发的行业优胜劣汰也将给零售业务拓展带来更多的整合机会，众信旅游将继续加大零售合伙人门店开发力度，加强布局低线城市，尽可能下沉到更多目标市场。众信旅游零售端大量的优质客户资源，为其与更广泛的消费平台合作提供了可能。2019年，众信旅游曾和奢侈品电商平台寺库合作，通过平台打通、会员权益打通、同步展开营销活动、联合研发新业务新产品等形式合作，取得了不错的效果。2020年也将会与更多行业的头部企业开展丰富多样的异业合作，通过充分利用双方客户和品牌资源优势，推动消费产业经济的跨界融合。

我们也清醒地意识到，此次疫情将会加速消费变革。消费习惯、消费需求、获客渠道、供应链条的变化都将对企业未来发展发出新的挑战。唯有以客户需求为第一目标的企业，才能最终屹立不败。怎样真正以用户为出发点、提升产品价值、优化流程、精细化运营，加快组织变革和商业模式创新，是未来一段时间内旅游企业需要着重攻克的。

三、危机加快推进行业改造、创新、转型

实际上，旅游行业，尤其是出境游行业在单一目的地的业务，近年来经常会因突发事件或政治、自然灾害等原因的冲击而遭遇短暂停滞。公共卫生事件看上去来势汹汹，但终究会过去。真正可怕的是企业落后于革命性变化的消费需求，落后于科技进步和文化发展带来的颠覆性创新。在宏观经济下行、消费需求分化的大背景之下，中国旅游行业原本已然到了不得不转型的临界点。在这次疫情中，一些最终被迫离场的企业或许不只是

由于资金压力，而是根本上已经没有能力再继续参与新的市场竞争。此次疫情"黑天鹅"，也是行业反思并突破自我瓶颈的窗口期，倒逼企业更加坚定地进行经营模式的改造、创新、转型。

众信旅游在旅游行业深耕二十余年，可以说也是在各种突发事件的历练中抓住发展机会、及时转型升级、快速成长起来的。无论是2003年的"非典"、2009年的甲型H1N1流感，还是2015年开始欧洲陆续发生的安全事件等，都让我们深刻地认识到，"不能把鸡蛋放在同一个篮子里"，唯有多元化经营，以优势的出境游业务为核心，在产业链纵向横向进行积极布局，企业才能有更持久的发展。

（一）继续推进产品创新升级

如前所述，当前中国旅游业面临着严重的发展瓶颈，本身就亟待产品结构升级和品质优化提升。正因如此，近年来，众信旅游运营的产品形态在不断地扩展、升级，已经从公司成立之初以欧洲团队游为主，到目前产品覆盖欧洲、大洋洲、美洲、非洲、亚洲等全球主要目的地国家和地区；从跟团游到自由行/半自由行、定制游；从常规旅游到专项旅游、主题旅游；从北京、上海等口岸城市出发的产品到基本覆盖全国主要城市出发的产品；从国内出发地组团到境外目的地参团、海外当地玩乐产品，众信旅游均能为广大消费者提供多样化、个性化的服务，也能够最大限度地降低偶发不利因素对企业发展造成的风险。

疫情过后，定制游、小包团、康养医疗旅游、研学游、户外游等产品形态或许会迎来较好的发展机遇，我们也会关注消费趋势，撬动新的业务增长点。但这些也只是在旅游业务原本的范畴内拓展，并不能从根本上解决所处行业脆弱性随时会带来的危机。

（二）加快全产业链布局横向拓宽发展边界

在旅游业务成熟发展的基础上，围绕主营业务探索多元化发展，对于增强旅游企业的抗风险能力更具长远意义。自 2015 年开始，众信旅游着力打造出境综合服务业务体系，发展新兴旅行业务，实施从旅游到旅行的发展路径，业务由出境游拓展至国内游、高端旅游、游学留学、健康医疗、移民置业、货币兑换、购物退税、海外资源运营等一系列旅游及"旅游+"服务，这些新兴业务均已取得较好发展。

目前，众信旅游的战略定位已从"出境游服务平台"逐渐升级为"旅游综合服务平台"，其中包括了旅游业务平台、目的地生活服务平台、教育服务平台、移民置业服务平台等。此次疫情中，在旅游业务无法正常开展的情况下，众信旅游的移民置业、游学留学、移动电商零售平台等新兴业务在一定程度上弥补了疫情对主营业务带来的影响。众信移民置业的海外房源"云看房"直播活动，众信游学与多个线上教育平台推出的联合营销项目，以及"优客选"的社交分享模式，使得众信旅游仍能与海量的客户继续保持稳定的、优质的连接，进一步挖掘了客户资源的消费潜力。

（三）数字化改造迫在眉睫

在这场突如其来的疫情中，健康打卡、云课堂、生鲜网购、直播卖货、无接触服务等进一步渗透，各行各业都充分认识到了数字化改造升级的重要性，甚至已经催生了一些新业态。但归结到旅游业，还存在着巨大的供需错位。例如，退改订单的响应速度和处理流程，即使是技术能力已经堪称一流的 OTA，也远远达不到客户的需求；旅游产品销售本质上都是预售，主营业务停滞期间的新兴业务开展以及疫情后的旅游业务规划，行业里大多还是依靠过往经验判断，缺乏充分的数据化支撑；旅游业务停摆期间，旅游企业在利用新潮的线上平台和线上营销新模式进行品牌推广、渠道拓展等方面还是不得要领，较大落后于其他行业。

放眼未来，大数据、物联网、AR、区块链等新技术与旅游行业的结合，是行业发展的必然，必将深化旅游业的发展和拓宽行业发展边界。众信旅游一直非常关注新技术的发展和应用，组建了自己的技术团队，自主开发了适用本企业特点的旅游资源管理系统、分销系统、零售门店管理系统、各类客户端和资源接口，运用技术手段解决运营问题，提升客户服务水平。除了直接提供服务的旅游综合平台外，众信旅游还以大数据管理及互联网金融作为后端支持，计划打造大数据管理分析平台及旅游互联网金融平台，以深入挖掘分析消费者的需求，提升旅游服务业的效率，同时帮助客户解决在交易过程中涉及的金融问题，提升对客户服务的完整度。众信旅游还参与投资了区块链技术公司布比科技，着眼于区块链技术对旅游业经营模式的革新，相信在不久的将来会看到一些成果。

四、企业危机管理和行业危机管理常态化思考

突如其来的疫情给处在发展快速上升期的中国旅游业造成了严重影响。为了有效隔离疫情，旅游系统及时响应、果断施策，与此同时，全国所有旅游企业和从业人员都为此付出了巨大代价。企业原来应对突发事件的一些处置方法，在这次应对疫情过程中可能无法起到作用。疫情终将过去，当旅游市场按下重启键后，短期内可以想见仍会呈现一如过往的繁荣景象，但长远来看，行业需要更为完备的、长期性的危机应对机制，各级政府主管部门、行业协会组织、各个企业都应把危机管理作为日常性工作加以确立，从制度、物资、人员、经费等层面为应对突发性危机处置提供保障。

应当充分探讨建立完善的、多层次的风险资金储备机制，以增强旅游行业和企业应对风险能力。各级政府此前对文旅产业的资金扶持，大多数与基础设施建设有关，鲜少关注行业风险。针对危机管理，除了应急的政策性补贴，政府主管部门层面可以进行更长远的谋划，比如建立专项风险储备资金、小微旅游企业发展基金等。在行业组织层面，可以通过行业协会牵头探索设立行业风险储备资金的可行性和适用模式，引导头部企业与从保护旅游业生态系统的角度，与中小企业合作建立起共商共建共担的突发事件或者危机应对机制和行动框架。在个体企业层面，生存下来的企业

都需要学习建立更完善的风险防控体系，尤其是不可动摇的风险资金保障机制。只有建立完善充分的风险资金保障机制，才有可能帮助旅游企业在风险来临时渡过难关，减少旅游企业对政府扶持政策的依赖，推动旅游业短暂调整后快速恢复与持续繁荣，同时充分体现和发挥旅游业对国民经济的战略性支柱作用。

着眼长远，希望国家层面能够继续坚定不移地推动落实带薪休假，进一步完善带薪休假相关制度和规定。在政策的积极有效引导下，如有切实的带薪休假便利化措施，将会优化旅游出行的时间结构，减轻大众集中出游带来的种种问题，弱化旅游行业明显的淡旺季之分，能给旅游者带来更加美好的旅行体验。未来即便碰到类似公共卫生事件，对行业以及大众消费者造成的损失也可以极大降低。

随着国内疫情得到有效防控，旅游业陆续复工复产，"十一黄金周"旅游需求明显复苏，各旅游企业蓄势待发。旅游行业被此次疫情暂停期间，也收获了宝贵的反思机会，而不远的未来将会迎来更富有创造性的振兴——原有生产方式、商业模式和发展路径都会变化。或许我们失去了一个春天，但迎来的必将是更为精彩的生机。

2020：中国餐企成长的"竹节"

王 普

写这篇文章的时候，是3月中旬，新冠肺炎疫情进入第二阶段，国内疫情控制向好，部分城市已逐步复工复产。但全球疫情仍在肆掠，并成扩散趋势，全球整个经济大环境并不乐观。

我旗下的两个餐饮控股集团：朝天门餐饮和博茂餐饮，在全国的部分门店也陆续复工。城市逐渐苏醒，但是离行业复苏还有很大距离。

虽然已是餐饮行业的老兵了，但此次疫情，两个集团的高管团队还是比较紧张。我对高管团队强调：新冠肺炎疫情这个"黑天鹅"事件，对我们现有的业务确实造成了很大的损失，但是"危机"不仅仅是"危"，也暗含着"机"，我们要学会在"危局"中找到新"机会"。世界上知名的百年企业，他们经历过"一战""二战"，经历过经济危机，经历过全球流行病，哪一个不是致命打击，但是他们却能穿越重重危机，百年不倒。我们应该向这种企业学习。

所以，我们在企业发展战略上要藐视疫情，但在短期战术上要重视疫情。抓住餐饮行业的发展趋势，在危机中变革，利用新技术、新模式改造原有业务模式，重构组织，集蓄能量，为下一个餐饮爆发周期做好准备。

作者系重庆朝天门餐饮控股集团、重庆博茂餐饮控股集团董事长。

一、疫情危机对餐饮行业的影响

2020年年初的新冠肺炎疫情，对整个餐饮行业的影响是非常巨大的。

根据国家统计局4月17日发布今年第一季度社会经济发展状况显示，2020年1—3月，全国餐饮收入6026亿元，同比大幅下跌44.3%；限额以上单位餐饮收入1278亿元，同比大幅下跌41.9%。其中，3月份，全国餐饮收入1832亿元，同比大幅下跌46.8%；限额以上单位餐饮收入390亿元，同比大幅下跌46.7%。

从短期来看，餐饮行业损失惨重，餐饮行业面临一次洗牌；从长期来看，这又可能是一个转机，是中国餐饮规范化、零售化、数字化、连锁化的新起点。

（一）从短期来看，餐饮面临生产危机

与2003年的"非典"疫情相比，今年的新冠肺炎疫情传播区域更广，传播速度更快，国家采取的防护措施也更严，本次疫情对餐饮行业的冲击超过了2003年的"非典"，餐饮企业面临近40年以来最大的困难。

1. 无营收、成本高、损失大

据2月12日中国烹饪协会发布的《2020年新冠肺炎疫情对中国餐饮业影响报告》显示：2019年全国餐饮收入46721亿元，其中15.5%来自春节期间这一传统的消费旺季，而今年春节期间餐饮业损失严重。相比2019年春节，今年春节疫情期间，78%的餐饮企业营收损失达十成以上；9%的企业营收损失达到九成以上；7%的企业营收损失在七成到九成之间；营收损失在七成以下的仅为5%。根据恒大研究院数据，仅在春节7天内，疫情已对餐饮行业零售额造成了5000亿元左右的损失。

疫情期间，餐饮堂食闭店近2个月，营收为零，同时还承受着人力成本、房租等大量固定支出以及原材料报损带来的巨大损失。另外，口罩、测温设备、消毒用品等疫情防控物资的跨国抢购也是一笔不小的额外支出。

2. 现金流紧张，融资难

餐饮本是一个现金流充足的行业，但这次疫情揭开了它脆弱的一面。

此次疫情暴发于岁末年初，餐饮企业大量现金已用于春节前员工工资奖金发放，以及春节期间的食材备货中。由于门店暂停营业，无现金流入，餐饮门店逐渐陷入现金流短缺的危机。

此时，多数餐饮企业想到向各金融机构寻求贷款。但是，对传统金融机构而言，餐饮企业，尤其是中小餐饮企业并非优质客户，餐饮企业从金融机构获得贷款具有一定难度。而风险投资机构，除了少数偏向餐饮消费类的基金，大部分 VC 基本不重视餐饮企业；而重视餐饮企业的那寥寥可数的几只基金，这个时候投资也会更加慎重。

所以，在危机下，餐饮业能借到钱的渠道并不多，餐饮企业面临巨大生存压力。

（二）从长期来看，餐饮面临新转机

从短期来看，餐饮业受创严重；但是从长期来看，形势仍然乐观。中国饭店协会有一组数据：按照 2002—2019 年 CAGR13.93% 的增速推算，2024 年中国餐饮市场规模达到 71494.40 亿元。

中国有句古话"祸兮福所倚"，这次疫情，也可能是中国餐饮规范化、零售化、数字化、连锁化的新起点。

1. 规范化：出品规范、食材溯源、门店标准化运营将成为餐企必修课

这次疫情，为什么全国 99% 的餐饮门店都关了，而部分地区的麦当劳、肯德基还在营业？因为他们的产品标准化水平、食材供应链体系、门店营运能力、线上业务能力，能让他们有序应对这种突发状况。他们对产品的质量和卫生有统一的检查标准和公示机制；并且长期以来，以用户为中心，持续传递品牌理念，与消费者建立了长久的信任。

此次新冠肺炎疫情过后，用户的消费习惯将发生变化。这将倒逼餐饮企业更加注重食品安全、健康、卫生，同时更加注重用户体验，包括食材

的追踪溯源、用餐环境的改善、服务的提升、厨房可视化等。

2. 零售化：多元经营模式会成为常态，餐饮业进入"服务+零售"转型

疫情正在倒逼餐饮业进化。疫情期间，门店暂停营业，餐企将食材、底料、招牌菜等开发成可供零售的标准化商品，借助第三方零售渠道或者自有微商城卖给消费者。这种疫情期间的自救方式，未来可能会成为常态。

随着餐饮产品的不断标准化、锁鲜技术的进一步成熟，产品味道得到保证，餐饮业将逐步打通零售环节，由服务业向"服务+零售"业转型，二者的融合可能会创造新的商业模式。

3. 数字化：未来优秀的餐饮企业都是"数字化餐饮"

餐饮数字化说了很多年，从2015年美团点评合并开始，可以看作餐饮数字化的元年。此次疫情中，餐饮企业明显感觉到用户数据、私域流量、互联网工具对餐饮行业的重要性。

堂食暂停营业，发力外卖。但美团、饿了么等外卖平台的提点高达25%，餐企基本无利润。众多餐企通过自有渠道（会员系统、小程序、公众号、微信群）等进行外卖和零售业务推广，并运用多种互联网工具，从多维度获客，构建自己的用户池。

餐饮数字化的核心是"用户数据"，基于用户需求，可打通餐饮服务的整个完整链条，涵盖了从选址、产品研发、供应链，到堂食预订、排队、叫号、扫码点单、即时配送、支付、评价等环节。未来，优秀的餐饮企业必定是"数字化"的餐饮企业。

4. 连锁化：餐饮业重新洗牌，从分散到集中，餐饮连锁化步伐加快

此次疫情，很多中小餐饮企业由于现金流问题熬不过这个冬天，为有实力的餐饮企业腾出了空间，可以以较低的成本获取门店点位、人才等。

头部的餐饮连锁企业，在这一轮危机中，凭借良好的品牌商誉、管理体系和未来预期，获得了银行贷款或风险投资，为二次发展积蓄了能量。

中国餐饮的连锁化程度低，经过此次疫情，资源会向有规模、有体系的餐企聚集，加快中国餐饮的连锁化步伐。

二、企业应对疫情危机的措施

1月21日,临近春节,原本朝天门餐饮和博茂餐饮两个公司的团队都在为春节旺季做准备,新冠肺炎疫情暴发的信息铺天盖地传来,我们意识到事态严重。

朝天门餐饮和博茂餐饮的团队召开紧急会议,应对疫情危机。两个集团均迅速成立防控指挥部,分别由集团总裁担任总指挥,高管担任小组负责人,保障疫情期间公司各项职能的正常运转与突发事件的快速响应,从而打好防疫管控战。

(一)发挥供应链优势,第一时间储备防疫物资

朝天门餐饮全国有800多家门店,博茂餐饮有近100家门店。如果正常营业,各门店对防疫物资的需求量巨大。

在疫情暴发初期,两个集团的供应链部门,全员出动,全球采购防疫物资,口罩、消毒酒精、消毒液、手套、护目镜、红外体温探测仪等。一天之内,国内防疫物资就已供不应求,我们紧急从马来西亚抢购一批物资,保障了基本的防疫物资储备。

(二)严防控、保稳定——所有门店暂停营业

新冠肺炎疫情暴发后,朝天门餐饮和博茂餐饮第一时间号召所有门店暂停营业。

朝天门除海外门店,国内所有门店全部暂停营业;博茂餐饮旗下门店主要在一、二线城市,也全部暂停营业。

(三)强管控、度危机——高标准迎接复工

为积极配合政府的统一部署,有效阻断疫情传染。我亲自任总指挥,专门成立疫情信息报送小组,从公司层、门店层严格执行疫情信息覆盖工

作，落实封闭管理、健康监控、清洁消杀等方面的工作。全力支持、配合、执行新冠肺炎疫情的防控工作。

1月22日，公司启动全员排查专项行动，对全体员工与湖北来渝人员接触情况进行细致的排查，全面掌握集团全体员工及与其密切接触人员自1月15日之后的健康状况、所在小区情况、春节期间的出行情况、是否有参与聚餐、聚会，以及从外地回渝人员的隔离情况等一系列信息。

2月1日，上线北森系统远程健康打卡工具，建立每日健康打卡制度，动态监控掌握员工的健康情况，为门店复工做准备。整个疫情期间，全集团无一例员工被确定为新冠病毒疑似感染者。

从2月10日起，集团总部部分业务线员工在家办公，全面复工日延迟至3月份。我们根据新冠肺炎疫情防控新标准重新制定旗下门店复工开店标准。

除了防护物资保障到位，上岗人员必须健康外，我们还特别强调门店的防疫工作，要求门店全力执行：各门店分区域、分类定时消毒，厨区、刀具、砧板、夹子等工器具设备每2小时消毒一次；收银台、展售柜、就餐区桌椅、外卖取餐区等每2小时消毒一次。一次性餐具全密封包装，仅出餐时提供给顾客使用，严禁直接暴露在空气中存放。"消毒后进店""2小时消杀""3米安全距离""3道安全防线"等这些词汇，要求门店每个工作人员全力记住并执行。通过检查后，方能复工，且营运中心督导每日巡店，监督执行。

（四）成立千万级防控基金，出台加盟店帮扶计划

朝天门餐饮集团旗下门店以加盟店居多，不管是从企业责任感的角度还是从自身长远发展的角度来看，帮助加盟店渡过难关是当务之急。

集团迅速召开股东会议，并通过股东会决议，成立千万级的防控基金，第一时间针对各地加盟商出台了扶持政策，每家加盟店（违约店除外）给予价值10万元的扶持援助，合计价值7400多万元，其中包含：原材料扶持、加盟金扶持、防疫物资扶持、营运管理扶持、品牌推广扶持等。

我们向无任何违约情节的全国所有加盟门店，每店赠送10000元物资

代金券，用于采购防疫物资及其他经营所需物资（底料、食材等）。为帮助门店做数字化转型，向加盟店免费赠送价值 10000 元 / 套的运营管理系统。为减轻门店现金流压力，向 2020 年 2 月 1 日前已经开业的门店（代理区域除外）减免 6 个月权益金；并向全国加盟店每店赠送 30000 元加盟费抵用券，可用于朝天门火锅加盟续约费冲抵和新品牌加盟费抵用。

为帮助加盟店平稳渡过疫情危机，集团营运中心和品牌中心进入作战状态，一对一为加盟店提供远程帮扶，帮助加盟店在疫情期间调整经营策略，降低经营成本，指导门店执行安全操作规范，开通外卖并指导线上运营。

大力发挥品牌和规模优势，积极联系相关平台建立集团大客优惠政策，帮助全国加盟门店降低各项平台费用、争取优于市场的融资支持等。

这一系列帮扶措施，深受加盟店好评，总部在通过实际行动帮助他们渡过难关，解决经营难题。加盟店与总部关系更紧密，从另一个角度也帮助总部加强对加盟店的管控力度，从宽松加盟模式进化为强管控加盟模式。

（五）爱心捐赠，为抗疫尽绵薄之力

此次疫情，我们损失巨大。但仍践行企业的社会责任，向一线抗疫人员送去爱心。

从 2 月 7 日起，集团两次向重庆市渝中区抗疫一线人员捐赠 5000 盒自热火锅；2 月下旬，我们与重庆市火锅协会、重庆市青年志愿者协会一起，共同向驰援湖北的重庆一线医护人员赠送了 2000 盒自热火锅，以慰藉他们对"家乡味道"的思念；3 月 5 日，我们还向赴鄂医护工作者的家属们送去火锅外卖。为了让医护人员的家人们吃到最新鲜的火锅，承接此项任务的朝天门火锅洪崖洞店，一大早就派专人去采购新鲜食材，花了一上午才回到店里，全身消毒、穿防护服，戴上一次性手套将新鲜食材进行处理、分类、打包，最后再送到各医护人员家里，送完最后一单已经是晚上 8 点多。

抗疫是全民战争，与救死扶伤的医护逆行者相比，我们能为他们做得实在微不足道，谨以绵薄之力感谢他们为生命护航。

（六）启动疫情用工模式，合理控制成本

疫情大暴发后，国家推迟春节后复工时间，并出台了各种企业经营指导政策。

由于疫情影响，公司的所有营收业务几近停滞。为了帮助企业渡过危机，集团高管主动请缨，从2月起，薪酬只领70%，直至疫情结束公司恢复正常经营。

营收业务不能开动，全员按照疫情之前的工作排班肯定工作量不饱和，这会带来一个不良的影响，整个组织的平均人效会降低。怎么解决人效不变，又能尽最大限度不裁员？我们根据业务发展需要以及现金流情况，启动疫情期间用工模式，以项目分派制，以结果为导向，按有效工时计算，尽量保持住全力工作员工的产出效率和收入。而部分员工比如加盟店支持小组人员，由于门店暂停营业，无岗位可安排，此期间就在家待岗，公司按照重庆市规定的标准，发放生活补贴。我们将公司经营情况，坦诚与员工沟通，员工也很理解，唯一的出路就是众志成城，共渡难关。

同时，我们也启动了"全员营销"计划，将底料类、自热火锅类产品，让出足够的利润空间，员工可以申请当分销商，在网上进行售卖，没有KPI，员工多劳多得。这样不给员工压力，只给动力，大家反而很积极。有些卖得好的员工，销售提成还高过了他原本的工资。

（七）积极探索新业务模式

在疫情平缓后，集团总部积极探索新的业务模式，如开展外卖、电商等，进行灾后"自救"，在"危"局中寻找新"机"会。

顺利复工后，朝天门火锅和九园包子都开通了"无接触外卖"，向全城消费者送去宅家美味。为了保证外卖产品的健康、安全，让用户放心，我们从三个维度进行了规范：首先是菜品制作环节，所有员工测温，健康才能上岗；其次是打包取餐环节，外卖取餐区每2小时消毒一次，快递小哥进店测温、消毒、戴一次性手套取餐；最后是配送环节，快递小哥送到

用户指定的地点，不与用户直接接触。同时每个外卖套餐里，配备"安心卡"，上面有为这份外卖服务的所有人的体温监测。

同时，我们还发力零售产品的电商业务，比如朝天门火锅的底料、自热火锅系列、九园包子的速食小吃系列，都得到市场的认可。

三、危机倒逼企业业务模式转型

朝天门餐饮与博茂餐饮，在此次危机中都各自发挥自己的优势，做了不同纬度和不同程度的模式创新。

（一）发力外卖——2天上线九园包子自营外卖平台

2月10日，九园包子重庆南坪协信星光店在全员的关注中开通外卖。

门店员工严格地执行着各项防疫标准，热情地接待着每一单，然而门店首日的营业额只有883元。疫情期间，整个外卖平台的流量下降了七成，加上单店平台配送范围的限制，外卖平台对接人说："你们有883元已经算不错的了。"

2月10日晚上，九园包子微信公众号上收到一条来自消费者的留言："我住在汽博，外卖平台上我下不了单，能不能叫个达达帮我送过来？"

一面是店铺有货卖不出去，一面是消费者想买买不到。这则留言引起了九园包子团队的共鸣，并决定紧急启动自营外卖平台的搭建。

2月12日，九园包子自营外卖平台正式上线，并开通全城配送功能，消费者可以通过关注"九园包子"微信服务号和小程序进行下单。这天，这家门店的营业额为7655元，远超疫情暴发前的最高单日营业额。

九园包子的产品属性和自营外卖平台的上线，让我们紧张的心情放松了不少，单店营业额的不断攀升让我们信心大增，即使堂食不能如期开业，外卖的增长也能带我们走过这个新冠肺炎疫情的寒冬。

2月13日，九园包子升级抗疫战略的调整，以夯实组织免疫力和长效竞争力。

1. 调整产品结构，满足刚性需求，冷包全城配送

（1）冷包全城配送。为了保障食品卫生安全，"急食烫嘴"是九园包子出品的标准。在平时，不管是堂食还是外卖，消费者收到的都是热的餐食。疫情期间，九园包子的全城配送只卖生包，不卖热食，顾客收到产品后按照配备的识别卡和食用指南，自行加热更加放心安全，没有了"温度"难题，也更方便全城远距离配送。

（2）家庭量贩装。九园包子日常堂食和外带都以单人消费为主，平均客单价在15元左右，外卖以单人和双人套餐为主，客单价在30元左右。

从实际出发，充分考虑疫情期间的消费场景，掌握消费行为变化趋势，应对顾客"屯粮"和家庭用餐场景，九园包子推出包子礼盒装和量贩家庭装。这不仅让消费者减少出门次数，降低感染风险，也提高了出餐和配送效率，整体客单价飙升至85元。

（3）企业团餐。九园包子为非聚餐型消费，在疫情期间，单人就餐需求减少，除了家庭团聚的量贩装外，九园包子盯准企业复工后的就餐难题，调整产品结构，丰富业务场景，开通企业团餐业务，早餐10元左右，午餐18元左右，并提供预订热食准点配送服务。

2. 开通社区团购，构建私域流量

疫情期间，九园包子的消费场景从上班就餐转换到家庭性消费，社区消费成为九园包子的一个新的增长点。

九园包子社区团购云平台系统，以微信为载体整合多个社区社群资源，形成由商家集中化管理运营的"预售＋团购"的社区商业模式。主要销售场景是由各小区的各快递代收点、社区便利店、社区物业、业主KOL等发起的社区微信群，每个群都相当于一个线上社区团长店；以每一个布局的实体门店都是一个前置仓库，一个线下实体店覆盖5公里范围内的多个线上社区团长店的供应核销。

通过社区团购平台引流，门店解决后端供应链问题，前段后端打通，结合骑手App,解决"最后一公里"配送问题;通过团长推荐团长机制,让线上门店实现裂变;通过搭建社区团购平台,构建私域流量,让社交流量、线上流量、线下流量、商业流量通过平台变现。

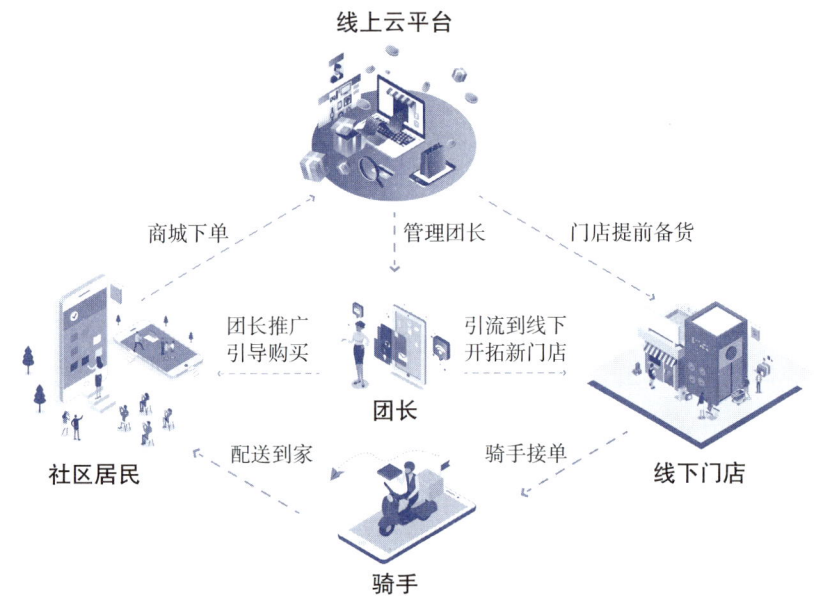

图1 九园包子社区团购模型

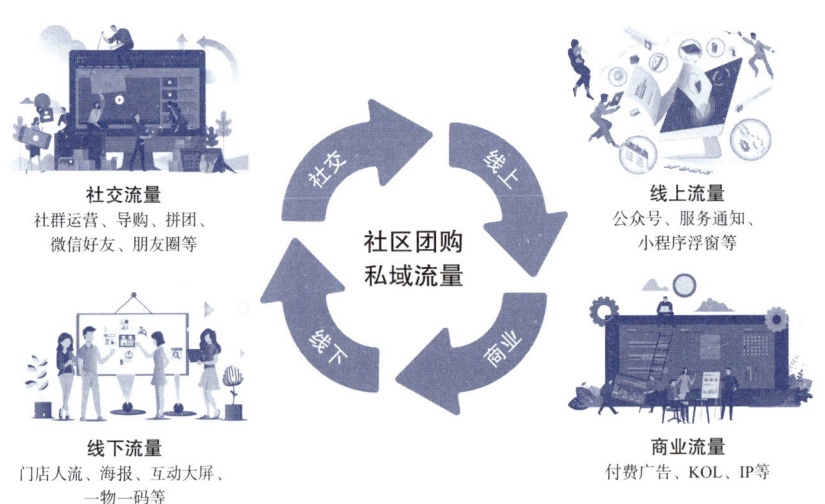

图2 社区团购私域流量模型

（二）发力零售——门店零售化与产品零售化共同发力

餐饮零售化，是近年的热门话题，在此疫情期间，得到了更大的刺激，餐饮零售化转型更迅速。

九园包子的自营外卖平台和社区团购平台，除了上线外卖产品外，还积极推进保质期更长的九园零售化产品"九园小面""九园酸辣粉""九园汤圆""九园豆芽肉饼汤"等招牌产品的线上销售。

朝天门餐饮起步更早，早就有一个零售业务线——"朝天门码头"，主要经营火锅底料、自热火锅、自热食品等5大产品系列20多个品类。此前主要走2B的渠道，在这次疫情中，我们发现消费者长期待在家中，有大量的自热火锅、火锅底料等消费需求，于是我们开始尝试在C端发力，基于已有的天猫旗舰店和微店作为购买渠道，针对当前的消费需求进行了针对性的传播推广，也取得了不错的销售业绩。

我们通过对重庆传统饮食文化的不断挖掘，将餐饮食品标准化和零售化，跨界拓展营收新路径，疫情结束后，这也是我们重点发力的方向。

（三）布局数字化——勤练数字化内功

除了餐饮的基本面（产品、营运、供应链）都必须做好外，餐饮企业的数字化是必经之路。我认为，未来餐饮业的数字化分为以下三点：

一是机器人代替后厨部分岗位，深化标准化；

二是AI介入前厅管理，形成流水线工段，提效率，减成本，优化客户体验；

三是利用大数据分析客户消费习惯，数据化场景营销，强化客户黏度，增加门店销售。

疫情期间，由于出门受限，门店停业，前两项不能在门店实际试点运用。我们先着手第三项，搭建数据系统。

高管团队和科技团队组成"数字化转型专项组"，对企业数字化转型进行多重推演，计划分阶段、分步骤逐步实现企业的全面数字化。

集团的数字化以总部牵头，制定顶层设计，兼顾门店运营、供应链和用户运营，我们希望通过数字化转型，总部能够及时全面地对日常的经营数据和用户数据进行汇总和分析，并从不同层面进行快速反应和行动，使得经营管理更加准确、高效、全面。在集团总部的总控室，就能看到全国几百家门店的经营情况，并有动态分析和预警机制。

表1 朝天门&博茂餐饮数字化规划

朝天门&博茂餐饮数字化规划				
战略规划	集团整体规划	经营分析	决策	
运营系统	总部营运系统 预算模块 营运模块 营销模块 出品模块 加盟模块	会员系统 会员档案信息 积分管理系统 会员充值系统 会员商城 会员消费偏好分析	门店经营系统 可视化厨房 人脸识别系统 收银系统 点餐系统 自有商城	外部接口
供应链系统	供应商管理 采购管理 仓储管理 结算管理	生产管理 生产计划 质量管理 成本核算	销售管理 爆品模块 结算模块 对账模块	
线上平台	自有平台（小程序、商城等）		第三方（美团、点评、饿了么等）	

"数字化转型专项组"通过自建、外包等方式，运用各种渠道和工具，为集团各门店提供大数据服务支持。我要求数据团队，要能快速整合宏观经济数据、商圈数据、竞品数据、用户数据、门店日常经营数据等多维度数据信息，加以深度分析，为企业提供从选址、营销到菜品研发等多方位的支持。

疫情期间，我们决定在业态/品类创新、数字化转型等企业内功方面加强投入。我相信，疫情过后，有规模、有实力的餐饮企业将迎来快速发展的时间窗口，餐饮行业将向着更规范和高效的方向发展，行业集中度有望逐渐提升。

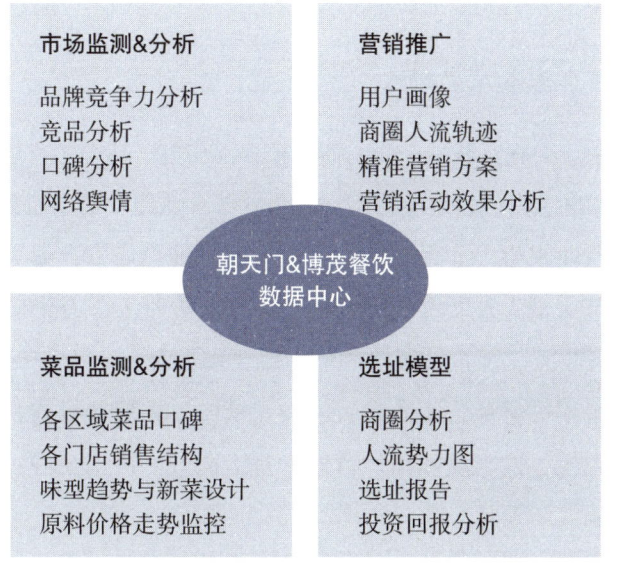

图3　朝天门&博茂餐饮数据中心服务

四、对企业危机管理和行业危机管理的常态化思考

企业家都是伴着危机而生的，从创业初期、中期到成熟期，哪个阶段不是困难重重？现代企业面对危机，就如同人们必然面对死亡一样，是不可避免的事情。

我们不惧怕危机，但要敬畏危机，时刻保持危机意识。古人云："安而不忘危，存而不忘亡，治而不忘乱。"这个治国安邦之策，对于企业管理同样适用。

创业17年，我经历了餐饮行业的3次高低潮周期，每个周期都会看到很多新品牌起来，很多老品牌倒下，或者一些新品牌昙花一现，就倒下。我个人经营企业比较倾向稳健经营，我常对高管团队讲："我们努力奋斗，不是追求风光一时，而是要幸福一世。"整个公司比较有危机意识，面对危机反应也比较迅速。我不想对企业危机管理高谈阔论，在这里只分享一下自己的感想：

（一）企业基本盘要稳

基本盘是什么呢？就是企业的商业模式够稳健、运营效率够高效、组织战斗力够强。自己内生力足够，不会因为外部一点风吹草动而乱了阵脚。

拿餐饮行业来讲，如果企业的商业模式是纯门店堂食业务，那受疫情影响是相当巨大的；如果收入构成里面，有加盟收入、有供应链收入、有电商零售业务收入，那抵抗风险的能力就要强得多。

而当危机不可避免，团队是否能快速反应，拓展新模式，并快速投向市场，抢占先机，这也反映出运营效率是否高效。决策正确，快一分，活下来的希望就大一天。

我很庆幸，朝天门餐饮和博茂餐饮两个集团的基本盘都算稳，我们相信能挺过去。

（二）保持危机感，管好现金流

这次疫情，对整个餐饮行业的企业来讲，最突出的问题就是现金流问题。

餐饮是劳动密集型行业，虽然停业近2个月，收入没有了，但是人员工资、房租等费用照常要支出，现金流压力大，这次很多餐企倒掉就是因为现金流断裂。

所以企业在平时经营中，一定要管理好现金流。一些资本圈的朋友，在看企业健康程度时，以现金流情况画了4条线：

1. 生存线：6个月及以上现金流；
2. 平稳线：9个月及以上现金流；
3. 健康线：12个月及以上现金流；
4. 宽松线：24个月及以上现金流。

只要不暂停营业，餐饮企业的现金流一向比较好，但是面临新冠肺炎疫情这种"黑天鹅"事件，抗风险能力弱的小餐企很容易被击垮。所以，不论怎样，我们在日常经营中尽量保持6个月以上的现金流。

（三）勤练内功，将危机演练融入日常经营

我很认可日本"经营之圣"稻盛和夫的一个观点："萧条是成长的机会。"

京瓷在创立的60多年里，多次经历危机，20世纪70年代的石油危机，80年代的日元升值危机，90年代的泡沫破裂危机，2000年IT泡沫破裂危机，2008年的雷曼金融危机。但每一次闯过萧条期后，京瓷的规模都会扩大一圈、两圈。

稻盛和夫认为：企业的发展如果用竹子的成长做比喻的话，克服萧条，就好比造出一个像竹子那样的"节"来。经济繁荣时，企业只是一味地成长，没有"节"，成了单调脆弱的竹子。但是由于克服了各种各样的危机，就形成了许多的"节"，这种"节"才是使企业再次成长的支撑，并使企业的结构变得强固而坚韧。

这次突如其来的新冠肺炎疫情，虽让人始料未及，但是否也可以把它看作我们企业发展中的"竹节"呢？

疫情对第一季度的影响是确定的，不确定的是疫情会持续多久，是短期战役还是持久战？我们都要准备相应的方案。比如全员营销、研发新品、削减成本，很多企业都会从这些方面着手自救。

对于胸怀愿景的餐饮企业而言，不论此次疫情持续时间是长还是短，餐饮新模式的探索和门店管理内控体系的打造和组织能力的建设，都是必须做的事情。比如"餐饮+零售"模式探索、"餐饮数字化"体系打造、人才的培训，这些都是在休整期可以打基础的，当市场回暖，做好准备的企业就具有先发优势。

用"无界餐饮"模式加速数字化转型

张天一

2020年1月,疫情骤然暴发,猛烈冲击了餐饮等线下实体消费行业。消费者纷纷选择减少外出消费,消费需求更多地由"到店"转向"到家"。随着疫情防控常态化,消费者"消费到家"的消费习惯也必然向"常态化"迁移。

这种短时间、高强度、高动量的消费习惯转轨,对餐饮行业企业造成了极大的挑战。霸蛮湖南米粉作为一家连锁休闲快餐企业,在本次疫情应对中,积极拥抱变化,全体员工迅速转型线上服务,在当前线下消费恢复相对缓慢的背景下,完成自己的"云战疫"。

一、疫情对餐饮行业造成猛烈打击

本次疫情给餐饮行业带来了一次深度危机。

进入2020年4月以来,虽然餐饮行业积极响应国家号召,复工复产,但行业恢复仍然较为缓慢。主要有如下几个原因:

(1)北京等一线口岸城市依然面临较大的输入性病例反弹风险,常态化管控措施持续发挥作用。如对堂食一桌一人的要求、对禁止性聚餐的要求等使餐饮门店经营依然受到较大制约和影响。

作者系北京霸蛮科技有限公司董事长。

（2）消费者消费信心不足。疫情冲击了整体社会经济，消费者收入面临降低和下滑趋势，导致其消费趋于克制。

（3）外送平台的高佣金政策使企业自主"外送求生"变得更为艰难。疫情期间，外送成为许多餐饮企业转型的唯一选择。然而外送平台借此提高了佣金，使许多餐饮企业无法通过自主外送服务弥补受损的现金流收入。

（4）政策落地较慢。连锁餐饮企业和骨干餐饮企业较难享受帮扶政策。虽然国家已有国营商业减免租金的政策，但是在实际落实过程中进度依然较缓慢。

（5）食材成本持续上涨。疫情对餐饮上游供应链也造成了影响。目前餐饮行业整体供应链采购成本上涨了大约10%。以牛肉为例，进口牛肉价格上涨了5%左右。伴随着收入腰斩而来的成本上涨无疑使餐饮行业雪上加霜。

当然，从长期来看，餐饮行业必然会走出疫情的阴影。特别是快餐行业，作为刚需型消费，起着重要的民生保障作用。随着目前复工复产率不断提升，餐饮行业也有了逐步复苏的迹象。

二、霸蛮采取"无界餐饮"模式应对危机

霸蛮2014年成立，作为中国快餐百强企业之一，属于国家高新技术企业，目前在全国有超过60家购物中心直营连锁门店。

经过5年的积淀，霸蛮将2020年定位为快速发展年，制定了冲破150家门店的发展目标。临近2020年春节，我们依然保持着快速拓展的目标，连续开拓新店。但到了1月下旬，疫情开始发酵，门店客流骤然下滑，公司经营在2020年第一季度遭受了重大挑战。面对疫情，霸蛮围绕防疫安全、互联网业务转型、社会公益等方面开展工作，在保障自身经营的同时努力承担起作为民生基础保障企业的社会责任。

（一）员工顾客安全防控大过天

疫情暴发初期，公司便对疫情走势保持高度关注。2020年1月23日武汉"封城"当日，公司主要合伙人立即停止了春节休假，由CEO牵头成立了"抗疫领导小组"。

疫情不仅冲击了营业额，还影响了员工的心理状态。霸蛮的餐饮门店分散在北京各大商圈，服务员又处在门店对客服务的第一线。如何保障全体员工的生命健康安全，成了霸蛮在疫情暴发时的首要任务。

出于对员工健康安全的考虑，1月15日起，霸蛮的60多家购物中心门店均停止营业，少数门店应购物中心要求留1至2名员工值班，同时做好防疫工作。

在保障员工生命健康前提的基础上，霸蛮部分门店在2月份开始逐步复工，如何保障顾客的安全就餐成了我们的首要命题。

霸蛮推出了门店QSC2.0标准，门店的卫生清洁、食品安全标准都进行了阶段性强化升级。疫情期间，霸蛮所有门店每2小时进行一次彻底消毒，桌椅一客一消毒、一周一次大清洁。

同时，霸蛮开启了每天超过12小时的云巡店系统，通过远程无死角视频监控等信息化系统，保证安全措施得到有力执行。

霸蛮率先在行业内推出无接触送餐服务，为顾客提供安心外送。2月初，霸蛮作为美团外送首批无接触外送的发起倡议商家，启动了外送无接触配送服务。

除了外送服务，我们通过IT紧急研发，上线了门店小程序无接触自提服务。消费者无须到店，通过小程序远程下单，到店即可提走餐品。疫情期间，霸蛮小程序数字点餐率超过了95%。

在无接触服务的探索上，霸蛮还联合饿了么平台探索无人车配送。整个2月，霸蛮的无人送餐机器人穿梭在北京的大街小巷，为顾客提供安心的用餐服务。无人车采取电力驱动，自动避障，导航定位，一颗电池能用

1—2天。在霸蛮之前，无人车在餐饮领域的应用还是空白。无人车受夜晚、寒冷、路面湿滑等影响也较小，能很好地适应各种不同场景中的配送。霸蛮采用无人车配餐，全程无接触，顾客线上下单，自助开柜取餐，降低了用户的安全风险。

霸蛮还有大量的微创新来保障客户的安全用餐体验。品牌首推了外送安心卡，每一份餐点从出餐员工到骑手都记录了相关人的姓名、体温，保证每一份餐品都可溯源。同时，霸蛮在每一份外送餐品上都加密封扣，让消费者放心用餐。安心卡、密封扣看上去都是不起眼的小装置，但是这些行为让消费者更加信任霸蛮品牌的安全卫生保障。

（二）启动高管"围炉云话"，危机中塑造文化

疫情暴发初期，不仅公司业绩受到冲击，员工士气也受到较大影响。随着行业内不断爆出企业裁员、倒闭等负面信息，公司员工的内心也充满了不安全感。

疫情期间门店关闭，大量年轻员工封闭在宿舍中无事可做。如何给予他们安全感，如何凝聚人心士气，在某种程度上成为公司应对疫情的一大考验。

自2月1日起，霸蛮利用远程视频会议系统在每天晚上19:00开启高管的"围炉云话"活动，每天我们都会有高层出面与全体员工进行线上直接交流，通报公司的经营情况，并对公司有关决策和政策进行解释，力求做到公司上下信息对称。

此外，霸蛮还开放了CEO邮箱，任何一个员工随时可以给CEO写信，提出意见建议，CEO均会在当日查看邮件并回复，落实每一个员工的反馈意见。

在2月13日的CEO"2·13讲话"中，公司明确和全员表示，不管企业遇到再大的挑战，霸蛮都不会裁员，所有薪资按时发放。公司视人力为公司最宝贵的资源而非成本，公司不会放弃、抛弃任何一名员工。

"2·13讲话"，稳定了霸蛮的人心士气。疫情期间，许多餐饮企业遭

遇了人员流失，而霸蛮则较好地保存了员工队伍，基本实现0流失。目前餐饮门店营业额开始逐步恢复。在北京继续常态化管控，外地务工人员难以进入北京的情况下，许多餐饮企业由于之前人员流失过多，现在又面临着用工荒问题。而霸蛮能够相对从容应对，与我们在疫情期间顶住压力保全团队不无关系。

除了"围炉云话"，公司内部的培训机构"霸蛮大学"还推出超过1000个课时的在线培训课程。霸蛮为每一个员工都发放了训练卡，为每个员工制定了培训计划。利用员工相对闲暇的时间，公司进行了全员大练兵。经过2、3月的整体培训，公司的培训看板完成率超过95%，即95%的员工均接受了一次包含领导力、运营管理、企业文化三个大类目的完整课程培训。

在2月份腾讯咨询针对诸多创业企业做的组织力调研中，霸蛮的企业文化认同度高居创业公司的95分位，团队表示出了对公司的高度认可。疫情成为一次公司锻炼队伍、提升组织力、塑造企业文化的契机。

高昂的员工士气，也反馈在了公司的经营改善上。2月份公司发起了全员降本的"CUTDOWN"运动，公司各级管理者、一线员工总计为总裁邮箱提出降本建议近500条，为公司累计节约费用近百万元。例如，有员工提出公司将物流箱由四色印刷改为单色印刷，仅此一项建议，便为公司降低30万元成本/月。

（三）线上云复工，打造无界餐饮新模式

疫情暴发前，霸蛮正处于高速拓店的节奏之中。账面资金基本都投入新店签约和拓展。按照原定计划，霸蛮在2020年要将直营门店数量突破至150家。

一直到1月26日过春节，霸蛮每天都在新开业门店。如果没有疫情，随着门店的开业，霸蛮将快速收回现金流，业务进行正向循环。然而，疫情的骤然暴发，让这些门店瞬间都变成企业沉重的包袱：前端的业务收入没了，而房租、人工、货款、工程款还得照付。加上2、3月份本来就是公司应付账款的高峰月份，每月应付账款接近 2000 万元，毫无疑问，疫情对霸蛮这样处于快速成长期的创业公司造成了很大的影响。

霸蛮此前的外送业务为京津冀地区类目头部品牌，霸蛮还有半成品食品业务在各个电商平台、零售渠道进行销售。这块业务之前并不占公司收入的大头，仅以餐饮补充业务的方式存在。

疫情暴发初期，公司管理层做出了如下判断：到店需求会在一段时间内受到影响，相应需求会随着消费者隔离在家转移到家庭场景消费。公司认为电商半成品业务会迅速爆发，并将在一段时间内成为公司的主要支撑业务。于是，公司迅速决策，与每日优鲜、叮咚买菜等生鲜到家平台签署入驻合作协议，并且与此前就已经合作的盒马鲜生等渠道提前沟通了备货需求。

决策虽然做出，但当时正值春节期间，霸蛮后端的供应链基本处于停滞状态。工厂的工人没有复工，物流仓储等也没有恢复。公司管理层想尽一切办法去推动后端供应链的复工复产。通过近一个星期的努力，在 2 月 10 日初步恢复了后端供应链的供给，零售半成品业务前端得到了货品的供应。

自 2 月 10 日起，霸蛮的电商零售半成品业务单量开始迅猛增长，消费者外出就餐的需求减少了，在家做饭的需求变得较为强烈。霸蛮的半成品零售业务较全年同期增长了 7 倍。随之而来的新问题是，之前霸蛮电商团队仅有 10 余人，面对骤然增长的订单，根本没有办法应对。

一方面是电商业务人力不足，疲于应对激增需求；另一方面是线下门店关闭，数百名员工关在宿舍无事可做。公司于 2 月中旬做出了全员 ALLIN 转型线上的决定。在线下 60 多家门店没有复工复产的情况下，对餐饮店数百名员工进行了为期 3 天的紧急培训，转型线上电商运营，带领团队进行云复工。

我们将线下的员工分为四个小组来支援线上的电商业务：

第一个小组：金银潭小组。电商业务的增长，带来了售前客户咨询量的激增。金银潭小组的主要任务就是进行电商客服接待。过去霸蛮门店伙伴主要是在线下对顾客进行面对面服务，这次他们戴上了耳麦，接入了电商客服系统，通过电脑给顾客带去良好的顾客体验。

此外，原来霸蛮的餐饮门店管理组主要负责门店的日常经营数据分析，现在他们的工作变为了电商的商品运营。UV（独立访客）、CPM（千次印象费用）、CVR（转化率）、留存率等新的电商指标成了他们运营关注的重点。

在很短的时间内，霸蛮从一个以线下经营为主的企业转型为线上经营的企业。这个过程中也有一些伙伴表现出对工作性质突然转换的不适应。但好在公司人心士气较高，大家以极高的热情进行学习和角色转换。同时，公司也配备了业务熟手手把手地对伙伴传帮带，帮助线下门店员工熟悉了整个电商业务的运营与操作。

第二个小组：火神山小组。这部分线下员工主要参与了霸蛮电商半成品业务的分销和直播电商销售。2月中旬，霸蛮开发了电商分销系统，进行全员销售。员工在朋友圈等渠道销售公司的产品，同时公司根据销售额给予员工一定比例的提成。

在2月份一个月的时间里，霸蛮火神山小组的员工们建立起600多个微信群，利用这部分品牌的私域流量完成了电商分销业务从0到100万元月收入的突破。同时，员工也在分销过程中获得了部分提成收入，形成了员工与公司的双赢。

霸蛮还鼓励火神山小组的员工利用电商直播的形式开展分销、销售。2、3月两个月中，霸蛮累计进行各类直播1000余场。这里面既包括员工的自播，也包括员工主动对外寻找的与李佳琦、薇娅、罗永浩等网络主播的合作直播。电商直播迅速成为公司主要的业务增长点，为公司带来了700%的流量增长。

第三个小组：雷神山小组。雷神山小组的成员主要为线下门店员工支援公司的供应链运转。在整个2月期间，虽然霸蛮前端半成品零售业务有了很大的增长，但是后端的供应依然是个大难题。当时全国各地还处于严峻的疫情防控中，复工复产情况不容乐观：

霸蛮的后端工厂虽然有了开工许可，但是工人被隔离在村子里出不来。

物流运输过程中存在着各种不可预测的情形，各地频发封路、断路等情况。曾经发生过霸蛮一车从河北发往湖南的货物因为要绕开各地的道路封锁，本来 2 天的路程结果走了近 10 天的情况。

霸蛮将一部分餐饮门店员工召集起来，投入保障供应链运转的工作中来。我们采取了一人负责一段的方式。工人出不来村子，火神山小组的成员就远程联系出租车去村口将工人接出来，电话和当地村委进行沟通解释。

物流没办法恢复，员工就自己想办法通过各种关系联系私人货车司机接货。又因道路运输过程中存在较大不确定性，我们的员工就一人负责一个司机，进行全程电话实时跟进。许多物流运输都发生在深夜，雷神山小组的员工就跟进至深夜，保证货物的顺畅到达。

在这样穷尽一切努力的操作下，2 月 20 日左右霸蛮的后端供应链就基本恢复了供应，自营电商周转仓和各个合作渠道的仓库都得以顺畅供货。

第四个小组：方舱小组。霸蛮抽调了部分员工，组成方舱项目组，利用自身线上运营和数据化能力较强的优势，开展协助其他餐饮企业电商代运营业务。霸蛮输出了自身电商运营的经验，帮助其他传统线下餐饮企业进行餐饮零售化电商转型。

霸蛮通过抽佣的方式进行合作，既为其他餐饮企业创造了新的收入，也补充了自身宝贵的现金流。截至 4 月初，霸蛮已经与多个餐饮品牌展开电商代运营合作，服务了超过 200 家连锁餐饮门店的线上电商运营业务。

整个疫情期间，在到店需求近乎消失的情况下，霸蛮积极打破餐饮门店服务的业务边界，采用自身的"无界餐饮模式"，发展电商业务，聚焦发力消费者在家消费场景。

疫情虽然扭曲了消费场景，但不变的是消费者需求。在整个 2、3 月期间，霸蛮的电商零售业务获得了超过 400% 的环比增长，通过电商渠道累计销售出半成品湖南米粉 300 多万份，公司在 3 月份的收入与去年同比不仅没有降低，还有小幅度上升。霸蛮的云复工经验也获得了央视财经频道、《中国青年报》《经济日报》等诸多主流媒体的多次报道。

(四) 回馈社会，助力抗疫

疫情期间，霸蛮积极履行企业社会责任，尽自己的能力为社会抗击疫情贡献自己的力量。在霸蛮恢复物流生产的第一时间，公司即向湖北疫区捐赠了10万盒自热半成品米粉，将它们送到医护、抗疫人员手中。

整个疫情期间，霸蛮的半成品速食米粉作为民生刚需物资在湖北疫区有着较大需求。虽然往湖北供应货物物流难度较大，但霸蛮一直采取不计成本的方式，优先保证湖北各个合作伙伴的货品供应。

霸蛮的线下餐饮门店也联合顺丰物流、熊猫星厨、亚洲美食联盟等机构多次主导、参与、发起为首都医护人员免费送出爱心餐品的活动，累计送出外送餐品近万份。同时，霸蛮也发动公司党员，在党支部书记的带头下，积极向湖北捐资筹款。

疫情期间，虽然食材成本剧烈上涨，但是霸蛮深知自己作为一家快餐刚需型企业，起着保障民生需求的作用。公司在疫情初期就做出了不涨价的承诺。同时，在员工健康防护措施到位的情况下，公司也积极响应政府号召，开始复工复产。2月中旬以后，霸蛮60余家线下门店均恢复了营业，北京的大街小巷也开始能看到霸蛮的物流配送车在积极配送。在2月刚开始复工时，许多白领都面临着无处用餐的窘境，霸蛮成为首批加入北京市品牌餐饮外送供餐名录的企业，并积极承接各个企业的团体用餐业务，保证门店运营和餐品供应。

(五) 加速推动门店数字化转型

霸蛮作为一家连锁餐饮企业，是国家高新技术企业、中关村高新技术企业，一直以来都非常重视企业的数据化与IT信息投入。通过这次疫情，霸蛮更是认识到信息化运营改造对线下实体服务业的重要性。

霸蛮启动了与天猫合作的"轻店"项目，与京东合作的"天工造物"

项目,与美团合作的"闪购"项目,打通线上线下门店数据,完成电商与餐饮的数据互通,进一步整合"餐饮+零售"的业务新模式,将门店改造为前置仓,用户在电商平台下的单,不需要等待数日快递,依托霸蛮的自有门店点半小时即可送达家中。

疫情期间,霸蛮开发了自有的自提餐品小程序、自营外送小程序、自营外送商城小程序。用户通过霸蛮的自有小程序开展了数十万单的交易。

公司还全面上线了远程巡店系统,运营品控人员足不出户即可以完成"云巡店",保证门店的有序运行运转。

三、疫后趋势:数字化无界餐饮连锁品牌必成主流

餐饮行业是典型的线下实体服务业,也是服务民生的基础业态。本次疫情向所有餐饮企业都提出了"如何进行线上化生存"的必答题。我们预测"到店+到家""线下+线上""餐饮+零售"的复合无界餐饮模式将成为未来行业发展标配。

此外,本次疫情作为重大公共安全卫生议题,也必将整体提高消费者对食品安全和食品品质的关注,拥有较强供应链控制体系、标准化把控体系、食安品控体系的连锁餐饮品牌将成为行业发展的主流。餐饮行业大而不强、分散经营的局面将会得到进一步改变,越来越多的品牌连锁餐饮企业将会崛起。

(一)复合式无界餐饮模式将成为行业标配

受限于门店辐射能力,餐饮行业整体收入主要以门店堂食收入为主。近几年外送业务快速兴起,外送市场规模已经接近3000亿元。然而,与近5万亿元规模的餐饮市场相比,外送业务的渗透率还远远不够,许多餐饮企业依然没有完成自己的线上化转型。

外送业务的兴起,将餐饮门店的业务服务半径从1KM延展至3—

5KM，场景从到店延伸到到家，流量获取从线下延伸到线上，是对餐饮业务交付边界的一次时空突破。

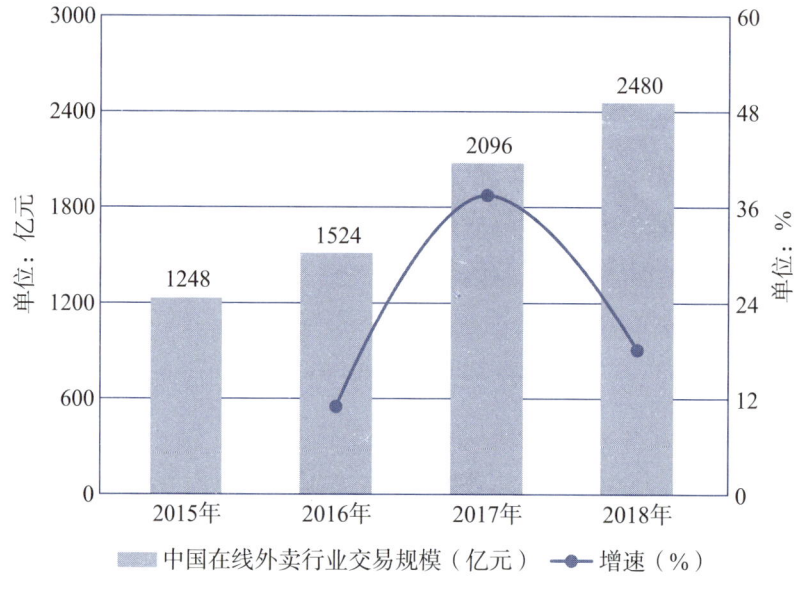

图 1

本次疫情期间，餐饮行业首先恢复的也是外送业务，根据笔者调研统计，截至4月，北京规模餐饮堂食恢复率为25%左右，外送恢复率则达到65%以上。由此可见，接下来相当长一段时间内，只要疫情对消费者心理的影响继续持续，外送业务将成为驱动餐饮行业恢复的主要因素之一。

本次疫情的直接影响是许多过去认为外送业务可有可无的餐饮企业开始积极拥抱外送，完成自身的互联网转型。笔者预估疫情后外送市场的渗透率还将持续提高。

除外送业务，疫情期间也有越来越多的餐饮企业开始探索摸索电商零售化业务。零售半成品通过电商平台销售，既借助了餐饮品牌原有的品牌影响力和会员积累，又比外送业务更为彻底地破除了时空边界，通过电商平台下单，品牌的半成品可以通过快递系统送到任何一个消费者家中，交付能力远远超越了门店的辐射半径。

疫情极大催生了消费者在家做饭的需求，通过电商半成品销售的方式，将一些消费者很难在家自己操作的功夫菜半成品配送到家，成为餐饮企业一大新的业务增长点。在目前餐饮零售化业务探索中，霸蛮、西贝、海底捞等企业都已经开展相关业务并取得了不俗的成绩。

总体上，餐饮行业的成本"三高"，竞争环境恶劣使企业必须寻找新的模式突围，这次疫情大大加速了餐饮行业的整体转型，未来餐饮企业的标配必然是"到店与到家场景结合，线上与线下引流结合，餐饮与零售销售结合"三结合的无界餐饮模式。

（二）餐饮行业数字化进程将大大加速

本次疫情后，通过数字化提升经营效率也将成为餐饮企业的必然选项。

目前绝大多数主流餐饮企业都上线了无接触点餐的小程序系统，通过小程序自主点餐，餐饮企业能真正地积累用户，拥有自己的用户数据资产，搭建门店用户数据经营分析体系，提高经营与运营的整体效率。

此外，订货、排班、巡店、选址、排队、点餐、会员、及时配送、结算、评价等各个餐饮经营流程中都存在着大量的数字化空间，餐饮企业通过开发引入自己的 SaaS 系统，完成企业整体的资金流、货品流、人员流的信息化，才能真正将餐厅的经营变为一个动态及时性过程。

餐饮门店实质上是所有线下服务业中最为高频的数字入口之一，在过去很长时间内，餐饮门店的数据价值被忽略，餐饮企业普遍将门店视为交易渠道。但是在疫情后作为交易渠道的门店受到影响时，作为数据入口的门店就显得更为重要，餐饮企业通过积淀自己的数据池，才拥有展开其他延展业务的基础。

（三）行业连锁化品牌化进程将大大加速

疫情对餐饮行业带来了深远的影响，其中最大的一个影响就是餐饮整体连锁化率、品牌集中度将大大提升。根据中国烹饪协会数据显示，2019

年中国餐饮行业整体规模超过4.5万亿，其中餐饮商户数有近1000万家，其中绝大多数商家为非连锁、非品牌的夫妻老婆店经营业态。

随着消费者对品质、卫生等要素越来越关注，疫情之前中国餐饮行业整体连锁化率提升的趋势就已经非常明显，根据辰智餐饮数据报告显示，2019年中国餐饮行业的连锁化率已经达到55%。

毫无疑问，本次疫情之后，公众的卫生安全意识将大大提高，消费者也将用更高的食品安全、卫生清洁标准来打量餐饮企业。消费者对食品安全的诉求加强，也将促进餐饮品牌的崛起。

餐饮品牌们拥有更为完善的供应链体系、品控体系，更容易获取消费者信任，实际上也更有能力稳定一致地提供清洁、健康的餐品。品牌将成为消费者消费的第一参考。

总体上，疫情对餐饮行业来说。像一次重大洗牌，餐饮连锁化的速度会大大加快，能够更好保证食品安全并将其理念传递给消费者的企业会获得更好的发展

四、疫后思考：企业经营要有底线思维

本次疫情对诸多创业公司而言都是一次重大的"黑天鹅"事件。疫情所造成的挑战也是霸蛮这样年轻的创业公司从未经受过的。目前看来，疫情对整个社会经济、消费者习惯还会有诸多深远的后续影响。"后新冠时代"的市场经营环境毫无疑问还有着许多不确定性，同时存在着许多重大挑战。面对这样的经营现实，我们主要有两点思考：

（一）创业公司应平衡"安全"与"效率"的边界

霸蛮作为一家大学生创业企业，诞生于2014年"双创"时代，经历了中国新经济快速发展的这5年，也见证着许许多多高歌猛进的创业故事。

在这样一个创业环境中，企业更多的感知是"效率优先"，一切经营

行为都以如何快速将企业做大、做强、做上市为出发点展开。

霸蛮自身的发展在过去几年大环境稳定繁荣时，相对顺风顺水，然而，本次疫情突然按下了霸蛮快速发展的暂停键。

这使我们开始思考，如果市场环境是高度不确定的，那么"安全"似乎应该是比"效率"更为重要的经营考虑。

例如，此前我们供应链的思路讲究"集中采购"，通过采购规模效应来降低整体供应链成本。然而在这次疫情中我们发现，可能分散采购更有优势。如果只有单一供应商，而该供应商不凑巧复工复产进度较慢，可能整个业务链条就会趋于停滞。

再如，在企业资金使用上，我们过去一直在思考如何提升企业资金周转使用率，有大量闲置资金在银行账面上而不被投入企业扩张被视为企业发展效率低下的一种表现。

这次疫情深刻地教育了我们"现金为王"这样一个道理。疫情后我们一定会修复现金流量表，让企业永远有一笔余额资金来应对不时之需。哪怕因此造成资金闲置，牺牲了一时效率，丧失了一些机会，却让企业在应对风浪时有了更高的安全系数。

还有一例，疫情前我们普遍认为业务结构越聚焦效率越高。许多餐饮企业对外送业务、电商业务嗤之以鼻，他们认为做好单一场景的门店经营才是专注经营效率最高的形式。

然而，这次疫情无情地教育了所有线下实体行业，企业发现业务结构多元化、收入场景多元化才是真正的王道。相对多元化的收入结构、业务结构，看似降低了效率，在出现不确定性时却会提升企业的生存能力，东方不亮西方亮。霸蛮本身多元化配置业务结构就是一个较为典型的餐饮行业案例。

（二）创业公司要有"底线思维"

对本次疫情的另一个思考，就是创业公司要有底线思维，换言之，在市场注定高度不确定的"后疫情时代"，盲目悲观强过盲目乐观。

疫情暴发之初，餐饮行业对疫情的普遍看法是2月份就可以得到控制，3月份将迎来餐饮服务的报复性消费。实际上，目前看来线下消费的情况远没有之前预期乐观，报复性消费并没有发生，整体线下商业处于缓慢恢复的状态，一些企业则在等待中丧失了果断止损、断臂求生的机会。

企业应当对形势做最坏估计，并针对性做好预案，只有这样才能应对一切情况。疫情初期，霸蛮的财务部门总共做了三版预算，一个版本为极度悲观预算，一个版本为极度乐观预算，一个版本为中性预估预算。

我们的所有资金计划、业务计划、降本计划，都按照极度悲观预算来执行，虽然对情况的估计过度悲观，在当时给我们平衡预算增加了许多苦恼，但同时也倒逼着我们找了更多的应对措施，采取了更为坚决果断的系列措施止损。

目前看来，实际情况是我们当时预估的乐观预算，这样我们也拥有了更大的经营调整余地。

专家点评

餐饮旅游：突破业务边界，线上化、数字化重要性凸显

在重重困难下，旅游业、餐饮业企业积极开展各项举措，确保疫情期间的企业运营与客户服务的顺利进行，并利用自身优势资源投入疫情攻坚战中。在案例中，众信旅游一是用延期替代退款的方式协调解决客户退改需求，以及升级在途旅客保障力度确保旅客顺利归国，充分贯彻了以客户权益和安全为中心的理念；二是通过打造移动社交电商平台"优客选"，充分发掘自身私域流量，丰富疫情期间需求量高、性价比高的产品类别，激活海量客户的购买力，积极探索新业务的发展路径。再看朝天门餐饮集团，一是落实封闭管理、健康监控、清洁消杀等举措，并通过特有用工模式以及设立加盟店帮扶计划，保障企业复产复工的顺利进行；二是构建私域流量，发力外卖业务，并积极探索门店零售化、餐饮零售化的线上运营新模式，拓展新的营收路径。霸蛮湖南米粉在疫情中运用无人车配送探索无接触服务新模式，发力电商半成品零售业务，打破门店服务业务边界，有效地满足了消费者需求，实现自身营收的不减反增。

从案例中可以看到，疫情并没有将深陷危机的餐饮旅游企业击垮，他们各自施展拳脚以应对疫情带来的重重压力，力求突破自身固有模式，在逆境中更上一层楼，充分展示了企业自身的韧性。同时，案例也给我们带来了一些启示与思考，能够帮助餐饮旅游企业在未来更平稳地度过可能发生的各类不可控事件。

一是探索多元化经营。在旅游行业，虽然企业的产品形态在不断拓展，涵盖了跟团游、定制游、自由行等各类形式，可以满足客户的个性化需求，

但本质上却依旧属于旅游业务原本的范畴，若再次出现突发事件，旅游行业的脆弱性依旧会带来危机。因此，旅游企业应该向多元化经营发展，像在众信旅游案例中提到的，众信旅游已经打造了出境综合服务业务体系，实施从旅游到旅行的发展路径，提供一系列旅游及"旅游+"服务，并且正在向"旅游综合服务平台"发展，涵盖本地生活、教育、移民职业等服务，通过多元化的经营策略分散风险。再看餐饮业，其业务模式也大幅度依赖线下门店的收入，在危机到来时难以做到独善其身，因此也需要企业积极进行多元化的业务模式转型。在案例中，朝天门餐饮集团的外卖平台、社区团购云平台系统、门店零售化和产品零售化，以及霸蛮湖南米粉的门店小程序、电商半成品销售都体现了业务模式的创新性与多元性。但值得注意的是，企业在探索多元化经营的同时也需注意业务的分散程度，要与主营业务模式的垂直纵深形成适合自身的平衡点，在保证核心竞争力的基础上加盖多元化的业务体系。

二是积极开展数字化转型。案例中，众信旅游通过旅游资源管理、门店管理、分销管理等平台或系统提升运营管理水平，并将大数据管理分析平台纳入规划，旨在深入分析客户个性化寻求，实现精准营销与服务质量的提升。朝天门餐饮集团着手搭建以门店运营、供应链和用户运营为主的数据系统，旨在通过数字化转型对经营数据和用户数据进行更全面、更深入的分析，并设立动态预警机制，加快危机情况下的反应和行动速度。霸蛮湖南米粉启动"轻店""天工造物""闪购"项目，实现电商餐饮的数据打通，助力"餐饮＋零售"业务新模式。可以看到，通过技术开辟线上渠道开展营销与运营活动，并以数据资源为核心积极开展数字化转型，深入挖掘客户需求，提升了企业的运营与服务效率，体现了数字化对餐饮旅游的赋能，也会让越来越多的餐饮旅游企业开始思考并着手开展数字化转型升级。

三是建立完备的应急管理机制。本次疫情中全国大部分餐饮旅游企业都受到了严重影响，大多数企业在危机来临时，缺乏长效的应急管理机制，无法采取有效的处置方法，再加上餐饮旅游行业的业务模式缺乏灵活性，致使身处其中的企业抗风险能力较弱。从好的方面看，此次疫情让各餐饮旅游企业、行业组织、主管部门、各级政府都积累了一定的危机管理经验，应当思考建立完善的、多层次的应急管理体系，设立行业风险资金储备机制，探讨应对危机时各头部及中小企业的行动框架，尤其要保证企业的现金流储备充足，以便能够从容应对各类形式的风险和危机。

疫情重创了餐饮旅游行业内的企业，但危机的来临也伴随着机遇的出现。当疫情散去，餐饮旅游行业在经历了危机的洗礼后，其行业格局将重塑，拥有良好企业管理、应急管理、运营管理、资源管理机制的企业将在风雨的磨砺后重新焕发出勃勃生机，餐饮旅游行业将更加规范化、多元化、数字化，为人们的生活带去更多幸福与美好。

/专题三/

教育医疗

行业危机

随着我国社会经济发展的日新月异，教育与医疗行业的重要性越加凸显。教育行业是人才培养的基础，是为我国源源不断输送优质专业人才，推动各行各业发展，提升我国经济水平和综合竞争力的关键推手；医疗行业与人民群众的身体健康与切身利益密切相关，医疗综合水平与能力的提升对实现我国社会经济协调发展，构建社会主义和谐社会至关重要。本次新冠肺炎疫情的突然暴发对于教育医疗服务的开展产生了极大的阻力与影响，人们通过传统教育医疗途径与方式获得相应资源与服务的难度提升，教育医疗企业也同样面临重重压力，主要体现在以下几个方面：

第一，教育医疗行业的线下培训、就诊影响巨大。受疫情影响，人们的出行受到极大限制，外出上课参加培训或因小病而看病就医的意愿大幅降低，部分人群的课程学习、疾病就诊被迫中断。

第二，教育医疗资源供给下降。由于在疫情期间要保证不出现聚集性人群，线下教育培训机构停课，达不到防疫时期医疗条件要求的基层诊所、卫生站、病院需要暂停医疗服务，导致教育医疗资源的体量下降。

第三，教育医疗公共机构服务输出受阻。疫情期间，小学、中学、大学的开学时间延后，医院的日常门诊暂停，教育医疗公共机构的日常运转停滞。

三者加起来让线下教育医疗的日常运营与服务难以正常开展，学生的教育资源与病患的权益健康保障面临严峻挑战。

企业自述

跟谁学 创新求变,向阳而生
健客网 智慧医疗:以变求新方可致远
微医 依托数字技术构筑国民"健康长城"
蓝帆医疗 在新世界中找到新的增长逻辑

创新求变，向阳而生

陈向东

2020年1月26日，大年初二，我从美国飞回了北京，比原定计划早了很多。之前，虽然人在国外，但每天都能收到很多有关国内疫情的消息，我判断这次疫情有些不同寻常，真是心急如焚。此时，如果作为创始人和CEO的我被困在国外，将对公司产生重大影响。

这场突如其来的疫情让2020年的开局与往年相比，变得彻底不一样。无论是对宏观环境还是微观个体，它的影响渗透到了方方面面。疫情就像是一场大考，考验着我们的国家，也考验着我们每一个人。

与线下培训相比，在线教育行业要幸运一些。因为不直接与学生面对面，所有的授课和服务都在线上进行，客观上这次疫情加速了在线教育行业的发展。

但不能说，在这次灾难中，在线教育行业就是一个完全的幸运儿。正如习近平总书记曾指出，经济社会是一个动态循环系统。跟谁学旗下有跟谁学和高途课堂两个在线直播大班课品牌，两个团队在和学生家长沟通的过程中都发现，有相当比例的家长因为疫情导致收入不确定，所以他们就没办法来给孩子报班。看到这些，我们心里是非常难受的。

"变压力为动力，善于化危为机"是中国企业的精神；关注我们百姓的工作安全和长远的生活安全，是中国企业的社会责任；在疫情发生后，能

作者系跟谁学（GSX.US）创始人、CEO。

够充分担当，保障物资供应，保障服务水平，保障人民群众的生活，则充分体现了中国企业的强大韧性。

对于企业而言，我们要进行反思和总结：在疫情来临时的反应和措施是否得当？是否担当起了企业所应该承担的社会责任？面对疫情，我们到底应该做哪些升级？做哪些改变？当疫情过去，我们在日常的企业经营中，又需要做好哪些常态化的危机管理？

一、疫情中的跟谁学

疫情开始受到广泛关注的时候，我虽正在国外，但马上在线召集公司管理层，让大家做好应对准备。随着武汉"封城"的消息传来，我一方面安排公司各部门负责人制定紧急预案，一方面立即改签机票返京。

大年初二飞回来，一边在家里隔离，一边利用在线办公的各种手段，和伙伴们一块儿部署抗击疫情的战斗。感谢现代科技的发达，让我们无论身处何处，都能参加战斗。

在这场战斗当中，有很多伙伴同事，很多老师，很多技术人员，我觉得他们比我要伟大。寒假本身就是在线教育服务的高峰期，虽然有这样那样的困难，但他们还是保证了公司的服务质量。不仅如此，为响应国家"停课不停学"的号召，我们还为全国超过1500万人次学生提供了免费直播课，这些工作都饱含着老师、技术人员的心血和汗水。他们是公司在特殊时期的"逆行者"！

（一）面向学生，跟谁学免费提供大量优质课程

一方有难，八方支援。疫情发生后，我们做出的第一个决定，是由跟谁学和旗下的高途课堂联合起来，面向湖北省尤其是武汉市的学生，捐赠2万份价值2000万元的寒假班的正价课程。捐赠数量是根据跟谁学公司当时的服务能力确定的，该捐赠从课程内容到主讲老师，再到所有的课后服

务，与寒假班正价课学员完全一致，能够充分保证领到课程的学生在家期间的正常学习。

形势的变化总是迅速的，全国各地线下培训机构停课，全国中小学开学时间延迟的情况接踵而至，教育部提出了"停课不停学"的号召。于是，我们继续准备，思考如何为全国的中小学生提供力所能及的服务。公司的服务能力决定了很难在短时间内面向全国大规模复制此前助力武汉学生的模式，于是我们决定联合网络平台，做免费公开直播课。

高途课堂最优秀的近50位主讲老师立即开始着手公开课的课程筹备，运营人员联系对接各大网络平台。很快，高途课堂首先在自有平台上推出了从小学一年级到高中三年级全学科的免费直播课，每天安排不同的课程，除周末外，全天直播。随后，高途课堂的免费直播课和跟谁学的精品课登陆学习强国、央视频、新华网、今日头条、新浪微博、快手、爱奇艺等全网数十家平台。

之所以选择免费直播课的方式，是因为面对突然而至的海量网络在线学习需求，全网原有的教育资源是有限的，如何能够快速地把优质教育资源传达到最大的范围，免费公开课就成了最优选择。同时，我们看到同行业的其他机构也都纷纷行动了起来，很多机构也采用免费公开课的形式，网络学习资源在最短的时间内得到极大丰富。后来，我们看到教育部推出的中小学网络云平台也正式上线，更新了大量教学资源。"国家队"和行业力量的积极参与，让中小学生的在线学习有了充分的资源保障。

在这个特殊时期里，学生们长时间在家中，需要学习资源和指导。作为在线教育机构，捐赠优质的课程资源就像是为医护人员捐赠防护物资一样，也有着重要的意义。我被跟谁学和高途课堂一直以来奋战在前线的老师们所感动。首先是主讲老师们，这是一群优秀的教师群体，他们有着10多年的教学经验，有着行业内优秀的教学水平，面对几乎随时变化的教学要求，他们总是能够及时调整课程计划。在这个特殊的寒假里，他们放弃了原本可以休息的春节假期，很多人甚至在除夕夜都在通宵工作，在这个特殊时期，他们展现了教师这个职业无私奉献的伟大品质。

同时，这段时期辛苦付出的还有我们的辅导老师群体。辅导老师是在线直播大班课模式下衍生出来的新兴职业，他们是一群有活力、有教育理想的年轻人，作为在线教育行业内不可或缺的部分，他们始终奋战在服务学生和家长的第一线，日常配合着主讲老师的工作，分小班对学生进行贴心服务。批改作业、一对一答疑，甚至需要对一些学生进行心理疏导，他们是最能够和学生与家长产生紧密联系的一线部队。

在这段特殊的"战斗"时期，我们一位95后的年轻辅导老师就表示："我不能够像医生那样冲锋在一线，我不能够像那些护士一样冲到武汉，但是我可以在我的岗位上，为我们的学生、家长做得更多，这是我能够在我的岗位上，为抗疫所尽的微弱力量。"

我查了一些数据，这段时间内，跟谁学与高途课堂通过直播课、视频精品课等免费课程共服务学生超过1500万人次。跟谁学与高途课堂正式春季班的学生到课率、提交作业率和辅导老师的互动沟通率，也都达到了历史最高水平。

说句实在话，当我看到这些数据的时候，特别开心，感觉特别幸福。疫情期间，不仅老师们始终冲锋在前，学生们也没有因疫情而掉队，反而更加认真，更加奋进。阴霾过后，相信这些努力的孩子一定会有更加灿烂的明天。

（二）面向线下机构，跟谁学免费提供在线直播技术支持

疫情到来，教育行业首当其冲直面生死危机的就是各地线下教育培训机构。寒假本来是线下培训机构的招生旺季，但是随着疫情的蔓延，全国各地的线下培训机构纷纷停课，不仅收入突然归零，很多机构还需要向学生退费，一时间，大量机构的正常经营受到严重影响。

跟谁学旗下成蹊商学院的日常工作之一是为全国广大线下中小教育培训机构的管理者做培训服务，与很多线下机构随时保持着沟通，很快

就了解到全国各地大量培训机构的运营困难。成蹊商学院的负责人第一时间向公司汇报了相关情况，公司很快决定面向全国线下教育机构免费提供在线直播的技术支持，由跟谁学旗下的技术产品——微师在线直播平台为线下机构提供直播平台和技术支持，由成蹊商学院为线下机构进行相关的培训指导。

微师是跟谁学自主研发的基于微信生态所打造的一款在线直播平台，不仅有着目前行业领先的在线直播平台技术，还可实现海量直播并发，能够做到万人以上的稳定直播。上课期间，师生可以实现随时互动，完全满足线上直播课的需求。

微师还同时提供独立的网校管理系统，能够为教育培训机构提供清晰明确的管理权限，提供机构财务管理功能，还能够实现在线排课和数据管理，海量课程均可同时进行，学员的数据也清晰可见。可以说，微师在线直播平台这款工具正是这个特殊时期线下教育培训机构所需要的一款既能够做到课程在线直播，又能够实现网校管理的实用工具。

跟谁学作为在线教育机构，自2014年创办起，就组建了属于自己的技术团队，研发公司自有的在线视频直播系统，在线上直播等技术上有着成熟的实践经验。微师所用到的在线直播系统与相关技术和跟谁学、高途课堂正在使用的技术是一样的。此时免费向所有机构开放，为的就是能够让尽可能多的学生拥有更好的在线学习体验。

突如其来的海量机构入驻给微师团队带来了巨大的考验。这段时间内，微师平台一天的入驻量几乎是以往一年所服务的机构数量，在短时间内造成了网络拥堵。除夕前一天，微师团队就向我申请公司技术支持，我们调配了不少技术伙伴火速前往支援，还紧急扩容了微师的服务器。在春节前后的几天时间里，微师运营团队和技术团队的人员每天坚持16—17个小时的工作，尽可能为新入驻机构做到1对1的细致服务，更好地为他们解决燃眉之急。

这段时间，微师在线直播平台新增注册机构达8万家。我们感到很荣幸，能够切实帮助他们缓解因疫情停课而造成的经营危机。有线下机构的负责人给我发来信息说，这段时间为了能把课程顺利转移到线上进行，焦虑得睡不着，已经试过市场上20多款直播工具，最终还是微师平台解决了他的困难。

跟谁学一贯倡导"用心服务，用爱陪伴"，这不仅是跟谁学面对学生的服务态度，也是微师在线直播平台面对众多入驻的教育培训机构和学校的服务态度。跟谁学希望能够贡献一己微薄之力，为疫情当中受到冲击的线下培训机构送去一丝温暖。

（三）两手抓，严格防控与有序复工同时进行

经济社会是一个动态循环系统，不能长时间停摆。在确保疫情防控到位的前提下，推动非疫情防控重点地区企事业单位复工复产，恢复生产生活秩序，关系到为疫情防控提供有力物质保障，关系到民生保障和社会稳定。因此在严格做好疫情防控措施的同时实现有序复工，也是企业的社会责任所在。

为做好严格的疫情防控工作，积极推进精准复工的政策，跟谁学在第一时间成立了新冠防控领导小组，由各业务线负责人组成，我担任组长。防控小组很快制定了详尽的防控措施，分配了具体的防控任务，重点对发现发热人员等特殊情况制定规范的应急处理流程。2月17日，跟谁学组织在京隔离期满14天，且身体状况健康的员工开展有序复工。

在防控准备阶段，跟谁学要求全员每日进行健康打卡，采集全员动态健康数据，填报离京返京信息，提前做好对公司员工健康、行程等方面信息的全面详细掌握，为安排复工提供可信的信息保障。同时，在复工前，公司储备了大量口罩、消毒酒精、测温枪等防疫物资，在员工复工时，人手发放一份包含防疫物品的复工礼包，为复工做了全面的物资保障。

在防控实施阶段，公司首先做好全员的体温监测防控工作，结合全员动态健康数据和离京返京详细信息表，对需要自我隔离14天的员工分别

通知到位；利用运营商发布的疫情查询助手核验每位进入办公区人员近14天的轨迹，建立白名单；对进入大楼人员进行体温二次筛查；对办公区、公共区域、餐厅等区域进行每日多次定时消毒、通风，并有专人每日定时检查；关闭中央空调，减少了传播风险；在餐厅、班车等方面，积极做好全面严格的定时消毒工作。

跟谁学取消面对面会议，取消线下面试，取消线下培训，全面启动线上办理入职，员工劳动合同电子签。公司内部通过多种渠道进行疫情防控科学知识的宣传，通过公司在线直播系统对员工进行心理健康辅导和科学防护培训，做好特殊时期员工关怀。

在此期间，跟谁学的老师和学生始终通过网络正常在线上课。我们的辅导老师伙伴们无论是在各地老家，还是在回京后的社区隔离中，都依然坚守在在线辅导岗位上，通过网络给予学生们更为贴心的服务。不同的业务线、不同的学部、不同的创新团队都表现得非常优秀，我看到不少团队在这个特殊时期里依然创造了业绩纪录，我真的为他们骄傲和感动，他们在抗击疫情这场战斗当中担当了自己的责任。

重大的危机会重新定义竞争战略，重新构建竞争格局。毫无疑问，我们因为这次疫情而做出的所有决策，都会以这样或那样的方式形成影响，不仅是影响我们的2020年，甚至还会影响我们的2021年、2022年乃至将来很多年。

我们确确实实需要做好在线办公的经验累加，在线办公的效率和面对面办公相比肯定是有差异的，我们做了很多的探索，但是还远远不够，我希望借这次机会再历练我们的能力。我们还是要做好长期抗疫防疫准备，我们要打赢长期防疫抗疫的战斗。我们到底怎么样去做好特殊时期的伙伴招聘，做好特殊时期的伙伴训练，做好特殊时期的目标设定，做好特殊时期的绩效评估，做好特殊时期的人员优化，做好特殊时期的团队建设，做好特殊时期的组织能力提升，一切的一切都变得非常重要。

（四）创新发展，跟谁学度过艰难的有力武器

跟谁学是一家创业公司，即使目前跟谁学已经在美国纽交所上市。成为一家上市公司之后，我们自己仍然把公司定位为创业公司。对于创业公司来说，创新就是发展的原动力。创新发展，也是能够帮助跟谁学走过创业以来一个又一个艰难时刻，帮助跟谁学成功上市，帮助跟谁学度过疫情特殊时期的有力武器。其中，不仅包括了主营业务模式方面的创新，还包括了技术上的创新，以及经营理念上的转变。

1. 聚焦"在线直播双师大班课"模式下的创新

跟谁学在 2014 年创业时，公司注册名称为"北京百家互联科技有限公司"，当时我们心中对于未来的判断是把重点放在了"科技"上，如果说今天跟谁学做得还不错，与科技的因有关，与科技的种子有关，与当时我们对于科技的坚定向往有关。但是，如果说跟谁学在过去犯过很多错，撞过很多墙，掉过很多坑，经历过"至暗时刻"，那么我想是因为没有加上"教育"这两个字。因此我们可以说，现在的跟谁学是建立在教育的基础上，利用科技创新发展起来的。

2017 年跟谁学的经营迎来了创业以来最为艰难的时刻，我们一直在思索前方的路到底应该怎么走。经过团队的深刻反思，我们认识到，过去做的是一个"大而全"的互联网化平台，事情做得太多，太杂了，没有聚焦，没有专注。未来跟谁学如果只专注做一件事，那我们应该做什么呢？

在公司的"至暗时刻"里，有一簇坚强的小火苗依然在熠熠闪光，那就是跟谁学内部孵化的 K12 在线直播大班课的业务——高途课堂。其实早在 2015 年 3 月，跟谁学的自有研发技术就推出了 3000 多人的在线直播互动大班课。高途课堂是在 2016 年 3 月内部孵化的，换句话说，跟谁学在直播大班课模式上的摸索是在 2016 年正式开始的。

2017 年 3 月，验证了在线直播大班课时的盈利模式后，我们开始快速复制。2017 年 8 月，跟谁学决定 all in 在线直播大班课，在经营模式上做

到了"专注"与"聚焦"。2017年9月，跟谁学整体实现单月盈利。

这次疫情突然而至，很多行业受到了严重的影响。我们很侥幸从事了在线教育行业，线上服务学生的模式让我们受到的直接冲击相对较小。因此这次疫情来临之后，跟谁学依然没有停下发展与创新的步伐。如果说跟谁学一开始在"在线直播大班课"上的探索属于创新，那么跟谁学在全面聚焦该模式，迅速发展壮大，到如今上市后的创新到底从何谈起呢？

我们的创新体现在3个方面：第一，从纯粹的科技公司转化为科技与教育相结合的公司，第一个尝试直播视频技术研发，我们引领着行业的发展。第二，首先开启在线直播大班课模式，并成功磨合好主讲老师与辅导老师之间的协同合作。第三，让资本市场看到了中国在线教育的巨大潜力，有助于推动全世界在线教育升级。未来，我们会继续聚焦在线教育，针对客户痛点，不断优化迭代商业模式，取得更大成功。

虽然我们目前的主要商业模式是"在线直播双师大班课"，但从服务客户的视角来看，应该是"大班教学、小班服务、个性体验"。

通过主讲老师，教授学生精准的知识和精准的方法；通过辅导老师（我们也称之为"第二主讲"），用小班的形式为学生提供服务，让学生感受到更多具体化的教学和服务；通过AI、通过数据、通过系统，尤其是通过我们的辅导老师，对学生进行个性化的互动、关切，解决他们的问题，以及点燃兴趣、培养习惯、塑造人格；通过不断加强这种日常行为，最终使我们赢得客户的口碑。

所谓"专注"是在商业模式确定之下，围绕着客户需求的专注；当客户需求发生变化的时候，公司是要因需求而变的；当客户期待在提高的时候，公司要因期待而变；当客户有很多抱怨和投诉的时候，要先去聆听，然后做出取舍，最终根据取舍而变。

教育公司最终的核心永远是，要在人才上下功夫，最终一定是要有最好的老师。怎样让辅导老师成为最受尊敬的职业，怎样招到更多优秀的辅导老师，怎样不断地提升辅导老师的薪酬，怎样不断地通过技术提升辅导老师的效率？这些都是我们接下来要重点做的。

2. 在线教育依赖技术创新

跟谁学创办之初是着眼于"科技"的，在组建视频直播技术团队的时候，内部的很多人，包括核心团队也曾表示不理解，但我心中特别坚信技术所带来的力量。我们的使命是"科技让教育更美好"，所以，我们要真正地、大力地、大胆地加大资源投入技术，整个技术投入增速希望是整个行业的最高水平。

我们最先组建了自有的视频直播技术团队，由此衍生出了我们所聚焦的在线直播大班课模式，并在直播技术上不断突破。到目前为止，跟谁学与高途课堂已开发出多个互动参与学习系统、智能复习系统、在线教研智能化系统等自有系统，将智能技术深度融入教学，打通智能评测、智能课堂、智能作业等环节，打造更智能、更有趣、更丰富的在线课堂，提升孩子学习体验，保证孩子学习效果。

疫情发生后，我们的员工们无法正常回到公司现场办公，大部分员工都是在线复工，这对我们的办公系统提出了更大的承载需求。为了能够让在线工作沟通更加有效，公司迅速组织技术伙伴对会议系统进行了全面升级与扩容。统计发现，最高时会有几百个大大小小的会议在会议系统中同时召开，我们很好地保证了系统的平稳运行，极大地提升了员工们在线工作的效率。这也是拥有自有系统技术的优势所在。

公司有一个梦想，希望科技能对教育产生伟大的改变。我们相信未来在线教育行业在 5G 等底层技术的加持下，充分融入 AI、AR、VR 等智能技术，以实现未来技术加持下的新型教学场景和模式。对于人工智能、大数据这件事，到底能和教育产生什么样的场景？到底现在应该怎么用这些技术？目前也还在探索中。

因为我不懂，就特别地恐惧，所以在 2018 年，我参加了几个全球性的技术考察团。去了美国，到了 MIT，到了美国几个重要的实验室；去了英国，拜访了几位脑科学专家、诺贝尔奖获得者，也拜访了 AI 专家；去了以色列，看到以色列的创新公司，关于人工智能、大数据的公司。当我去了这几个地方，深度地访问了世界上顶级的人工智能、大数据、脑科学的专家之后，心里突然就非常坦然了。

回来之后，我就非常坚定地跟伙伴们说，在当下我们先用技术解决客户需求，用技术解决业务需求，通过技术与业务紧密融合来提升效率，最终推动整个公司的发展。同时，我们一边发展，一边引进关于AI的人才、关于大数据的人才、关于算法的人才。中间我们不要着急，咱们先活下来，然后一步一步地往前走。

到今天我们对技术有3个最基本的判断：第一，技术永远不是一家公司领先的核心竞争力，只有对技术科学地、有效地、合理地使用，才是一家公司领先的核心竞争力。第二，技术从来不能保证一家公司长久胜出，只有对技术的有效利用，才能够让一家公司长久胜出。第三，人才不是一家公司的核心竞争力，对于人才的有效管理，才是一家公司的核心竞争力。

我们在技术的体系、技术的文化、技术本身的组织架构、技术的中台建设、技术的资源共享和复制上要下足功夫，我们要在整个技术团队的打造上下功夫，在2020年年底，希望公司的产品、技术、研发加内容的人才规模能够不少于2000人。换句话说，我们要通过一个人数规模的设定来传递明确的信号，让整个公司继续在研发上面去进行思考、去进行布局。

（五）真情关爱，疫情中为伙伴们送出一份温暖

跟谁学内部崇尚的是伙伴文化，我们相信，未来的伟大组织一定是伙伴们极其信任的一个组织，而得到伙伴们信任的前提和基础是，他相信身边的伙伴们和他都是一类人，一群"向往美好的伙伴，在一起，创造美好、成为美好"。

我们始终坚持认为最好的品牌投入，不仅是投入于我们的客户成功，更是投入于我们的伙伴成长。我们相信，我们的伙伴是公司的品牌代言人，

是公司的首席招募官，是公司的首席营销官。因此疫情到来，我们最在意的就是伙伴们的健康。我们每天都在关注所有伙伴的身体状况，延后了全员复工的日期，复工后我们为伙伴们准备了充足的防疫物资，我们还为因疫情导致住宿困难的伙伴安排了住处。

在疫情中，我们看到有像华为这样为员工发放疫情补贴的优秀企业，但我们也看到了很多因疫情而经营困难的企业，它们正在计划降薪甚至裁员。我们还看到很多线上公司，除了各行业头部的几家之外，也在控制工资成本，或者取消了奖金。

公司在2019年，末做了一个重要的决定——全方位、系统地提升辅导老师的薪酬，我们要让辅导老师的薪酬成为行业当中最具有竞争力的。我们可以非常骄傲地说，现在我们辅导老师的薪酬包括底薪，确实是行业当中的最高水平。之所以这样做，是因为我们知道自己做的是教育，教育最终不仅要有"教"，而且还要有"育"，而这个"育"是要靠辅导老师完成的，并且我们希望有一天辅导老师可以真真正正地成长为骄傲的"第二主讲"。如果我们的辅导老师都能成为"第二主讲"，那我们整个公司、整个组织会再上一个大台阶，这就是我们的信心，这就是我们的勇气。

所以，在疫情之下，跟谁学不仅没有裁员，还大力招聘。其间，公司发布了2020年的招聘计划，面向全国招聘6500个岗位，主要包括辅导老师、产品、技术、研发、内容等岗位。在郑州、武汉、西安、济南、合肥的城市运营中心，也有大量的岗位开放，不管是辅导老师，还是相关的运营人员、HR行政人员，都在放开招聘。我们正在不断地招揽更多更优秀的人才。

优秀和优秀是可以相互吸引的，只有更多的优秀伙伴加入公司和成长，优秀的人才才能够在公司沉淀。加强优秀人才的招聘工作，不仅有利于公司更加长远的发展，也是对伙伴们最大的负责，更是在这个特殊时期里，企业社会责任的体现。

二、疫情中的在线教育行业

疫情到来，一些线下教育培训机构关门停课，很多机构陷入经营困难，不得不暂时把部分课程转移至线上进行。但线下转线上存在一定的流失率，而且线上线下的课程体验不同，不少学生和家长即使答应转移至线上，仍然会要求退还差价。线下机构停课期间不仅收入减少，还要面临当季的退课、退费，春季班无法继续招生等多种难题。

可以说，疫情直接影响了线下培训机构三个季度的收入，线下机构的现金流受到严重影响，其间接影响将持续一年甚至更长时间。我觉得这次疫情导致的线下培训停摆会使得传统的线下教育做很多的改变，也会让公办学校的教育产生很多的思考。

自2014年起，随着4G、移动支付等移动互联网技术的普及，"互联网＋教育"理念深入人心，在线教育用户不断攀升，在线教育有了长足发展。在线教育也从初期的多种模式的探索逐步向可规模盈利的在线大班直播课转变，六年来随着技术的成熟，中国在线教育市场规模经历了爆炸性增长，我们认为在未来几年，还会继续爆发性增长。

经过几年发展，在线教育相比线下培训的优势变得更加突出。我们可以利用科技的力量，将优质的教育资源产能尽可能放大。一个优秀老师，他在线下可能只能教20个学生，但到了线上，他每个班可以教两三千个学生，甚至更多。在线教育可以把一个优秀老师的产能放大一百倍、两百倍。我们都知道优秀老师是非常稀缺的教育资源，优秀老师就是教学效果的最大保证。通过在线教育，我们可以把北京、上海等地的优质教育资源覆盖全国各地，为中国教育的均衡发展提供助力。

这次疫情的发生，客观上提前了在线教育产业爆发的时间窗口，使得更多的民众接触、体验在线教育，这也为行业节约了大量的市场营销成本。全国的中小学生全部进行在线学习，学校老师都体验了当"网络主播"的感觉。

我曾经算过一笔账，中国有两亿中小学生，如果让每个中小学生适应在线课程需要 1000 元的推广成本，那么两亿中小学生需要的成本就是 2000 亿元。中国有大概 2000 万的中小学老师、500 万的培训老师，如果让每个中小学老师深度了解在线教育需要 2000 元的推广成本的话，那成本就是 500 亿元。这相当于为整个中国的在线教育市场增加了 2500 亿元的普及费用。所以我们坚信这一次疫情的发生，会让整个在线教育的普及率得到巨大的提升；让整个中小学生对在线教育的接受度得到巨大的提升；让头部的在线教育公司在 2020 年、2021 年的发展速度继续提升。我们对于接下来在线教育的快速发展，抱有非常大的信心。

这次疫情让在线教育行业成为中国乃至全球市场都高度关注的一个行业，这个行业的价值经历了一轮正向的重估。我们看到，疫情期间，包括跟谁学在内的多家在线教育相关上市公司，其市值均有大幅提升。对此，我们非常敬畏。我们唯有把在线教育事业做好，未来才能有更大的发展场景。

就像前面说过的，很多在线教育机构，包括跟谁学和高途课堂都在疫情期间为全国的中小学生提供了大量的免费课程。这些课程确实改变了学生的学习行为，行为最终会变成习惯。有人说，这给在线教育机构带来了巨大的免费流量，让在线机构的获客成本得以降低，可以大大加速在线机构的发展。

但是我们要重点思考的是，在这么多学生和家长选择在线教育的时候，我们是不是已经做好了准备，是不是有能力承接这样大规模数量的学生，是不是有足够多的主讲老师提供足够多的高质量课程，是不是有足够多的辅导老师能够给他们提供贴心的服务。与其说这是对在线教育机构的巨大机会，不如说这是对我们的重大考验。

在线教育仍然是教育，而教育是慢功夫，教育是良心活，教育是关乎爱的、关乎学生成长的、关乎让学生真正改变的。作为一家教育机构，我们最终要保证教育质量，不能只看到表象的流量，更要看到流量背后的人、流量背后的信任、流量背后的情感、流量背后的爱、流量背后的学生和家长。我们懂得，尽管在线教育发展速度很快，但最终能不能持续发展，一定取决于我们能不能提供最好的服务，是否有足够好的、足够多的好老师。

三、企业危机管理的常态化思考

这次疫情对国内很多企业影响都是非常大的。据我了解，一些企业的状况非常不乐观。我想这次疫情会令很多企业家思考，会改变很多企业家未来的经营思路。

但事情也总有正反两面，危的背后是机。当一场重大危机降临时，许多相关行业就会重新洗牌，其中也往往孕育着重大机会。如果说2003年的"非典"给了网络购物机会，那么2020年的疫情则给了在线教育、在线医疗等行业机会。

当疫情危机过去，商业秩序都恢复如常的时候，我们应该在日常的经营中做哪些思考和改变呢？当机会来临之前，我们要做哪些事情来修炼好自身，让自己能够经得起危机的考验，也有足够的能力迎接危机带来的重大机遇呢？

我从事教育工作30多年，在创办跟谁学的过程中犯过很多错误，经历过艰难时刻，也从错误中得到一些思考、一些经验。放在当下，可以做一些同样的思考。

（一）教育行业危机管理的常态化思考

1. 始终以教学质量为中心，重视学生成长

毫无疑问，做教育最终是要有好的效果，好的效果是通过优质的教学质量和教学服务完成的，这是作为教育机构赖以生存的根本，是决定机构能够走得长远的根本。当我们明白今天做的是教育，我们就懂得每一个孩

子和家长需要的是最好的老师、最好的服务、最好的体验、最好的效果，这是一个家庭的信任，一个家庭的希望。因此，我们应该善待每一个学生和家长的信任。危机总是暂时的，危机过后一家机构能够实现可持续发展，依赖的是学生和家长的信任。

2. 教育机构的发展不能够单纯依靠互联网的逻辑

跟谁学在发展的过程中依靠的是移动互联网的力量，但是我们在发展中发现，在线教育的核心始终在于教育本身，在于人本身。跟谁学在创始早期采用的是互联网平台的模式，但很快跟谁学走进了经营困难的"至暗时刻"。2017年后，跟谁学聚焦在线大班直播课，专注在线教育，才有了重新发展的机会。很多机构都在关心流量，关心做广告，关心获客，关心怎样能够低成本获得流量的时候，跟谁学强调的是最好的老师、最好的服务、最好的教学、最好的体验、最好的效果、最好的口碑。

3. 重视经营现金流

在教育企业的经营中，我们特别强调现金流的概念，运营现金流能够有效地展现一家公司真实的运营情况。如果想知道一家做在线直播大班课的教育机构的运营效率，特别是在营销大战中的运营效率，在危机中抵抗风险的能力，最好的办法之一就是去看这家公司的运营现金流。在这次疫情中，很多企业遇到的经营难题都是现金流不足以支撑公司运营3个月以上，导致公司承担风险能力大大下降。这可能是疫情过后，众多经营者会更加重视的方面。

2003年"非典"发生时，我还在新东方做校长，新东方遭遇退费危机的情形我非常熟悉，与当前很多机构的遭遇很像。当时报名学生人数锐减，当期收入因此减少，退款又撕开了支出的裂口，新东方一下子陷入财务危机。最终依靠向俞敏洪老师借来的钱才帮助新东方度过危机。从此，俞敏洪老师就给新东方定了一个规矩：不论新东方规模多大，支出不能超过储存现金的30%，账上的余额必须随时随地能支撑全部学生的学费以及员工的工资，一定不能把预收款当成现金流。

4. 重视组织能力建设

如果把公司作为一个系统，我们永恒的挑战肯定不是获客，也肯定不是招聘，一定是我们的组织能力，以及组织能力生长的根基，即我们的文化。当我们看到一家公司的业绩发展很好的时候，大家会说这家公司的运营效率比较高，运营效率比较高往往是一个结果，获得这个结果的因，一定是这家公司的组织能力强大。组织能力一定是在困难时期帮助公司度过困境、平常时期带领公司打胜仗的关键力量。如果任何一家公司能够胜出，一定是各个链条上的胜出，我也希望在全链条上都能够精进效率。我们也常说，在每一个环节上都比竞争对手提升3%，那么叠加起来，我们就能够赢得更大的胜利。

5. 重视技术发展

跟谁学的使命是"科技让教育更美好"，科技是我们的基因，我们从创立初期就特别重视技术团队的组建。我们也是在4G、Wi-Fi、宽带、直播、支付等技术发展的大背景下，才遇到了在线教育这个伟大的千载难逢的大机会。可以说没有技术的发展就没有跟谁学。在这次疫情发生后，我们不仅因为有着行业内领先的在线直播技术而度过了危机，我们还能够通过微师在线直播平台，用技术帮助其他的线下机构把课程转移至线上。

6. 积极拥抱时代变化

这次疫情使得线下教育集体停摆的情况让我们警醒，在教育行业内，单纯的线下教育模式是很脆弱的。当前随着技术的不断发展，在线学习将成为未来的趋势之一。线下培训模式固然有线上不能代替的一些优点，但在线教育也有线下模式不能企及的效能优势。因此对于线下机构来说，需要及时拥抱在线教育。当然也不是说所有机构都转型为单纯的在线教育机构，我们要思考的是，未来单纯的在线教育"宕机"后，我们应该怎样来度过危机。

关于在线教育的模式发展，我们也有着更加深入的思考。虽然我们目前以及到可预见的未来，都会专注在线直播大班课模式，但是我们也会随着客户需求的不断变化及时拥抱变化。我们内部提倡的"大班教学、小班服务、个性体验"就是不断应时而变的，通过不断加强这种日常行为，最终使我们赢得客户口碑。

（二）企业日常管理的思考

一个人之所以聪明，是因为他避免了愚蠢；一个真正能够成功的人，不是说他去避免了风险，而是说他可以掌控风险。什么叫愚蠢呢？愚蠢就是在自己犯错的地方犯同样的错误，就是在可以预见的未来别人犯错的地方，你也犯类似的错误。跟谁学创办过程中，我们犯过很多错误，在这里我们可以继续检讨和反思。

1. 错把自己的年龄当作组织年龄

我们往往把自己的年龄看成组织年龄，最后做的决策、去冒的险、花的钱很有可能全部都被浪费掉。公司在不同的阶段是不同的，要做不同的决定，不能够冒进。我打个简单的比方，行业巨头可能已经20年了，人家的组织年龄就是20岁。20岁的人他喝茅台，他随便喝都没事，但是如果咱才2年、3年，相当于两三岁的小孩子，咱也去喝茅台，一喝就挂了，咱只能喝点小米粥，喝点热水。

2. 错把融资当作CEO的Number1

当一家公司总是在频繁地融资的时候，当一家公司总是在频繁地开融资发布会的时候，大概率是这家公司还没有找到真正的商业场景，还没有真正走向健康，还没有真正到自己活下来的时候。是的，我们都会借助融资，投资人会告诉你要融资，那融资就是CEO的第一任务吗？CEO就像是组织的大脑，组织的大脑天天都出去融资了，他会带着组织的心脏、血液、毛细血管都外化，最后会使得组织本身都完全不正常了。

3. 错把活动当作品牌的Number1

当一个公司的创始人，把你的百分之六七十的精力都放在参加活动的时候，都在参加各种论坛的时候，都在去外边秀，去讲述你的伟大的时候，大概率都是公司运营非常糟糕的时候。我当年参加过几个著名的活动，有一次参加活动之后，跟谁学的 App 的下载量直接冲到教育排行榜的第一名。So What？后来很快就掉下来了。所以大家看到，我在过去的三年，谢绝外部的所有活动，谢绝外部的所有论坛，谢绝外部的所有电视节目，谢绝外部的所有分享。我们要聚焦业务，要把精力放在组织能力的建设上来。

4. 错把规模当作公司的 Number1

如果一家公司只是把规模放在第一位，从全世界范围来看，基本上没有成功的先例。而一家好的公司会在强调规模的同时，更多强调有效增长，更多强调利润的增长，更多强调每一个人、每一个员工的人均创收、人均创利的增长。如果一家公司，只是规模增长，而没有带来内部组织的效益增长的时候，时间最终将会给其一记狠狠的耳光。

5. 错把 BAT 当作打法的 model

很多公司总讲 BAT，但是 BAT 都是一千亿、两千亿的营收。你用他的打法来做自己的打法，最后怎么死的你都不知道。当我们开始踏踏实实地去研究自己内在的时候，研究我们客户的时候，研究我们伙伴的时候，研究我们真正激励机制的时候，研究我们团队的时候，研究我们组织能力的时候，研究我们领导能力的时候，我们才能真正地创造奇迹。

6. 错把竞争当作决策的依归

那些竞争促使我们做出的决策，往往都是错误的决策。教育机构存在的最核心原因是我们希望学生更好，希望整个中国的教育更好。教育机构应该以成就客户为中心，以学生和家长为中心。很多人做教育做到最后跑偏了，他忘了自己是做教育的，要以学生和家长为中心，而不是以竞争为中心。但是有很多人总是在模仿竞争对手，最后连自己怎么失败的都不知道。

当然，有危自然也有机，有的企业可能面临着暂时的困境，有的企业可能会在危机中迎来行业拐点和新的发展机遇。我们相信，中国企业的韧性是强大的，这种韧性来自国家良好的发展环境，来自企业家们的辛苦经营，来自过去长期发展的坚实基础。因此，这种韧性也是我们对危机过后各行业向阳而生的信心，更是今后中国经济继续高速发展的重要基石。

智慧医疗：以变求新方可致远

谢方敏

1月19日，我在结束美国J.P.摩根分享会返回的途中，看到了武汉协和医院专家关于肺炎（当时称之为"不明原因病毒性肺炎"）发展情况的研判新闻，我立即意识到危险。于是，马上在公司内部的管理群通知了三件事情：第一，参考华中、同济、协和，更新《疫情预案》；第二，提醒员工及家属减少外出、加强防疫、保障健康；第三，抗击疫情，马上行动，以万为单位采购防疫物资。并且提出，万一此次肺炎发展成为一场全国性甚至全球性疫情，我们健客网是否有能力在这种可能会影响历史进程的疫情中发挥出应有的作用，我们的服务能力能否承担得起社会对我们的期待？

2020年1月下旬开始，新冠肺炎疫情开启暴走模式，寥寥数日之内席卷九州，山河震动，人心惶惶。我们清醒地认识到，在这场关乎国家和民族命运的抗疫中的表现，将在一定程度上代表国家智慧医疗行业的战斗力水平。抗疫期间，公司上下一心，为打好这场举国参与的硬仗铆足了劲。

幸不辱命。疫情期间，健客网充分发挥自身在智慧医疗方面的优势，通过互联网医院在线诊疗和网上药店在线售药的双枪合力，为这场抗疫取得第一阶段的胜利尽了健客人的一份心力。如今，缓和之余，我开始静下心来思考，在前段时间的抗疫中，我们的得分如何，我们所在的智慧医疗行业在面对这种全球性疫情应该发挥怎样的特殊作用，我们目前仍旧面临

作者系健客网CEO。

的短板和困境有哪些，未来整个行业若要实现革新突围，路在何方。

一、危机下的行业困境

（一）实体医院门急诊诊疗骤降

我国 2019 年卫生健康统计年鉴显示，2018 年，我国人口总量为 13.9 亿，全国总诊疗人次为 83 亿人次，人均诊疗次数接近 6 人次/年；全国执业医师人数约为 301 万人，相当于每位医生，每年要诊疗 2760 人次。

当新冠肺炎疫情这类公共卫生事件发生时，两类病人最可能选择暂缓就医。一类是轻症或有疑似病症的患者、长期服药定期复诊的慢性病患者；另一类是可择期的患者，包括牙科、眼科、康复、医学美容等。

从 2018 年各地医院门急诊就诊人次来看，该类患者（内科、外科、儿科、妇产科、口腔科、眼科、皮肤科等）约占医生接诊门急诊病人服务人次的 58.1%；再综合考虑医疗保健、康复、医学美容等专科，可以推断，受疫情影响，实体医院门急诊诊疗服务人次同比减少超过 50%，该部分非疫情患者诊疗遭遇"挤出效应"，就诊需求"被滞后"。

表 1　2018 年医院各分科门急诊人次数

序号	科室分类	2018 年诊疗人次数（万人次）	占比
1	内科	73867.60	21.10%
2	外科	33500.90	9.60%
3	儿科	31625.40	9.00%
4	妇产科	31601.70	9.00%
5	口腔科	11210.00	3.20%
6	眼科	10845.90	3.10%
7	皮肤科	10338.10	3.00%
8	耳鼻咽喉科	9817.50	2.80%

续表

序号	科室分类	2018年诊疗人次数（万人次）	占比
9	全科医疗科	5047.50	1.40%
10	预防保健科	1758.40	0.50%
11	其他	129934.80	37.17%
12	合计	349547.80	100.00%

2014年至2018年，我国诊疗人次的增幅区间为1.20%—3.17%，按照均值2.25%测算，2026年诊疗人次将逼近100亿，可选择暂缓就医的人次约为41亿人次。如果实体医院在不断扩大硬件建设的同时，同步完善数字化服务能力建设，实现从单一的实体医院向实体化与网络化智慧诊疗同步发展转型，不仅能提升日常医院接诊频次和服务效率，而且在未来突发公共卫生事件时，可以实现在线服务病患，避免病患在就医途中交叉感染的风险。

（二）诊所、卫生站暂停医疗服务

面对肺炎疫情暴发，1月23日、24日，广东、湖北两省率先启动重大突发公共卫生事件一级响应，随后扩展至全国31个省份。

在此期间，为更好集中有限的医疗资源应对疫情，防止诊所、卫生站等不具备接诊发热病人条件的基层一线单位的医护人员受到交叉感染，诊所、卫生站基本暂停医疗服务。

（三）非抗疫药品量价齐跌

据公开数据显示，2018年全国药品零售市场规模约4002亿元，同比增幅7.49%，这是近9年以来的最低增幅，并有持续走低的趋势。在此次疫情背景下，实体零售药店的感冒品类、呼吸系统品类、心脑血管病品类、消化系统品类商品销售量均大幅下跌。同时，安慰剂类保健品类（包括保健品、消字号产品）在严控医保刷卡、疫情消费降级等诸多因素加码下，销量大减，更让众多药店步履维艰。

2019年年初，国务院办公厅印发《关于加强三级公立医院绩效考核工作的意见》，不再使用用药占比进行考核，但带量采购、费用控制等政策，实现医保控费、减少滥开药、缓解患者压力的目标坚定。2019年卫生健康统计年鉴显示，2018年，公立医院的药占比在5连跌的基础上创新低，仅为28.7%。正如前文所述，实体医疗卫生机构的诊疗人次在疫情背景下应声下跌，今年药企在公立医院乃至其他实体渠道的销售量，将不可避免地延续下滑趋势；带量采购带来的药品价格剧降，直接推动了非抗疫药品量价齐跌。

表2 公立医院收入与支出

	2010年	2014年	2015年	2016年	2017年	2018年
平均每所公立医院总收入（万元）	7179.3	14610.2	16498.5	18915.7	21452.8	24182.9
门诊药品收入（万元）	1212.1	2242.3	2441.1	2664.1	2810.7	3019.3
住院药品收入（万元）	1788.6	3306.4	3529.3	3814.7	3869	3915.8
药品收入占比	41.8%	38.0%	36.2%	34.3%	31.1%	28.7%

二、危机中的逆战突围

面对疫情，全国进入战时状态。健客网身处医疗行业，既要发挥医药医疗优势，又要充分利用互联网技术，几何倍数地放大医药医疗服务效应。在这场史无前例的战争中，战役伊始，健客人即吹响了集结冲锋号。

（一）疫情即命令，四轮驱动赴战场

面对疫情，健客网依托人力、财力、物力、技术四轮驱动，在疫情之

初便全面筹备,将各类防疫物资和紧缺药品源源不断供应到战疫的最前线,确保物资供应,彰显社会责任。

1. 集结资金,粮草先行

三军未动、粮草先行。1月10日,武汉不明原因肺炎消息断续传来,健客网以2003年非典型肺炎为案例参考,制定严谨可行的《疫情预案》(以下简称《预案》),并在公司内部明确分工,细化责任,迅速执行。

一是储备现金流,盘点粮草。春节原本是互联网医疗的"淡季",健客网手握三轮来自Asia-PaceCommerce、PGA基金、火山石资本等的2.8亿美元投资,在中国智慧医疗垂直领域深耕多年。面对随时可能出现的疫情,公司财务部门预留超常规的现金储备。健客网上药店每月的动销品超过2万种,依据以往销售经验,可以预测其中64%的品类下一个季度的销量,这为公司编制精准资金计划,尽量为抗疫储备充足的现金流打下了坚实的基础。

二是主动协调供应商,提前预订部分药品。常态下,一般人很少有储备医用防护口罩、酒精消毒液、免洗洗手液、医用一次性手套等物资品类的习惯,药企生产和销售量均不大。但一旦发生疫情,防疫物资可能短期内面临供应短缺、货源不稳定等问题,作为医疗平台,需要提前预备、果断决策、主动出击,才可能跑赢时间,占据主动。为此,我们在第一时间整理出一份长达200家可切实提供防疫物资的供应商清单,逐一联系落实。

三是加速临床医生上线,充分发挥移动医疗优势。医生申请上线健客医生App,需具备三年及以上临床经验,提交身份证、医师执业资格证书、工作证、工作照等一系列核实身份资质的材料,健客医生后台团队需接入实名认证系统核实医生身份信息,登录国家卫健系统核实医生执业信息后方可允许上线,上线医生基本都来自国内各大城市知名医院。

2. 调度物资,纾难解困

1月19日,健客网明确调度全部力量集采防疫物资,缓解公众焦虑,满足市民防疫物资采购需求。按照《预案》,公司全力调集防疫物资,采购运营部以万为单位备货，2天之内，即已完成部分抗疫品类的全年采购量。随着疫情升级，各类防护物资还是出现短缺，物资采购面临极大的不确定性，比如供应商临时变卦、防护物资被统筹、国内外医疗器械标准不一、货源和需求信息繁杂、空运物流费飞涨，等等。同时，健客网还必须面对三个难题，一是供货价格快速上涨，二是确保货源品质，三是受疫情影响货源物流不畅通。最终，健客网高效完成了数百万张订单的需求。

3. 三军用命，躬亲力行

1月20日，公司总监以上员工主动放弃休息，支持销售部门在线服务，全员轮流线上办公，确保全天24小时有服务应答。公司决定，从即日起至疫情解除，仓储、采购、运营、技术和客服团队，尽可能不休假，延长补休假日期，增加津补贴及激励措施，确保团队上下齐心，共度疫情。公司从CEO到员工，均24小时线上办公，随时满足用户需求。

4. 技术优化，保驾护航

大年初一，技术团队入驻仓储，连续7天现场设计开发，上线了四个功能：一是优化发货波次策略，优先配送防疫物资和处方药；二是优化PDA移动端拣货功能，精简菜单展示层级，加快货物分拣；三是优化智能出库，在符合GSP等相关管理规定下，同款商品实现批量复核和打包功能，工作效能提升300%；四是优化物流选择功能，实时更新物流管控信息，在无人工干预下实现物流方动态切换和推荐，提升送达时效。通过系列技术优化，疫情期间，健客网整体运转效能提升达到170%。

（二）危机即责任，多方联动促保障

1. 互联网医院（在线诊疗）零接触，慢病患者享续方保障

2月11日，患了多年高血压的广州市民张先生药吃完了，他说，"在这特殊时期，我也不想就单为了拿药常跑医院"。从朋友那得知"健客医生"App可以线上续方，第一次在线上发出高血压药物的续方申请，经过

后台药师的审核后，他在家很快就通过顺丰快递拿到了药。健客移动医疗负责人表示："我们帮助更多的慢病患者，实现线上续方，药品配送到家，减少一份外出，就减少一份交叉感染的风险，全民抗疫，守护老百姓的健康，我们有天然的优势和义不容辞的责任！"疫情期间，我们的答卷是：慢病问诊咨询，慢病处方，同比增幅380.1%和1066.7%。

健客网旗下"健客医生"App，主营为在线问诊，已建立并服务2000万名患者，创新H2H（Hospital To Home）的健康管理服务平台模式，已经成为处方开具数量业内第一、合作药企数量第一、营收增速第一的互联网医疗平台。

2019年7月，健康中国行动推进委员会公布《健康中国行动（2019—2030年）》，其中数据显示：全国现有高血压患者2.7亿人、慢阻肺患病人数近1亿、估算糖尿病患者超过9700万人、慢性乙肝患者约2800万人，慢性丙肝患者约450万人。健客互联网医院（在线诊疗），在疫情期间，致力于服务好每一个有需要的寻常百姓家庭。

2. 网上药店送货到家（在线售药），防疫物资解燃眉之急

《中国药店发展报告》指出，2017年全国药品零售市场规模为3723亿元，同比增9.24%。《中国药品零售市场消费趋势报告》指出，2017年网上药店市场规模已经达到61亿个，同比增49.71%。不难看出，2017年居民的网上药品消费起点小，但增幅迅速。疫情的催化作用，使跨界融合赋能者——线上医药的优势得到凸显。按照复合增长率49.71%推算，加上本次疫情的催化，我们判断，2020年网上药店的预期市场规模将达到200亿—500亿元。

3. 政策方向越发明晰，线上医疗纳入医保如约而至

互联网医疗能高效协同优质药品资源和医生资源，在实现优质医疗资源跨区域流动、促进医疗服务降本增效和公平可及、改善患者就医体验、重构医疗市场竞争关系等各方面，切实发挥着作用，解决老百姓看病就医痛点。但看病能"报销"，买药能"刷卡"一直是患者和线上医疗机构的"期盼点"。

如果说 2018 年国家《关于印发互联网诊疗管理办法（试行）等 3 个文件的通知》的出台启动了互联网诊疗的元年，使互联网医疗获得了明确的落地政策支持和监管规范；那么接下来 2019 年 9 月出台的《国家医疗保障局关于完善"互联网+"医疗服务价格和医保支付政策的指导意见》，则为线上医疗纳入社保支付打下"技术+用户"基础。

表 3　近年互联网医疗重磅文件

序号	时间	文件依据	核心内容
1	2018.04	国务院办公厅印发《关于促进"互联网+医疗健康"发展的意见》	推动互联网与医疗健康深度融合，"做大增量"，丰富服务供给。 完善"互联网+"药品供应保障服务，推进"互联网+"医疗保障结算服务，加强"互联网+"医学教育和科普服务，推进"互联网+"人工智能应用服务等。
2	2018.07	关于深入开展"互联网+医疗健康"便民惠民活动的通知	鼓励发展互联网医院，积极为患者在线提供部分常见病、慢性病复诊服务，以及随访管理和远程指导，逐步实现患者居家康复，不出家门就能享受优质高效的复诊服务。 线上处方经药师审核后，医疗机构、药品经营企业可委托符合条件的第三方机构配送。
3	2018.07	关于印发互联网诊疗管理办法（试行）等 3 个文件的通知 1. 互联网诊疗管理办法（试行） 2. 互联网医院管理办法（试行） 3. 远程医疗服务管理办法（试行）	进一步规范互联网诊疗行为，明确互联网医院审批、监管、信息安全等详细落地标准。 强调实体医院与互联网医院的深度合作，以第二名称或独立《医疗执业许可》等形式，开展部分常见病、慢性病复诊。

续表

序号	时间	文件依据	核心内容
4	2019.03	关于全面开展电子社会保障卡应用工作的通知	制定和细化面向个人的电子社保卡应用目录,并加快开通落地,做到"应开尽开、能上尽上"。支持医保移动支付(门诊、购药、住院)等就医一卡通应用。
5	2019.09	国家医疗保障局关于完善"互联网+"医疗服务价格和医保支付政策的指导意见	明确互联网诊疗的范围,线上、线下医疗服务实行公平的价格和支付政策。全新内容的"互联网+"并执行政府调节价格的基本医疗服务,由各省级医疗保障部门按照规定,综合考虑临床价值、价格水平等因素,评估纳入医保支付范围。
6	2020.02	国家卫生健康委办公厅《关于加强信息化支撑新型冠状病毒感染的肺炎疫情防控工作的通知》	充分发挥互联网医院、互联网诊疗的独特优势,鼓励在线开展部分常见病、慢性病复诊及药品配送服务,降低其他患者线下就诊交叉感染风险。积极组织各级医疗机构借助"互联网+"开展针对新型冠状病毒感染的肺炎的网上义务咨询、居家医学观察指导等服务,拓展线上医疗服务空间,引导患者有序就医,缓解线下门诊压力。

此次疫情也直接推动了"互联网+"医疗服务政策的加快出台。国家卫生健康委办公厅2月3日发布《关于加强信息化支撑新型冠状病毒感染的肺炎疫情防控工作的通知》,提出积极组织各级医疗机构借助"互联网+"开展针对新冠肺炎疫情的网上义务咨询、居家医学观察指导等服务,拓展线上医疗服务空间,引导患者有序就医,缓解线下门诊压力。仅仅三天之后,国家卫生健康委于2月6日再次发布《关于在疫情防控中做好互联网诊疗咨询服务工作的通知》,再度强调要充分发挥互联网诊疗咨询服务在疫情防控中的作用,科学组织互联网诊疗咨询服务工作,有效开展互联网

诊疗咨询服务工作，切实做好互联网诊疗咨询服务的实时监管工作。

惠民政策相继出台，各地迅速结合本地情况推出三医联动的举措。2月23日，在上海市疫情防控工作领导小组新闻发布会上，上海市医保局副局长曹俊山表示，为全面服务疫情防控和统筹做好日常医疗保障，上海市医保部门在前期工作基础上，推出"医保12条"措施，其中就有支持"互联网+"医疗服务试行纳入医保支付。曹俊山介绍，上海市将具备互联网诊疗服务方式的定点医疗机构，为常见病和慢性病参保患者复诊提供的"互联网+"医疗服务，试行纳入医保支付范围。无独有偶，武汉市医疗保障局也于2月24日公布了18条措施服务疫情防控和日常医疗保障，将具备互联网诊疗服务资质的医保定点医疗机构，为参保人员提供的常见病、慢性病"互联网+"复诊服务纳入医保支付范围，实现线上诊断、处方外配、在线支付和线下药物配送上门服务。

2020年7月，健客互联网医院与兵团第三师图木舒克市社会保险事业管理局正式签署互联网医院医保定点协议，这也意味着新疆首个"互联网+医保"城市诞生。我们有理由相信，在政策逐步清晰的情况下，线上医疗全面纳入社保指日可待。

三、危机下的转型升级

在这场疫情危机中，零售业受到较大的冲击，最受影响的零售企业，不外乎以下五个常见问题：一是门店无法正常营业；二是重资产企业的人工房租等刚性支出，引发现金流短缺；三是好的货源不足，无法满足客户当前需求；四是短期内无法从线下转型线上零售；五是短期内转移到线上，但疫情后会反弹回线下。

很幸运，作为互联网医药医疗企业，以上的问题恰恰都是我们的强项。然而，与这些显性问题不同的是，如何完整承接短期内迅速增长的客户，同时保障服务的可靠性、便捷性和高效性，这就需要我们在业务模式和服务体系中迅速优化，实现战略服务有效升级。我相信，世界会给那些有目标和远见的人让路。所以，我们会不断地复盘和探索，推动公司能力不断优化提升。

（一）供需整合化能力升级

医药电商包含了互联网扁平化的特点，缩短了医药供应产业链的长度。在日常经营中，各个节点被有效连接并有序协作，但在疫情到来的特定时期，用户场景被高度集中并线上化，导致用户需求特别是健康需求高度集中。于是，在客户短期快速增长的过程中，不可避免地产生了客户爆发式的产品需求与供应无法完全匹配的矛盾。

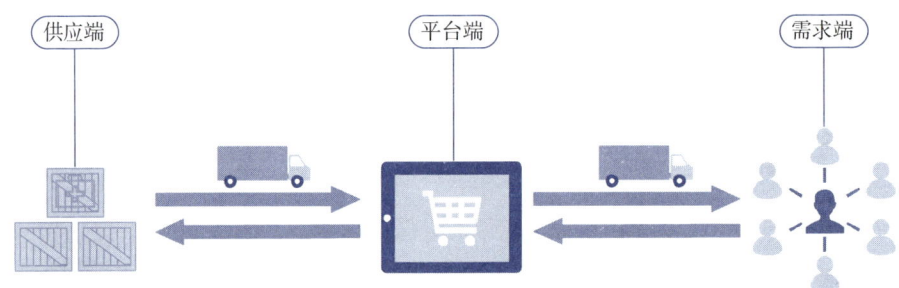

图1　电商零售业务链

从上图可以看出，保证电商零售的业务链完整性，必要条件是供应端产能充足，且物流能力全线贯通，而在疫情期间，一方面交通管制，高速封锁，供应链上游发货受阻；另一方面，运输公司受放假影响，物流运力跟不上，导致业务链不畅。由此引发的问题，集中在供需之间的平台端。

为解决以上问题，春节期间，健客网启动应急预案。在供应端，全面撒网扩大货源供给，由质检部门在最短时间内完成产品验收及上架，同时保障供应质量及速度。在需求端，投入更大人力满足需求时效性，正月初七即全员返工支援仓储，不论CEO还是普通员工，全部轮班进仓库，协助药剂师对分拣复核完毕的药品进行打包。1月20日至2月20日，健客网从收到订单至发货平均时长为47小时，有效保障了防疫物资的及时供应。

未来提升供需整合化的过程中,还可从以下几方面进行升级:一是提高供应商协商频次,把控并优化供应链能力,进一步缩短逐级多层次流通冗余;二是合理优化成本,搭建柔性供应链,建立供应商与健客网的报价采购系统,为用户从源头上降低药品成本;三是合理运用政策,广泛借力攻坚克难。通过医药电商强大的信息整合能力,我们认为可以不断提高医药产业链的运营效率。

(二)大数据分析服务升级

本次疫情推动了很多消费者第一次尝试新事物,为互联网医疗行业渗透率的提升提供了新的机遇,也为企业节省了用户教育成本。凯度咨询提供的关于《疫情期间首次尝试的事情》调查报告显示,在所有受访者中,有84%的人都表示至少尝试了一种新的服务,其中提及最高的是网上问诊(34%)和在线教育(33%)。相较于春节前,在线药店的春节假期日均活跃设备增幅高达61%,仅次于排名首位的办公通讯150%。因此,如何通过产品、运营及服务保留新用户,如何将短期内的线上红利留存,养成固定消费习惯,是互联网医疗行业在疫情期及之后亟待解决的问题。

与日常零售消费不同的是,疫情期最大的特点是消费心理降级。正常情况下,零售商的优势在于"多、快、好、省",但在疫情影响下,对非刚需品暂时不再消费,对刚需物品则消费心理降级,表现在慢比没有好,可以等两天;贵比没有好,宁可多花钱。在这时,如果企业为客户提供更好的产品和更优的服务,会立刻超出消费者的预期。

一是精准连接每位用户。零售行业无非是解决三个问题:卖什么,怎么卖,卖给谁。前两个问题的答案是显而易见的,但第三个问题,对于电商平台来说,可能就没那么容易回答,系统里显示的是不断增长的数字,但数字背后其实是一个个需求不同特性不同的人。医药电商的服务本质,是精准连接每一个人,提供更高的健康水平和更好的生活质量。

二是搭建差异化的业务场景。随着消费能力提升,客户对价格的敏感度在降低，对服务的敏感度在提升，因此，搭建有效客户连接体系，为客户提供分层管理，满足客户差异化需求，是医药电商平台从粗放型经营转为精细化管理的重要抓手，客户的口碑传播效应会为企业的客户新增带来良性效应，才能在未来的竞争中占据先机。

三是从"产品为王"转型到"客户为王"。以往的服务都是围绕产品，通过产品去触达客户，在未来的服务中，将以客户为主导，通过客户反向辐射产品，通过社群客户维护，为客户提供更多的健康关爱，包括卫教科普的宣讲和家庭医生的普及，打造以客户服务为因，产品补给为果的健康闭环运营体系。

重塑与用户的关系，精准为企业的目标用户画像，并依靠系统工具与用户连接，实现产品与服务的及时沟通及运营，对用户意见实行数字化反馈，以及高效运营企业价值链的用户导向等，这些都是我们未来必须要补的课。构建"为客户做全生命周期服务"的企业定位，从客户首诊报告上传开始，建立客户信息档案，一直到复诊、年度体检、复购复诊、保险信息档案建立等一系列服务全流程跟踪管理，牢牢抓住客户，提供全生命周期服务，其价值是不可估量的。这也能为集团客户，比如企事业单位、政府机构等，提供大量的数据和定制化健康管理服务。

总之，电商平台的流量红利时代已经过去，重塑企业与用户的关系，为目标用户精准画像、有效连接并取得数字化反馈，精准高效运营，是未来提升客户服务竞争力的目标导向。

（三）医疗智慧化转型升级

任何一次危机都会为社会发展带来巨大的变革。此次疫情也不例外，2月3日，国家卫健委发布《关于加强信息化支撑新型冠状病毒感染的肺炎疫情防控工作的通知》，要求强化数据采集分析应用、积极开展远程医疗服务、规范互联网诊疗咨询服务、深化"互联网+"政务服务、加强基础和安全保障工作；拓展线上医疗服务空间，缓解线下门诊压力，降低线下就诊交叉感染风险。2月6日，国家卫健委进一步发布《关于在疫情防控中做好互联网诊疗咨询服务工作的通知》，充分肯定"互联网+医疗"在疫情防控工作中的优势作用，大力开展互联网诊疗服务，包括但不限于线上健康评估、健康指导、健康宣教、就诊指导、慢病复诊、心理疏导等。各省级卫生健康行政部门要统一建立全省的互联网医疗服务平台和新型冠状病毒肺炎防控服务管理平台。

以上一系列政策措施，必将推动互联网医疗发展，加快健康行业结构升级换代。一方面是智慧医疗城市升级。可以预见在这次新冠肺炎疫情结束之后，更多城市将加大投入、加快建设健康大数据平台，建立自动化的大数据监测模型，为城市政府的决策者提供智能的卫生健康管理决策支持。

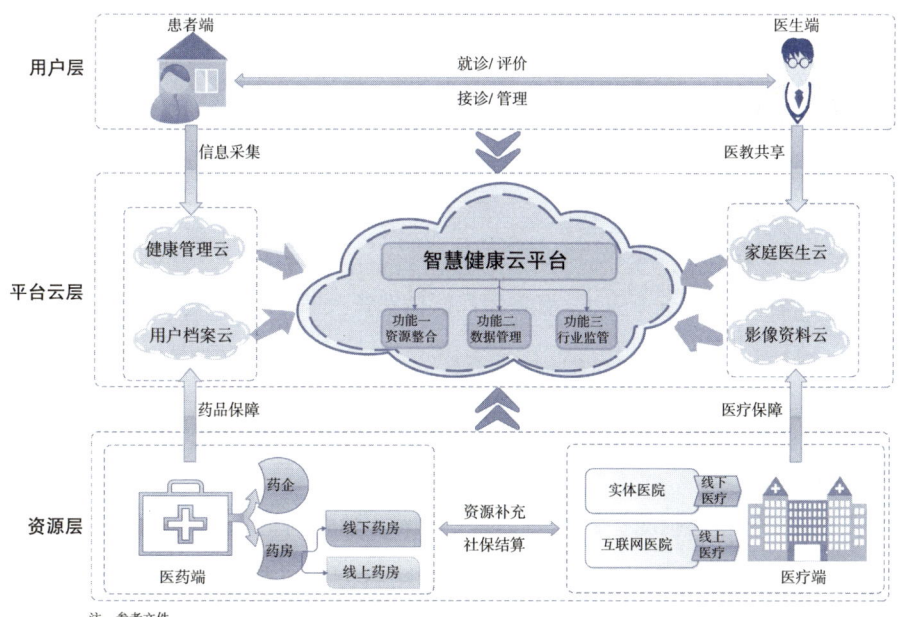

注：参考文件
1.《国务院办公厅印发〈关于促进"互联网+医疗健康"发展的意见〉【国办发〔2018〕26号】》
2.《关于深入开展"互联网+医疗健康"便民惠民活动的通知【国卫规划发〔2018〕22号】》
3.《广东省人民政府办公厅关于印发广东省促进"互联网+医疗健康"发展行动计划（2018—2020年）的通知【粤府办〔2018〕22号】》

图 2 政府智慧健康云平台架构图

另一方面是智慧家庭服务升级。《健康中国行动（2019—2030年）》数据显示，全国慢病患者合计超过4.91亿人次（部分患者存在合并多种疾病的可能性）。这意味着，当前和未来慢性非传染性疾病已经成为危害人民健康的主要病种和主要疾病负担。而我国医疗资源的"倒三角"配置结构，导致"看病难、看病贵"仍是普遍性医疗难题，也导致了优质医疗资源被占用造成浪费，医疗改革的根本是相关利益体的供需关系，重新划分各利益体之间的"责权利"。

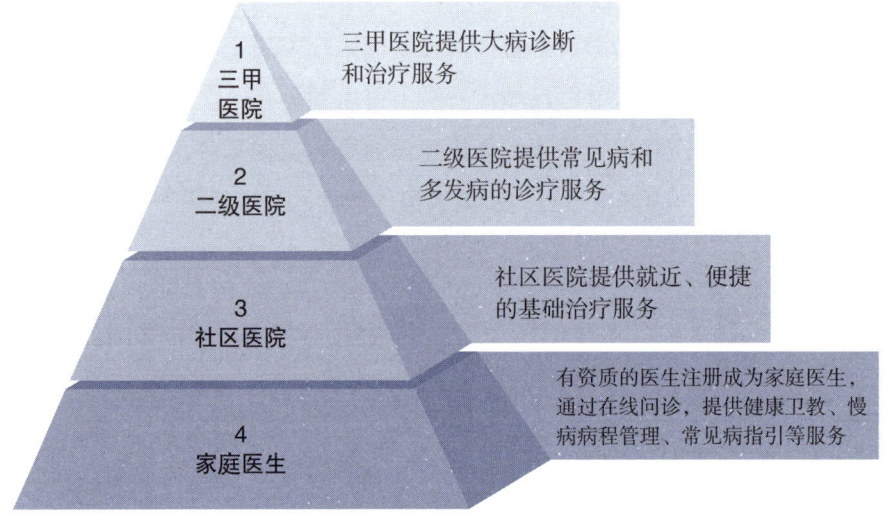

图 3 紧密型医联体医疗改革图

作为医药闭环的互联网健康平台，健客网处于中间重要载体，承接患者端、医生端、医药端和医疗端，有能力打造智慧健康云平台，实现医疗智慧化转型升级。

为改善患者就诊体验，提高就诊效率，健客网将不断探索和实践，制定了"打造H2H智慧医药新生态"的战略目标。通过新模式、新技术带来的场景迁移，将医疗服务、药品服务、慢病管理从医院带到患者家中，提升医疗服务的准确性和药品的可及性，达到提高群众生活质量的目的。

H2H集成了三大平台：

一是移动的线上复诊平台，释放医生生产力，用数字化和多媒体手段改善医患关系；

二是智能的慢病管理平台，通过主动干预改善病患生活习惯，提高治疗效果，减少或推迟并发症的发生；

三是便捷的药品供应平台，将海量药品集中存储，高速配送，极大改善地区医疗资源不平衡的现状。

H2H 是未来的智慧医院，使传统的家庭医生和分级诊疗有序实现，让每一位医生都能充分发挥所长，精准服务每个家庭。在未来的多元化合作下，H2H 理念下的智慧医院，结合体检、保险、居家养老、医疗金融等，必将创造出巨大的市场空间。

四、危机后的行业思考

（一）铁肩担道义

责任是温度——为员工健康护航。员工是公司最宝贵的资产和原动力，年末，公司以 1—3 折不等的价格，给员工提供了一批提高免疫力的滋补用品，祝福员工及其家属朋友新春快乐。防疫开始后，我们直接采用了武汉协和医院的疫情指导，正确指引员工及其家属进行疫情防护。健客网楼下，有一家实体药店，任何级别的员工，都可以一视同仁地享受员工价，这是我们常年不变的政策。健客人没有复工，因为一直在开工，所以口罩是我们必须要提供给员工的，不少员工家属表示："好在健客网能买到防疫物资，不用外出冒险排队啦！"疫情发生后的一个多月，我坚持和员工待在一起，迅速决策，尽快执行，创造近 10 年来最长时间没出差的纪录。

责任是尺度——为了安全合规保驾。业内有个段子：整个朋友圈，干物流的在卖口罩，干工程的也在卖口罩，干金融的也在卖口罩，卖面膜的也在卖口罩，搞房地产的也在卖口罩，只有做医药的和做医疗器械的都说进不着货！确实，健客网主动寻货，但很多时候如果对方无法把资质证明等材料提供齐全送到仓库，或者质检不合格的，我们都会立刻拒绝，这是健客网的红线。

责任是厚度——为了社会使命担当。防疫物资采购，基本要求全额预付，报价更是堪比"海鲜"，成本骤涨、来源紧缺。健客网作为B2C的垂直电商，我们更倾向于满足个人用户的订单，既能解决多数人的需求，也能防止机构囤货影响市场，故一直采用限价、限售的模式，维持线上业务。但2月初，部分行业复工，联络我司的机构络绎不绝，均需要采购防疫物资。公司高管权衡再三，分别采用捐赠、价格倾斜、定向供给等政策，为新疆地区、医疗机构、复工企业、环卫工人、残疾人康复中心等提供口罩300万只、医用手套10万双、护目镜3000个，以及莲花清瘟等大量亟须药品。并为学校捐赠3套非接触式体温筛查门，助力复学抗疫。

（二）跑步推进新基建，打造智慧多元化时代下的信息集成管理高速公路

如果说2003年的"非典"疫情，造就了在线应用的元年；那么2020年，则是"智慧+时代"与5G结合应用"在线科技"的元年。有别于工业基础"铁公基"（铁路、公路、机场、港口），新基建属于信息时代的基础设施。5G基建和物联网，是与互联网医疗行业最紧密相关的部分。就拿本次疫情来说，之所以在线就医、远程会诊和线上送药成为疫情防控刚需，主要优势在于通过线上交互，免除面对面的接触，远离集聚高危人群，在流行性传染病暴发期能帮助并有效解决用户多方面的痛点。

根据中投顾问产业研究中心数据统计，2018年，我国远程医疗市场规模为130亿元，未来五年的年均复合增长率约为27.63%，2022年将达到345亿元。未来在线医疗市场空间巨大，作为在线医疗重要组成部分的远程医疗也迎来发展机遇。基于5G基建，可实现随时随地就医问药和远程医疗；而依托物联网的进一步普及，可穿戴医疗设备可提供有效抓手，为患者提供精准的数字化管理。此外，医疗云平台也集成患者健康信息，为政府和医疗单位提供医疗决策。那么，未来的家庭医生服务、慢病管理服

务等如何确保数据的精准性、完整性和保密性，是在新基建时代来临之际、技术掀起的健康革命到来之时需要我们做好的功课。

（三）强化事中监管，引导企业在医疗强监管时代下实现事中自律

医药是强监管行业，监管政策宜严宜谨，事前质量和事后责任是硬指标，而事中服务和诊疗是软实力。个人呼吁，在事中环节，尝试让有影响力、规范成熟、有创新精神和社会责任感的企业拥有更大的自主管理权，发挥企业创新精神，提升用户就医体验，推动行业良性发展。职能部门强化事前药品质量的把控，重点针对处方药、器械建立区块链正品溯源机制；强化事后责任事故处理，提高违规成本，对触犯底线的行为可实行从业限制或负面清单管理。

上述呼吁，基于本人长期以来的从业思考。具体可以总结为以下三点：一是引导企业强化事中自律，在市场快速增长时，将监管资源更加集中投入事前、事后环节。政策方面，国家在药品零加成、药占比、控费、4+7带量采购、一店一执业药师、扶持互联网医疗等方面持续加持，特别是在2019年出台新版《药品管理法》中删除处方药不能网售的规定，加速处方药外流，并且流向网上药店、互联网医院等趋势显著，网上医疗及药品市场扩容毋庸置疑。2018年，国家成立市场监督总局，核心原则是"精简、统一、效能"，监管资源无疑是保护和改善市场秩序的宝贵资源。二是事中环节体现的是软实力，扩大企业自主管理权，能更快满足用户诉求。互联网医疗的事中管理，主要包括订单跟踪、药品器械的配送、线上诊疗、回访跟踪、退换货等服务。建议在监管的投诉、维权职能部门，设立试点企业服务责任人制度，收到用户反馈后，转由服务责任人处理。职能部门的核心是了解用户对处理结果的真实满意度，是企业与用户官方沟通的渠道及见证人。三是事中环节个性化、针对性强，监管难以落实到的微末之处，由用户根据服务来选择企业。我们认为，中国药店已经进入高烈度竞争的低容错空间，服务是有体验、有温度的，驱使企业成长的是获得用户

认可和信赖，监管难以落实的模糊地带、微末之处，更能发挥出企业自律的作用，监管强化责任担当，形成"外功＋内练"的示范单位，相信对行业发展有极大益处。

（四）直面民生企业融资痛点，引导多元化资本助力创新企业发展

2003年，"非典"疫情，促进网上消费行为，也推动并成就像淘宝等昔日的创新、今日的王者型企业。2009年，健客网上药店成为全国首批网上医药电商，10年的发展历程中我们只获得了三轮美元风投资金。作为轻资产的互联网企业，近5年，才获得较有规模的银行融资。

2019年，科创板的落地，对创新型企业，是一个"手可摘星辰"的希望。未来5年，有一定数量的高成长性企业在科创板上市。依靠顺畅的退市机制，唯有让稀缺的公众资源投入最优质的公司，科创板才算真正实现市场选择企业。

我相信国内大多数创新的、高成长性的、民生类的初创型企业，获得融资非常不容易。而消费升级、现金流充裕的成熟型企业，更容易获得锦上添花的融资支持。希望在资金导向政策支持下，各国的机构投资者，特别是保险基金、年金基金等，能够尝试探索较长期限、分期投入能产生颠覆性科技成果、创新模式服务民生、解决社会切实问题的企业，助力我国产业结构转型升级，经济实现高质量发展。

（五）打造生态共同体，以产业化思维推动智慧医疗实现集群发展

消费互联网更多的是ToC端的业务，一旦形成寡头，优势就特别明显。虽然产业互联网由来已久，但由于产业非常复杂，上下游环节间深度链接又各自独立，所以产业互联网往往是先慢后快的线性成长，经过一个拐点之后速度就会加快。下图是经由我们思考后绘制的"产业互联思维生态共同体图"，可以帮助企业同上下游及有资源型合作伙伴建立更紧密的关系。

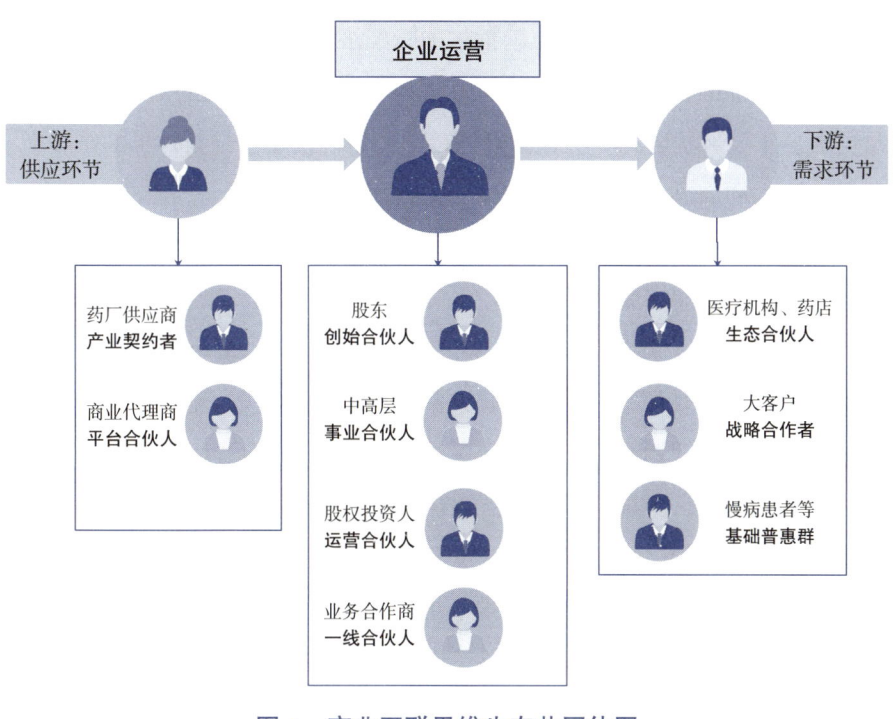

图4 产业互联思维生态共同体图

（六）加快走出去，着力谋划经济全球化背景下的医疗战略布局

美国马里兰大学公共政策学院教授约翰·伦尼·肖特（John Rennie Short）在接受中国社会科学网记者采访时表示，"每当人们所处的社会发生某种程度的变革时，总会引起一些人的不安"。同样，过去十年里，我们在互联网医药、互联网医疗的发展和探索上，遇到了来自不同方面的阻挠和限制。但是，市场是经济全球化最重要的推动力量。在经济学家眼里，供给、需求永远是经济分析的关键词。"需求促进供给，供给带动需求。"这次疫情，加速推动了国内智慧医疗发展和升级，更好完成线下药店和线上药店、线下医院和线上医院的顺利融合，同时中央仓储能力进一步提升配送、运输能力。

机会既是留给有准备的人，也是留给发展道路上坚韧不拔、不断创新突破的人。正如比利时智库布勒哲尔国际经济研究所客座研究员尤里·达杜什（Uri Dadush）所言，从整体来看，推动全球化发展的力量比阻碍力量更大。于是，我们有了更大胆的假设，在新科技革命日新月异的推动下，信息、资本和商品在全球的流动加快，跨国公司迅速发展。面对经济全球化时代下的新一轮医疗战略布局，中国是否可以在此次疫情战役中，获得先机和经验，提前完成布局？

毛主席常说，打仗要"善观风色，善择时机"。每一次重要的变革，既有人抓住机遇获得了成功，也有人错失机会导致失败。随着疫情的出现和全球蔓延，中国逐渐输出药品和医疗技术团队，也通过远程问诊进行疫情医学上的交流，帮助身处疫情严重国家的同胞科学防护。全球化的智慧医疗网络战略布局，能够打破医疗服务的地域限制，合理高效配置医疗资源。那么，当下次突发疫情的时候，是否能为更多全球性患者解决"就医难"困境，一旦出现疑似病症，给予专业指导，避免引发恐慌是我们需要思考的问题。

经济全球化时代下的在线医药和医疗战略布局，是未来十年我们要探索的方向，因为涉及法律、制度、医药和医药政策、医保等环节，必然是一个漫长的过程。但是，疫情期间带来的思考，让我们对未来全球医疗战略布局，充满期待和想象的空间。

凿渠引水慢行舟，春芽吐际竞风流。健客网在过去十年蓄势待发，在这次疫情中接受一场国家的大考。未来，我们愿意与同行一起成长，一起完善行业和监管标准。同时，翘首企足，希望有代表中国的企业成为全球在线医疗赛道上的领跑者。

依托数字技术构筑国民"健康长城"

廖杰远

2020年1月23日,素有"九省通衢"之称的湖北武汉,因新冠肺炎按下了"暂停键",疫情向全国急速蔓延,一场严峻的公共卫生考验摆在了所有人的面前,由疫情引起的危机几乎瞬时席卷了全球所有行业。

作为全球领先的数字健康企业,微医火速组织公司核心力量、集结了全国6万余名医生,克服重重难关组建起应对此次公共卫生与医疗应急救援的"空中救援队",同全国援鄂的278支国家医疗队一起,开展了一场声势浩大、陆空结合的全国医疗救援行动,为全国群众构筑起一道"健康长城",实现了企业商业价值和社会价值的双赢。

一、疫情对数字健康行业的影响

相较于餐饮、娱乐等行业,数字健康行业受冲击的范围和规模相对有限,主要集中在技术能力和服务创新领域,挑战的核心是如何通过技术手段解决群众疫情期间喷薄而出的就诊需求。以微医为例,在此次疫情期间,我们面临的核心挑战主要集中在数字基础设施、医师资源供应、线上服务闭环的打造这三方面。

1)短时内海量用户涌入,挑战企业数字基础设施能力。1月23日微

作者系微医集团董事长兼CEO。

医"新冠肺炎实时救助平台"正式上线时，正值疫情最为严峻的时刻，大量民众处于高度恐慌的状态下，稍有一点不适就想尽各种办法向医生求助。平台上线的前 60 小时，日均咨询订单增长 1000%；平台单日访问人数（独立 uv）高达 1100 万。瞬时涌入的大量咨询问诊订单令服务器负荷吃紧，系统稳定性面临重大挑战。为此，微医在 23 日至 26 日期间，进行了三次系统扩容，最终确保平台可安全、平稳地提供各项服务。

2）用户订单数疯涨，供需平衡被打破，挑战平台医生运营能力。在微医"新冠肺炎实时救助平台"上线时，微医凭借既往深耕的医疗资源和往日建立的深度运营，从平台入驻的 25 万名医生中邀请了 1500 名公立医院专家作为先头部队向有需要的群众提供服务。随后爆发增长的问诊订单，印证了微医建立平台的必要性，但其增幅和增速也是平台始料未及的，后台显示用户的候诊时间明显被拉长。在尽可能短的时间招募到尽可能多的相关科室医生，成了问题唯一的解法，同时这也是对数字健康企业医生运营能力和资源组织调配能力的一场极限考验。

为此，微医多管齐下，从三个途径入手扩大医生供给：一是鼓励首批在线的 1500 位医生介绍身边的医生入驻，通过人际关系的层层裂变扩大医生的找寻范围；二是由微医出面与中国医师协会健康工作传播委员会、中国医促会互联网医疗分会等业内知名学、协会接洽，多方联合发起医生招募，鼓励更多医生加入义诊队伍；三是基于此前各项业务建立的深厚信任，争取地方卫健部门的支持。最终微医得到了天津市、宁夏回族自治区和黑龙江、河南、河北、山东四省卫健委，以及武汉市卫健委等地的大力支持，相关地区的卫健部门先后发文鼓励医生上线服务患者。

微医十年来深耕于医疗资源和深度运营，截至 8 月底，微医互联网总医院"新冠肺炎实时救助平台"已集结 6 万名医生在线接诊，累计提供医疗咨询服务 216 万人次。如此庞大的医生数量能够形成合力提供服务，也彰显了平台型互联网医院的优势。

3）疫情封锁、用户需求复杂，线上健康服务亟须升级。疫情期间，大量慢病患者，尤其是重症慢病患者面临着关乎生命的两难选择：一方面是慢性疾病需要长期的服药控制和管理，如果突然停药，极可能导致病情加重，甚至危及生命；另一方面，受制于疫情，很多综合性医院成为定点医院，优先解决新冠肺炎患者的就医需求，慢病患者的就医渠道和医疗资源陡然减少，患者被夹在中间进退两难。据统计，仅武汉一市便有重症慢病患者 40.8 万人，他们中的绝大部分因疫情断药近 1 个月，经受了精神和肉体的双重折磨。这时单纯的线上问诊模式已经难以满足患者需求，他们需要的是包含问诊、开方、配送，乃至医保支付在内的集成式服务。

这也体现了现阶段线上医疗的难点，患者的就诊行为是一个包含诊疗、检查、用药、支付在内的复杂闭环，仅仅单纯地把就诊环节做线上化处理，并不能真正解决患者的需求。只有在线上把医疗、检查检验、药品、医保和数字化五个要素打通，形成线上诊疗的闭环、数据的互联互通，这样的平台型互联网医院，才能真正解决患者的就医需求。

为此，基于前期的良好运营基础和当地政府的大力支持，微医互联网总医院自 2020 年 2 月 7 日起在天津、泰安、武汉等地陆续上线"便民门诊"服务，为患者提供线上复诊、在线开方、送药到家和线上支付等一站式医疗健康服务，以满足慢病患者，尤其是慢病重症患者的复诊及购药需求，打造完整的线上服务闭环。

二、微医在疫情期间的各项创新实践

面对不断蔓延的疫情，微医始终将百姓的需求置于最重要的地位，根据用户需求的变化，不断调整、拓展服务内容，先后上线了"新冠肺炎实时救助平台"和"全球抗疫平台"两个义诊平台，迅速构建起疫情防控的"空中战场"，是全国乃至全球抗击新冠肺炎疫情中当之无愧的重要力量。在整个过程中，微医人不畏艰苦、长时间连续作战，展现出良好的职业素质和企业大爱。

1. 疫情前期：围绕用户需求推出各项"互联网＋疫情防控"创新实践

2020年1月22日晚，面对武汉各大医院发热门诊和床位严重超载、医务人员超负荷运转、亟须支援的严峻情势，微医决策层决定为全国人民构建"空中防线"。23日12时53分，微医"新冠肺炎实时救助平台"集结首批1500名公立医院专家正式上线接诊；13时03分，武汉43岁的胡女士因呼吸道不适发起的订单被来自山东的呼吸科医生付翠平接诊，完成了这场空中义诊的第一次医患对话，这也是微医在疫情期间快速构建疫情防控"空中战场"、开创公共卫生和医疗救援新模式的起点。在接下来的"空中抗疫"过程中，微医陆续推出以下各项创新服务：

1）组织开展线上义诊，缓解线下门诊压力。春节前夕，武汉医生痛哭的视频在互联网上传播，前线医护人员面对的巨大压力呈现在人们面前。为此，微医迅速上线"新冠肺炎实时救助平台"，集结全国呼吸科、感染科、内科等相关科室的医生，向全国群众提供在线义诊服务，旨在区分普通感冒、流感与新型肺炎，引导患者有序就医，缓解线下门诊压力。截至2020年8月底，平台已集结全国6万余名医生，累计提供网上义务咨询、居家医学观察指导等免费服务216万人次，累计访问突破1.5亿次。

2）可疑病例上报，助力疾控中心监控疫情。在平台义诊过程中，有医生反映部分患者的症状高度可疑，同时也兼具部分流行病学特征，但由于互联网医院无法提供直接的检查检验服务，仅凭主诉难以确诊。同时，因为线下医疗机构门诊压力过大，这部分患者也无法在线下得到有效救治。为此微医迅速与国家卫健委联系、反映相关情况。最终微医做出方案，如就诊患者被推定为可疑病例，医生将在征得患者同意的前提下，通过"一键上报"功能将其上报微医平台，再由微医统一向患者所属地区的疾控中心汇报，协助疾控部门进行疫情的实时跟踪和重点筛查。疫情期间，平台共发现2000余例可疑病例，全部上报当地疾控中心，为科学防治、精准施策提供了有力的数据支撑。

3）开展疫情科普、心理援助，消除社会恐慌。在疫情前期，由于缺乏对新冠肺炎的认知，社会上一度弥漫着恐慌情绪。据在微医平台参与义诊的部分医生反映，其接诊的很多用户并未真正出现相关症状，咨询内容纯粹出自对疫情的恐慌，甚至有个别患者已恐惧过度。为此，微医迅速组织力量编写全球首份中英文双语的新冠肺炎疫情防治手册——《新型冠状病毒感染的肺炎防治知识手册》，并积极联合温州康宁医院集团、浙江省心理健康促进会、曼德福心动力心理志愿者团队等提供自测预判、咨询专家等心理服务。截至2020年8月底，微医已累计发放科普手册62万份，提供免费心理咨询5317起，及71205人次的心理测评，帮助大众正确认知疫情，有效缓解社会恐慌情绪。

4）提供远程会诊指导，提升基层防护能力。随着疫情的蔓延，微医的工作人员发现，有多位基层医务人员因缺乏对新冠肺炎了解和诊疗手段，以患者的名义在微医救助平台问诊，向平台寻求帮助。他们的问题主要集中在两点，一是自身缺乏对疫情的认知，对如何进行有效的自我防护一知半解；二是自身诊疗能力有限，对于重症、疑难症患者无法进行有效的处理。为此，依托过往良好的运营基础，微医迅速邀请了来自北京协和医院、解放军总医院第一医学中心、北京大学第一医院、上海复旦大学附属中山医院、四川大学华西医院等全国知名医院的呼吸科、感染科、重症医学科等与新冠肺炎相关科室的专家，组成了新冠肺炎救治远程医疗专家组，专门为基层医疗机构提供新冠肺炎诊治指导，并于2月7日正式成立微医新冠肺炎公益会诊平台，开通远程门诊排班和远程会诊预约，针对各省市的新冠肺炎疑难重症，提供多学科远程专家会诊、CT影像远程辅助诊断等服务，专家会诊费用全部免费，以此提升基层和社区医疗卫生机构应对处置疫情能力，缓解定点医院的诊疗压力，减少人员跨区域传播风险。

5）线上便民门诊，解决慢病患者就诊难题。受疫情影响，大量慢病患者被迫必须在"不出门就会断药"和"出门就面临交叉感染风险"中进行选择，精神和肉体都饱受折磨。为此，自2月以来，微医"新冠肺炎实时救助平台"上线"便民门诊"服务，面向武汉、天津、泰安等地区的慢病患者在线开展部分常见病、慢性病复诊，药品配送，及部分地区的医保结算服务，以帮助慢病患者解决就诊、开药的难题，降低其他患者线下就诊交叉感染风险。

2. 疫情后期：打造全球抗疫平台，守护海外同胞生命健康

进入3月，国内疫情已趋于平稳，与此同时，海外疫情却在迅速蔓延，已构成"全球大流行"，6000万海外华人华侨面临严峻的健康威胁。为了守护海外同胞生命安全和身体健康，微医员工顾不上休息，从疫情抗击的"国内战场"无缝转移到"国际战场"。

3月14日，微医同步上线中英文版全球抗疫平台，首批集结6000余位来自国内三甲医院的呼吸内科、感染科、全科等科室的主治及以上医师极速响应，投身参与海外救援，平台先后上线了在线咨询、心理援助、中医咨询和防疫知识科普等免费服务。截至2020年8月底，平台集结15040名历经新冠肺炎疫情考验的医疗专家，和来自中国、意大利、法国、英国、泰国等13个国家的2500多名中医专家，为全球220余个国家和地区的326万海外同胞和国际友人提供服务，免费发放《新型冠状病毒感染的肺炎防治知识手册》中英双语版电子图书16万份。同时，微医还通过外交部及驻外使领馆，向海外同胞捐赠100万只医用口罩，帮助他们做好防护、渡过难关。

另外值得一提的是，全球抗疫平台上线不到48小时，微医就收到了一封特殊的求援信。北京时间3月16日凌晨2点，来自意大利萨丁尼亚省萨萨里市全科医生LucaVarcasia向微医发出了求援信，信中称其非常担心自己的城市，他和同事虽然在一线抗击疫情，但是仍缺乏对新冠肺炎的必要了解和防治知识，其所在医院的很多医护人员已经不幸感染。为此，微医特邀武汉协和医院感染科主任医师赵雷担任讲师，于3月18日晚向Luca及他的同事进行了长达一个半小时的远程经验分享会。共有来自中、意、美、德、荷、泰、印尼等10国的用户观看了这次直播，浏览量超1万人次；发出求援信的Luca更是在结束后直呼获得了"金子般宝贵的经验"。疫情期间，微医全球抗疫平台陆续组织多位深度参与一线抗疫的国内医疗专家，在线向意大利、北美地区、德国、泰国、印度和非洲等地的医护人员开展防护、治疗经验分享，单场收看人数平均达万余人次，惠及二十多个国家和地区。微医以科技之力助力全球战疫，守护同胞安全健康。

微医竭诚守护广大海外同胞健康的举措，获得了海内外主流媒体和驻外使领馆的关注和推介。截至目前，微医全球抗疫平台已经陆续获得China Daily、中央广播电视总台中国国际电视台（CGTN）、《欧洲时报》、新华网、光明网等主流媒体的密切关注和专题报道，并得到我国外交部和170余个驻外使领馆的官方推介。

三、疫情对数字健康行业的深远影响

正如 SARS 之于电子商务领域的崛起，这次的新冠肺炎疫情，也让数字健康行业迎来了国家政策、用户和服务能力的重大突破。人们借此机会看到了在线医疗的巨大潜力，这或将是行业拐点出现的重要推动力。具体看来，疫情对行业的影响主要表现在以下几个方面：

1. 群众对线上医疗接受度增大。因为疫情的影响，很多之前对线上医疗持观望和犹豫态度的患者，逐渐放下顾虑开始接触以互联网诊疗为代表的数字健康服务，这使得平台新增用户数量激增。以微医为例，2020 年 1 月 23 日至 2 月 13 日期间累计新增用户已突破 451 万，是疫情前的 2.5 倍。同时，受疫情影响而出现问诊量激增的并非只有相关科室，几乎各科室的线上诊疗需求均受到有效刺激。同期微医几乎全部 31 个一级科室的问诊量较疫情前均出现大幅度攀升，平均涨幅为 78%。

2. 医生线上服务意愿明显增强。疫情之前，很多医生对数字健康的理解还停留在多点执业和获得阳光收入层面。但本次疫情中，互联网医院在跨地域调配资源、舒缓线下医疗机构压力方面做出了突出贡献。很多没有到前线的医生纷纷主动加入在线义诊队伍，牺牲个人休息时间服务大众。

以微医为例，1月23日至2月13日期间累计上线医生数近5.5万，是疫情前的12倍。

3.疫情创新实践获政策层面认可。疫情期间，为了方便非新冠肺炎患者求医购药，微医在武汉、泰安等多地医保局的支持下，开通可使用医保支付的线上"便民门诊"，为上述地区群众提供便捷的在线复诊、在线开方、药品配送、医保结算等一站式服务，有效避免交叉感染风险。相关创新实践，得到了国家卫健委、医保局的肯定。2月以来，国家卫健委连续发布《关于加强信息化支撑新型冠状病毒感染的肺炎疫情防控工作的通知》《关于在疫情防控中做好互联网诊疗咨询服务工作的通知》《关于开展线上服务进一步加强湖北疫情防控工作的通知》，鼓励通过"互联网+医疗服务"助力疫情防控，服务广大群众询医购药需求。3月2日，国家卫健委联合国家医保局再发《关于推进新冠肺炎疫情防控期间开展"互联网+"医保服务的指导意见》，鼓励将符合条件的"互联网+"医疗服务费用纳入医保支付范围。微医模式再次推进行业获得政策突破。

基于上述变化，数字健康行业大概率将迎来高速发展期，其具体表现或在于：

1.互联网医疗服务范围或将得到有效拓展。在本次疫情防控过程中，数字健康行业充分体现了社会责任与价值，充分利用了数字技术远程、专业、便捷、高效等优势，为群众、政府、医院、医生提供包含疫情进展、防疫科普、在线咨询、心理疏导、远程会诊等一系列的服务，将原本局限于互联网医疗的"疆土"进一步拓展至了疫情防控领域，正如中国社科院公共政策研究中心推文中所称的那样，数字健康行业开辟了疫情防控的"第二战场"，成了在全社会心中提升整体认知度、接受度和信任度的重要契机。

2.平台型互联网医院的重要性将进一步凸显。目前公立医院作为互联网医院的重要建设方，其建设思想主要围绕公立医院的日常需求展开，多服务于局部地区的有限患者群。但类似新冠肺炎这类传染性疾病暴发时，当地医疗资源难以支撑突如其来的庞大医疗需求，单个的互联网医院因不具备跨区域调配资源的能力而将显得捉襟见肘。这时具有跨医院、跨地域调配医疗资源能力的全国性互联网医院就显得尤为重要。这也是本次疫情中第三方搭建的互联网医院，较公立医院主导的互联网医院平台更为活跃的主要原因。基于此，未来行业将继续完备互联网医院的布局，进一步发挥平台型互联网医院对医疗资源的组织、调度能力，推进医疗服务体系的提质增效。

3. 线上线下医疗服务真正融合。疫情期间，国家卫健委、国家医保局先后出台多个政策文件，在鼓励通过"互联网+医疗服务"助力疫情防控，服务广大群众就医用药需求的同时，将符合条件的互联网医疗服务项目纳入医保支付并在线结算。政策层面的创新和支持，将有效促进医疗服务的线上线下融合，真正构建起覆盖诊前导流、诊中问诊、诊后开方、在线支付、药品配送的全流程闭环，大幅促进数字健康行业的高速发展和持续繁荣。

4. 医疗人工智能技术迎来新一波应用高潮。传统公立医院，尤其是非一线城市的核心大医院，往往对人工智能等新兴技术持观望态度。由于本次疫情来势过于凶猛，仅靠人力难以满足暴涨的医疗服务需求，因此大量的新技术被引入疫情抗击的一线。例如阿里达摩院运用 AI 技术快速鉴别新冠肺炎影像与普通病毒性肺炎影像的区别，提高诊断效率。微医的智能终端设备"流动医院"被河南上蔡、湖北黄冈、西藏昌都、新疆策勒等地政府设置在重要的交通节点，协助进行人流检测和肺炎相关疾病筛查，帮助疫情防控人员为基层群众及老人、残疾人等重点人群服务，逐人逐户进行疫情调查和健康检查等。新兴技术正在快速渗透到医疗行业的各个细分领域，未来将向着开启"预防、诊断、治疗、购药"全面智能化的方向继续深入。

四、关于数字健康企业面对公共卫生事件应急管理的常态化思考

今年暴发的新冠肺炎疫情是一场对社会动员能力、企业服务能力和组

织调度能力的综合大考。从目前各国抗疫工作的实践做法和阶段性成效中，我们不难发现，迅速灵敏的反应和高效组织调度是成功解决类似突发公共事件的重要前提。这就需要政府和企业必须在平时就充分发掘数字技术价值与潜能，发挥数字化平台在各项社会活动中的引领、支撑与保障作用。唯有功在平时，方能久久为功。

以本次疫情为例，微医通过建设运营互联网医院，广泛连接各级医疗机构和一线医生，成功构建线上线下高效协同互联网医联体平台，在疫情期间快速组织医生力量，上线互联网公益义诊平台，为全国百姓提供在线义诊、远程会诊等线上医疗服务。打造云药房及数字化医药集采平台，规模化连接医院、医生、患者、药企、药店等各方，打通线上线下药品流通闭环，规范医药流通秩序，为疫情重灾区顺利打通慢病患者复诊购药"生命通道"奠定良好基础；中标国家医保局核心系统，帮助各地建设运营智慧化医保基金管理系统，依托智能医保平台提升资金使用效率的创新，在疫情期间成功实现慢病线上复诊、购药医保支付。多年来携手哈佛、浙大公卫学院，潜心研发具有自主知识产权的智能辅诊系统和智能化医疗健康终端设备，通过其向基层规模化、批量化输出大医院大专家诊疗经验和智慧的模式，形成如今快速构建核心交通节点可疑病例检测筛查点，有效提升基层医疗机构诊疗能力。

正是因为早在疫情之前，数字健康领域已经过多年深耕，扎实地解决了各项技术和模式问题，才有了疫情突发后的忙而不乱、从容应对。但与此同时，我们仍需要意识到，通过突如其来的疫情，数字健康领域也暴露出了一系列的难点和堵点问题，需要全行业的共同努力和突破：

1. 将平台型互联网医院纳入医保支付范畴，提高获得感、减轻患者就医负担。2月以来，国家卫健委、医保局连发数文，鼓励通过"互联网+医疗服务"助力疫情防控，服务广大群众询医购药需求。目前武汉、天津、泰安等地已先后将平台型互联网医院纳入医保统筹结算，当地百姓足不出户即可享受便捷的在线复诊、在线开方、药品配送和医保结算等一站式服务，有效规避交叉感染风险。因此，可以考虑将平台型互联网医院纳入医保定点医疗机构，开通在线医保支付，方便当地慢病患者在线复诊购药，医保报销支付。

2. 消除数字壁垒势在必行，全程一站式医疗服务体系大有可为。截至目前，医疗大数据和医疗人工智能发展应用成果的数据基础仍主要依托于大城市大医院或成熟学科协会长期积累的医疗病例和少量大专家、大医生多年形成的诊疗智慧及经验，尚未形成跨地区、跨学科、跨医院，打破医疗机构、医保部门、医药企业和零售机构数据围墙的数据共享机制，这在客观上阻碍了大数据和人工智能技术对医疗领域的提升和赋能效果。为此，可以考虑打通地方医保系统、区域医疗机构等相关部门的相关数据接口，实现医药保数据的互联互通，以电子化处理代替目前烦琐的人为介入审核、校验过程，真正促成线上全程一站式医疗服务体系的落地，大大提升医疗服务体系的工作效率。

3. 构建全闭环的线上慢病管理体系，提升基层慢病管理质量。通过疫情期间在武汉、天津、泰安等地的实践，我们发现依托互联网医院，可切实形成贯通"在线咨询—预约挂号—线上复诊—远程会诊—电子处方流转—医保在线支付"等环节的全流程慢病疾病管理体系。该体系对当地居民的健康管理具有极为积极的意义，在疫时帮助做好做实疫情防控工作，平时助力政府推动分级诊疗落地。为此，我们呼吁政府考虑允许实力过硬的平台型互联网医院在部分地区进行试点，承接高血压、糖尿病、冠心病和心脑血管等慢性疾病的慢病管理服务，以四类慢病去年医保费用为基准，划定互联网医院的慢病管理医保基金额度，提升当地慢病管理质量和医保资金使用效率。

4. 探索放开部分病种互联网首诊限制，提升数字健康服务体系运行效率。近日国家发改委、中央网信办联合印发了《关于推进"上云用数赋智"行动培育新经济发展实施方案》，提出在卫生健康领域探索推进互联网医疗医保首诊制。该政策的成功落地将在客观上提升数字健康服务体系对患者求医问药需求的响应速度，助力服务体系向着更为便捷、高效的方向进化。在兼顾医疗服务安全性的前提下，我们建议卫健部门可酌情部分放开线上首诊的要求，如针对皮肤病、心理疾病、常见病等部分线上线下问诊效果基本无异的专病领域，拟定允许规范开展相关领域的线上首诊服务。

在新世界中找到新的增长逻辑

刘文静

开放、包容、规范,是蓝帆医疗的企业价值观,核心是开放利他。蓝帆医疗有两个特点,一是重视战略规划与战略执行;二是在企业发展的同时,以企业核心价值观培育人才,赋能人才实现企业的更好发展。在蓝帆的价值观引领下,创业十几年,一直顺应时代快速发展。同时,因其开放包容的文化使蓝帆做到了"一生二,二生三,三生万物",通过持续不断嫁接外力,蓝帆持续改变基因,实现迭代升级。

疫情发生后的近一年时间,对蓝帆来说,更像是浓缩了三年的潜力爆发,机会是给有准备的人的,机会是给有战略远见和战略定力的人的,更是给拥有利他之心,愿意通过成就他人来成就自己的理念的人的。

一、构建核心竞争力

17年的强战略规划与战略落地能力构建了蓝帆医疗坚固的核心竞争力,蓝帆医疗逐渐由"手套大王"成长为一家涉及健康防护、心脑血管、护理急救、微创外科四大板块的医疗器械特色企业。

1. 卓越的行业领先地位,广阔的发展前景

作为医疗保健的基础支撑产业,全球医疗器械产业持续平稳增长。其

作者系蓝帆医疗董事长。

中,心血管领域作为全球医疗器械行业市场份额排名第二的细分领域,未来5年市场增速将始终保持相对较高。

健康防护板块,公司健康防护品牌享誉全球,蓝帆医疗PVC健康防护手套年产销量及市场占有率均为全球第一,产品同时涵盖丁腈手套、TPE手套、CPE手套,以及各类急救包、护理包、防护口罩、医用创可贴、消毒湿巾等,合作伙伴超过300个,其中包括Cardinal Health、Mckesson、HCA(美国医院集团)等国际知名医药经销商及终端用户,以及包括沃尔玛在内的多家世界500强企业。

心脑血管板块,公司的子公司柏盛国际是全球第四大心脏支架研发、生产和销售企业,子公司吉威医疗在中国冠脉支架市场排名前三,技术优势突出,市场占有率高。柏盛国际的产品涵盖BioFreedom™产品系列、BioMatrix™产品系列、爱克塞尔®(EXCEL)支架、心跃™(EXCROSSAL)支架,以及PTCA冠脉球囊导管和球囊扩张导管等,受益患者累计已超过500万人。2019年,公司收购的NVT为欧洲市场的第五家TAVR(经导管主动脉瓣置换术)生产厂商,在产品性能、技术储备、市场分布、战略布局、品牌影响力等方面具有独树一帜的竞争力。NVT的主要产品Allegra™属于TAVR的置入器械,根据Allied Market Research数据,2017年全球经导管主动脉瓣置换术的市场规模为28亿美元,预计2025年将达到81亿美元,年均复合增长率为13.8%,处于快速成长阶段。

护理急救板块,公司在2020年7月宣布收购武汉必凯尔救助用品有限公司100%股权,积极推进中国医疗护理和应急防护领域产品解决方案。作为亚洲排名第一的急救包企业,武汉必凯尔年产车载、工业、家庭、军警等各类急救包1000余万套,以及伤口护理、口罩等感染防护、消毒产品等系列产品,销往全球多个国家。目前,武汉必凯尔已与特斯拉、奔驰、宝马、奥迪、雷诺等全球知名车企达成了长期战略合作,并成为特斯拉车载急救包的全球独家供应商。

微创外科板块,主要产品为腔镜吻合器、开放吻合器、穿刺器、止血夹、超声刀等外科中高值耗材,是微创外科领域的全产业链布局者,外科手术器械的综合超市。蓝帆外科将依托蓝帆医疗在研发、销售渠道等深耕全球优势外科中高值耗材,致力于为中国及全球的外科医生提供极具性价比的一流品质手术器械组合,全力打造国产外科器械的第一品牌。

2. 中低值耗材 + 高值耗材的产业布局,有效抵抗周期性和商业模式风险

公司基于自身资源禀赋和新的发展起点,顺应长远发展需要,选定了医疗耗材作为主要产品载体,确立了建设跨科室、跨品类、兼有高中低值耗材的综合性医疗器械业务平台的发展战略。当前,公司的防护业务以中低值耗材为主要产品载体,心脑血管业务以高值耗材为主要产品载体。公司在深刻认知中低值耗材和高值耗材在研发取证周期、竞争力要素和商业模式差异的基础上,依靠内生和外延并重的发展路径,形成商业模式互补、经营风险对冲、有效抵抗周期性的医疗器械业务布局,以便实现持续稳健成长。未来,公司还将拓展经营布局到外科、骨科、药物输注等其他科室的耗材类产品,进一步完善业务布局和产品组合。

3. 拥有卓越的心血管产品组合和领先的技术优势

公司下属柏盛国际在心脏支架产品技术方面保持了持续领先的优势,先后研制了世界上第一个采用可降解聚合物技术的雷帕霉素(西罗莫司)药物洗脱支架爱克塞尔®(EXCEL)、全球最早的聚合物可降解的药物洗脱支架之一的 BioMatrix™ 系列支架,以及全球最早的无聚合物药物涂层支架之一 BioFreedom™,其中 BioFreedom™ 是全球目前唯一一个能够将 PCI 手术后服用抗血小板药物的时间从 12 个月降至 1 个月左右的支架产品,治疗理念和性能处于行业领先地位。除此之外,公司拟通过并购 NVT 加码医疗器械黄金赛道 TAVR,将获取行业领先的前沿技术和产品,同时充分协同柏盛国际在全球冠脉介入销售网络和客户资源,增强心脑血管事业部的竞争力。

为持续巩固自身的产品组合和技术优势,柏盛国际还储备了药物球囊、二尖瓣置换、钴铬合金 BioFreedom™ 等丰富的在研项目,并紧密跟踪生物

可吸收支架在材料学、机械制造和药学等方面的全球研发进展，确保处于心脏支架行业的技术前沿阵地。

4. 汇聚全球顶尖资源的研发能力

公司已在美国、德国、新加坡、瑞士等地设立了八大研发中心，构建了全球24小时研发体系，建立了拥有六百余名研发技术人员的顶尖团队。近年来科研成果卓著，拥有涂层技术、健康防护手套技术等全球专利超过400项，产品技术始终领跑所属行业。

公司搭建了国际和国内两个研发平台，构建三级研发机制：一是在美国成立公司第一个全球研发中心 BIOSENSORS INTERNATIONAL INNOVA TIONCENTER，服务蓝帆医疗心脑血管介入医疗业务板块，以全球视野布局国际领先的研发方向和创新产品；二是在上海设立蓝帆上海创新研发中心，聚焦吸引国内外一流人才，将国际创新产品引入国内落地上市，并研发符合中国市场需求的新产品；三是充分利用国外新加坡、国内山东两个制造基地的优势，做好技术升级和研发落地，给未来发展装上高速引擎。公司已通过八大研发中心，开始了冠脉、瓣膜、神经、外周、外科五个赛道的创新研发，并从全球范围内吸引聚集了一批工程师和研发人员，进一步增强了研发实力。

5. 具备遍及全球的销售渠道及客户基础

在国际市场，蓝帆医疗及其下属公司柏盛国际均在全球市场深耕多年，在全球范围内均建立了广泛的销售渠道和稳定优质的客户基础。在国内市场，蓝帆医疗及下属公司吉威医疗分别在三甲医院、二级医院和基层医院建立了广泛的、不同科室领域的渗透和覆盖。收购介入主动脉瓣膜公司NVT将助力公司快速获取结构性心脏病领域的核心技术和广阔市场、扩充心血管科室医疗器械产品线，在销售渠道和平台资源方面与柏盛国际形成协同互补，巩固公司在心血管科室领域的全球竞争力。

6. 全球化运营体系发挥境内外联动优势

公司在全球多地拥有子公司，可有效降低和分散各地域的经营风险，并同时享受各地区对于行业的利好政策。如公司利用美国、新加坡的研发基地会集全球顶尖研发人才，通过集团内部协同实现尖端技术国产化；此外，还可利用国内基础设施完善、生产规模集中、劳动力成本低等众多优势，通过国内外产能联动进一步实现降本增效。

7. 兼具东方智慧和国际化运营经验的管理团队

公司及下属子公司柏盛国际的核心管理团队和技术研发团队均长期从事相关行业，在对公司业务发展至关重要的生产管理、技术研发和财务管理领域拥有丰富经验，对行业的发展现状和动态有着准确的把握，专业优势明显。公司管理层在防护和心脑血管领域拥有丰富的产品研发、运营和管理经验，兼具全球化视野和本土化战略，对国内外行业技术和发展有着准确的判断和深刻的洞察，并以"开放、包容、规范"的企业文化，建立了一支拥有高效率的决策和执行能力、卓越的团队精神和踏实的管理风格的运营管理团队。

8. 去中心化的事业合伙人机制，构建可持续发展的动力

未来的三到五年，是公司全面跨越升级、深度夯实发展地基的关键历史时期，也是公司商业模式与核心竞争能力调整与锻造的关键历史时期，产业经营、投资并购、创新研发、发展与战略、资本与财务、人才梯队与企业文化多维度交叉推进，需要集合各个专业领域人才的专业能力与创造力，协同作战，全面发挥集体智慧的力量。为此，公司将结合新时代下商业环境，围绕打造"去中心化"组织，全面设计"多层次事业合伙人机制"，打造创新型、赋能型、共享型组织新模式，会集五湖四海的精英人才，共同打造可持续发展的不竭动力。

9. "开放、包容、规范"的核心企业文化和凝聚力

公司以"开放、包容、规范"为核心理念，不断强化企业文化的形成和固化。公司通过过去的长期发展和积累，已经形成了鲜明而富有个性的企业文化，拥有开放心灵、拥抱变化的组织基因，以形成"一生二，二生三，三生万物"的生态型企业，从量变到质变推动企业的裂变式成长，未来公

司将进一步做好企业大学的建设和发展，推动企业文化在更多的领域、更广的人群、更泛的业务中生根落地、开花结果，真正形成一个有机的、有生命力的组织，打造出一个彼此充分互信、彼此激发创造力的团队，不断自我进化，能复制、传承，具备生生不息的生长力，助力企业实现长期、可持续发展。

二、疫情下，一手担当作为，一手快速发展

新冠肺炎疫情暴发以来，社会各界对医疗防护用品的需求量骤增，作为具有高度社会责任感的医疗器械领军企业和防控物资重点生产企业之一，公司始终奋战在抗击疫情第一线，举全企业之力为抗击疫情做出社会贡献。

（一）一手抓疫情防控，担当作为做贡献

新冠肺炎疫情暴发后，社会对医疗防护用品的需求量暴增，公司生产的医用丁腈手套特别适用于高风险接触血液或体液的非无菌操作，是抗击疫情第一线医护人员最为紧缺、需求量最大的手套类型之一。疫情就是命令，公司第一时间成立重大疫情应急响应指挥部，并设立了生产组、质量组、物流组、客户组、后勤组等多个专业小组，24小时在线响应各方诉求。为最大限度保障防护物资供应，公司全体干部职工坚守岗位、迎难而上，生产部门轮班不停机、质检部门及时完成检验工作、采购部门克服困难保障生产原料供应，各部门紧密配合，用实际行动体现出民营企业对社会的高度责任感。截至目前，我们已响应和服务了全球几十个国家和地区，为其提供了150亿余只医用手套。

1. 中国疫情攻坚战

2020年1月22日新冠肺炎疫情伊始，公司立即取消春节假期，成立疫情应急响应组，管理干部24小时不停机，全力以赴，与全体员工一起

奋战。1月23日起，陆续向武汉、黄冈等医疗防护物资紧缺地区直接捐赠500多万只医用手套。同时，启动全球供应链，陆续从美国、韩国、阿联酋、俄罗斯、印尼等国积极采购N95口罩、外科口罩、防护服和护目镜等防护物资，支持中国疫情攻坚战。除此之外，第一时间发出《致行业行动倡议书》，号召健康防护同行一起行动起来，并联合光大兴陇信托有限责任公司发起设立了中国第一个实物慈善信托基金。

2. 海外疫情攻坚战

海外疫情有蔓延趋势时，公司即做出迅速响应，第一时间分别捐赠日本、韩国和意大利各20万只手套，3月28日通过阿里巴巴公益基金会向全球疫情严重地区支援300万只医用手套。同时快速切换产能支持海外疫情需要，自海外疫情暴发以来，共计支持了海外疫情100亿余只医疗防护手套，9300余万只医用口罩，先后空运了1400万只手套到海外各国，为更好地贴近市场需求，迅速在美国、欧洲、南美、亚太地区建立起9大前置海外仓。为缓解物资紧缺，蓝帆医疗加大对美国、欧洲等疫情高发国家的供应能力，覆盖德国、俄罗斯、意大利、波兰、英国、塞尔维亚、葡萄牙、西班牙、希腊等全球多个国家和地区。公司的快速响应和有力行动，入选"中国社会组织参与全球抗疫十大行动案例"。

（二）一手以变应变，抓住机遇促发展

危机中往往蕴含了更大生机，而机遇只留给有准备的人，蓝帆医疗在危机下的迅速反应促使公司迎来了又一次结构性变革与发展。

疫情在全球蔓延后，快速完善全球供应链。蓝帆医疗不断接到来自世界卫生组织、各个国家大使馆、留学生家长组织等机构的需求信息，蓝帆医疗决定提供"全套解决方案"，除了公司自产的医用手套、医用口罩之外，还紧急启动防疫物资协同，包括防护服、隔离衣、消毒水、防护面罩、呼吸机等系列疫情物资，甚至也在帮助海外市场组织口罩机等设备，不到一周时间顺利帮助德国、美国、新加坡、澳大利亚、土耳其、希腊、捷克、

丹麦、巴西等国家和地区全面打通了全球供应链，在全面助力抗击海外疫情的同时，也有力地帮助了中国疫情防护物资生产企业一起出海，形成更大的中国力量。考虑到远洋货物海上运输时间长等因素，为更好地支持各个国家和地区，迅速通过美国的子公司 Omni International 在美东、美西各建立了前置海外仓，同时与欧洲、南美、亚太地区合作伙伴一起协同，建立起 9 个区域前置海外仓，帮助各个国家和地区能更快速获得疫情所需的防护产品。

除了自己生产的医用手套、医用口罩之外，公司快速启动全球防疫物资协同，包括防护服、隔离衣、消毒水、防护面罩、呼吸机等若干系列医疗健康防护产品，全面打通全球供应链，连接起了世界各地医疗防护产品与需求的两端。在支持全球疫情攻坚战的过程中，商业模式也实现转型升级，快速由"制造"，向"制造＋服务"转型，为公司带来了更强劲的增长动力与更大的发展空间。

三、疫情后——面向未来，我们的方向、道路、规划战略与行动

疫情改变了世界，企业也在"疫情"这场危机中寻求新的发展机遇，蓝帆医疗的未来从现在开始全面起航，在新世界中找到新的增长逻辑。

1. 启动多个新产能投资建设项目

危机也是生机，疫情加速了全球医疗防护行业的发展，蓝帆医疗以变应变，抓机遇促发展。公司在新冠肺炎疫情暴发之前，于 2019 年 8 月 2 日和 2019 年 9 月 20 日召开董事会审议通过公开发行 31 亿元可转债，其中约 6 亿元募集资金用于投资建设"年产 40 亿只 PVC 健康防护手套项目"和"第三期 20 亿只健康防护（丁腈手套）项目"。

一期"年产 25 亿只 PVC 健康防护手套项目"于 2020 年 4 月 28 日顺利投产。同时，公司在 2020 年 2 月又全面启动了可转债募投项目之"年产 20 亿只 PVC 健康防护手套项目"和"第三期年产 20 亿只健康防护（丁

腈手套）项目"，于 2020 年 2 月 11 日公告了"6000 万副 / 年手术手套项目"，以及利用原有场地新增"12.5 亿只 / 年 TPE 防护手套"等项目。2020 年 6 月 8 日公告投资 33.4 亿元建设 300 亿只医用丁腈手套项目。

各类手套项目投产后，公司医疗及防护手套的总产能将达到近 600 亿只 / 年，涵盖包括医疗用丁腈手套、PVC 手套、乳胶手套、手术手套，以及餐饮行业、实验室、电子加工、家用、民用、美容美发、宠物护理等各种应用领域全系列产品，成为全球手套品类最全，产业布局最合理，拥有最完整产业链条的公司。

2. 2020 年业绩实现大幅增长

在全球疫情的影响下，2020 年上半年，公司实现收入 22.8 亿元，归属母公司股东净利润 6.2 亿元，同比增长 165%。预计 2020 年 1—9 月，公司归属母公司股东的净利润将为 18 亿—21 亿元，同比增长 380%—460%。

3. 战略布局四大事业部、七个赛道

2020 年上半年新增两个事业部、五个赛道；在公司原有防护事业部、心脑血管事业部的基础上新增了护理事业部、微创外科事业部，共四大事业部；产品线在健康防护系列产品、冠脉产品两个赛道之外，新增了瓣膜、神经介入、外周介入、微创外科等全新赛道；以中国为核心面向全球的跨国医疗器械平台布局完成，高质量发展阶段全面起航。

心脑血管事业部，公司将依托柏盛国际的雄厚研发实力与全球销售渠道，在结构性心脏病、人工心脏、外周血管、神经血管领域持续丰富产品系列。5 年内将有数十个重磅产品在国内外上市，在持续保持国际领先优势的同时，实现营收与利润的高速增长。

2020 年，公司通过投资并购进入外科领域，专注于微创手术腔镜外科手术器材的研发、生产与销售，目标 5 年内成为腔镜外科器材细分领域国产头部企业，产品达到世界一流水平，引领微创外科产品的进口替代。

在医疗护理领域，依托公司全资收购的武汉高德在全球急救包的领先地位，在不断开发新产品的同时，通过自建与并购不断拓展护理产品的上

下游产线，包括上游原料水刺无纺布，下游产品消毒湿巾、湿性敷料等，不断完善产业链条，成为公司医疗护理整体解决方案的重要平台。

4. 上海研发中心及上海商业总部成立

2020年9月，蓝帆医疗上海研发中心落户于上海张江医学园区核心片区ATLATL创新研发中心。蓝帆医疗在并入新加坡柏盛国际后，迅速整合柏盛国际全球研发资源，在一年多的时间里，组建了上海研发中心、把原有的美国研发中心扩建升级为全球创新中心及创新产品的孵化器，组建了二尖瓣、神经介入等多个研发团队，在欧洲收购了位于德国的瓣膜研发明星企业NVT，并将NVT与原欧洲研发及临床团队进行了重组和扩充，到目前已在新加坡、美国、瑞士、德国、山东等地搭建了全球八个研发平台，构建全球24小时研发体系。

同期，蓝帆医疗上海商业总部开业，意味着在上海这个国际化、科技化的发展高地、蓝帆医疗将开启二次创业、高质量发展的新里程。

5. 全球研发人员超600人，加大研发投入

研发创新驱动产业发展，在研发创新上，蓝帆医疗始终在与时间赛跑。全球第一个推出可降解涂层支架EXCEL，通过涂层降解技术，有效减少患者的炎症反应和血栓发生风险；全球第一个推出了1个月DAPT的双抗治疗方案，为高出血风险患者提供更优治疗方案；Biofreedom支架是全球第一个被写在欧洲心血管治疗指南中专门针对高出血风险患者的推荐使用支架；先后5次在《新英格兰医学杂志》《柳叶刀》上发表临床研究，其他学术文献发表超过100次，引发行业对于高出血风险患者临床诊疗的研究潮流。

截至目前，蓝帆医疗全球研发人员已超过600人，全球专利超过300项。已有多个创新产品以及不同阶段的国内外注册及临床研究，在研项目储备丰富，主要包括钴铬合金无聚合物药物涂层支架、药物球囊、BA9药物活性研究、心内和外周球囊、心内和外周微导管、外周药物支架、可回收可重新定位的介入主动脉瓣置换（TAVR）、介入二尖瓣置换、脑卒中取

栓支架等在研项目。

6. 资本助力产业发展

公司2020年上半年完成31亿元可转债再融资、2亿元外科专项基金等项目；下半年拟新增6亿元风投基金、12亿元产业投资基金，以及50亿元资本资源助力产业发展与创新研发。

在资本规划上，公司过去几年开始持续布局投资、研发的全新产品线未来5年都进入市场投放阶段，在产业发展的同时，我们做好顶层设计，成熟一个独立上市一个，预计到2025年，公司旗下再新增2—3个上市公司，形成覆盖国内外资本市场的上市公司集群。

四、突发疫情下，企业实践背后的思考与心得

2020年的新冠肺炎疫情，让全球经济按下暂停键，继而，中国企业面临了一场"生死大考"，每家企业、每位员工都被推上了战场：面对同样的危机，谁能活下去？在企业生命历程的种种危机下，又如何一次次扛过来？这就需要企业在危机中，通过快速应变的措施实现自救，强化自身的"免疫系统"，以持续应对变化，获得长久的发展。

面对全球突发疫情，蓝帆医疗一方面快速反应全力支持国内外疫情攻坚战；一方面顺势而为谋发展；一方面又因地制宜地强力创新与创造；同时还在立足长远抓住机遇布局谋篇。不仅在动荡中快速找到方向，精准做出应对，还能抓住机遇实现逆势发展，并积极承担社会责任，展现出了困难面前顽强的抗压抗风险能力，同时面对新环境展现出了极强的应变力，能危中求机，具有开创引领作用、极具改革创新精神的商业力量。

总结背后的思考与心得：

1.当危机和剧变来临时，考验的是领导力，需要的是快速行动力。当危机来临时，最需要的是企业家的责任与担当，最需要的是卓越领导力，最需要的是快速有力的行动，而不是按部就班的管理能力。因为时间、机

会都不可逆，没有彩排，无法回放，考验的只有切切实实的行动，行胜于言，行动是理想与现实之间的桥梁。

2. 价值观是公司最根本的出发点和最核心的竞争力。对任何企业来说，核心都在于价值观引领，创始人和管理者的社会责任与管理道德是企业的基础，有了它才可能圆梦，这也是公司战略的出发点。

做企业一定要能 think something bigger，商业的本质是要给社会和他人创造福祉，勇于承担社会责任，这是企业价值观的最好诠释，只有这样做才能获得外部认可与尊敬。

只有有价值观与信仰的企业，才能真正聚集一批有使命、有情怀的一流人才，才有生生不息的创造力和强大的战略与执行力。也只有当企业践行社会责任时，才能更好地激励内部组织成员；当他们看到公司能够帮助社会做有价值、有意义的事时，员工会产生自豪感与凝聚力。

3. 真正以顾客为中心，不是教育客户，而是推动行业发展。只有真正创造出新的客户价值，企业价值和客户需求以及产业价值融合，企业才能顺势而为，顺势突破。

但这需要战略远见与专注的战略定力，功利的短期主义是无法实现的，当疫情来临时，政府、社会、机构、个人健康防护的意识提高，市场前景更加广阔，我们前面做的对于医疗防护板块战略规划的所有努力就发挥出作用了。

4. 凡事预则立，机会是给有准备的人。疫情以来，防护事业部的医用手套、医用口罩、医疗护理包、消毒护理等系列产品，都是疫情最需要的物资，我们全力以赴保证生产线，为疫情防控做出了应有的贡献。由此，"中国健康防护领军企业"的商业模式也得以全面起航。以中国为核心面向全球化的发展战略也发挥出了作用。在中国需要时，我们第一时间从海外组织防疫物资进中国；在海外需要时，我们又第一时间组织中国防疫物资一起出海贡献中国力量。

5. 我们无法改变环境，我们能做的只有改变自己。在摧枯拉朽的时代剧变面前，我们能做的只有改变自己，进化自己。

新时代下，数字技术改变着一切，而疫情又加速了这种改变。这种情况下，打开组织边界，与外部连接、协同、共生才是王道。而共生需要彼此赋能，最需要企业有信仰：先有利他，方能利己，成就他人，才能成就自己。

2020，我们要在为他人、为社会创造价值的基础上，感受生命的伟大意义。

专家点评

教育医疗：线上平台的重要作用

对于教育与医疗行业，两者有一定的共通性。第一，行业内的线下需求旺盛，无论是学生的课外培训，还是病患的就医问诊，大多是需要线下面对面地进行。第二，教育与医疗两个行业的服务都要保证一定的连续性，学生的培训授课要定期按教学计划开展，病患的就诊用药也需要定期、按时进行。第三，两个行业对于服务的容错率较低，教书育人要保质保量，在教、学、练、测、评等环节均要认真仔细，出错就会误人子弟。病患问诊需要医生具有丰富的经验和技能，给出最适合病人自身的治疗方案，出错就会害人害己。

而此次疫情的蔓延对于教育医疗服务的线下、连续与高质量的开展产生了极大的阻力与影响。第一，人们的出行因疫情受到极大限制，外出上课参加培训或因小病而看病就医的意愿大幅降低。第二，由于在疫情期间要保证不出现聚集性人群，线下教育培训机构停课，达不到防疫医疗条件要求的基层诊所、卫生站、病院需要暂停医疗服务。第三，小学、中学、大学的开学时间延后，医院的日常门诊暂停。三者加起来让线下教育医疗的日常运营与服务输出停摆，学生的教育资源与病患的权益健康保障面临着严峻挑战。

在疫情的危急环境下，教育与医疗企业充分发挥自身平台资源与业务优势，保障教育医疗服务输出，为教育与医疗行业保驾护航。在跟谁学案例中，第一，其与旗下高途课堂通过课程捐赠与网络免费直播课，将优质教育资源充分扩散，保障中小学生疫情期间的正常学习。第二，跟谁学开放自研的"微师"在线直播平台，允许线下机构入驻并提供技术支持，帮助线下培训机构渡过难关。在健客网案例中，健客网旗下"健客医生"App为患者提供在线问诊服务，并致力于打造H2H（Hospital to Home）智慧医疗新生态，旨在构建多元化的智能医院。在微医案例中，通过线上义诊服务、可疑病例上报、疫情知识科普、远程会诊指导、线上便民门诊等措施帮助群众解决疫情期间的就医需求，助力医疗结构与疾控中心开展疫情防控。此外，微医还打造全球抗疫平台，投身海外疫情援助，获得国内外广大同胞、主流媒体、驻外使领馆的一致好评与认可。在蓝帆医疗案例中，其通过提供疫情物资全套解决方案以及设置前置海外仓，帮助各个国家更高效地获得疫情防护资源。

从中我们发现，线上教育医疗在疫情中发挥了重要的作用，摆脱了地理位置的局限性，将教育医疗资源充分通过线上平台进行倍数放大，触达不同地区的各类人群，充分展现了线上教育医疗的作用和潜力，让我们对教育医疗行业产生了新的思考。

第一，线上教育医疗服务范围将有效扩大。本次疫情的突然出现，令没有做好准备的众多线下培训机构、基层医疗单位猝不及防，门店关停，线下教学与医疗服务受阻。对于更加认可传统面对面授课方式、面对面看病问诊的人们而言，不得不转向线上模式寻求解决方案，让线上教育与医疗平台的流量出现飞速增长。在此过程中，人们会主动探索、发现优质的线上教育医疗平台，熟悉线上服务的模式与流程，体验通过线上方式获取知识与服务的优缺点，加深对于线上教育医疗的理解，更加积极主动地拥抱新事物、新方法，令从事线上教育医疗服务工作的企业获客成本大幅下降，为线上教育医疗的发展带来了巨大的契机。

第二，教育医疗行业企业会更加重视线上化。拥有线上教育医疗平台的企业能够有效抵御疫情带来的影响，甚至能够获取更多用户，进一步提升品牌知名度，拓展市场份额。而不具备互联网元素的教育医疗企业，则因为疫情而受到较大的冲击。因此，更多的教育医疗企业将重视线上业务拓展，通过业务模式的转型升级抵御未来可能发生的不可控风险。对线上教育医疗企业而言，虽然其用户量出现了快速增长，但同时也是对技术与运营能力的考验。例如在微医案例中提到，"新冠肺炎实时救助平台"上线头60小时，瞬时的大量咨询问诊订单让系统稳定性面临重大挑战，用户的候诊时长也明显拉长。因此，企业在技术运维、服务运营、资源调配等方面会承受较大压力，需要快速制定并实施解决方案，提升技术能力与储备，将线上线下渠道充分结合，灵活自如开展业务工作。

第三，智慧教育与智慧医疗转型升级。在线上教育领域，每一名学生都是独特的，对于教、学、练、测、评的服务需求具备多样性。在线上医疗领域，平台服务要讲求全面、精准、效率与质量。因此，对于线上教育医疗企业而言，其不能仅仅满足于具备提供线上平台服务的能力，更要开拓进取开展智慧服务转型升级，提供全面化、个性化、优质化、智能化的服务体系。正如在案例中，健客网提到要运用大数据分析技术，精准连接每一个用户，构建用户标签和画像，针对不同用户群体提供差异化的服务解决方案，以用户为中心实施全生命周期服务。通过H2H战略致力于创造智慧医疗新模式，结合体检、保险、居家养老、医疗金融等周边服务，实现医疗管理闭环，加强用户健康保障。而微医运用智能终端设备"流动医院"协助人流监测、健康检查、疾病筛查，用智能技术助力医疗服务。

线上教育医疗的闪光点在疫情期间凸显，一系列的政策利好将加速教育医疗行业的线上化、数字化与智能化进程。疫情在未来终将过去，但人们对于教育医疗的需求将更加精细化、多元化，更加讲求线上线下的深度融合，对教育医疗行业而言，依旧任重而道远。

/专题四/

金融科技

行业危机

近年来,科技与金融行业的融合与叠加逐步深化,以人工智能、大数据、云计算、区块链为代表的前沿科学技术实现飞速发展,金融行业的格局、边界、生产方式、竞争模式、组织形式不断突破与重构,网络化、数字化、智能化正在成为金融行业综合应用与变革的新方向,传统金融行业在金融科技的影响下正在经历全新的变革。2020年新冠肺炎疫情突然席卷全国,金融市场的流动性、资产价格受挫,实体经济面临巨大冲击,金融行业更加需要金融科技的支持以稳定疫情带来的风险。在疫情蔓延之下,金融行业主要面临以下几个方面的影响:

一是线下业务向线上转型。疫情期间,人们外出到线下金融机构网点办理业务的频率降低,金融机构的线下获客与销售受到较大影响,其开展业务的主要模式要转变为远程零接触的服务形式,部分数字化水平欠缺的金融机构在由线下向线上转型的过程中面临较大的困难。

二是金融机构资产质量。金融市场中的各类资产标的受疫情影响价格波动较大,部分金融资产流动性出现问题。此外,金融机构服务的中小型企业在疫情之中的业务因停工停产而无法正常开展,对营业收入影响严重,造成短期偿债能力下降,金融机构信用资产质量下滑,面临着一定程度的信用风险,同时会令金融机构降低资金借贷意愿,对社会融资规模造成冲击,进而影响金融行业服务实体经济的能力。

三是人员管理。金融机构的员工在疫情期间的办公模式与健康管理是金融机构需要着重考虑的问题之一。线下办公因疫情影响而难以实现,因此如何通过远程办公对员工进行全面高效的管理是金融机构面临的主要问题。

企业自述

度小满 攻坚战之下的金融科技价值
阳光保险 "烽火"连三月 家书抵万金
美团金服 春风化冬雪,金融科技助力生活服务业共克时艰
易得融信 公共危机下金融科技的产业重塑和组织新生

攻坚战之下的金融科技价值

朱　光

新冠肺炎疫情是我们在 21 世纪遭遇的第一只世界级"黑天鹅",它在给全社会的秩序、经济造成扰动的同时,也让人们意识到,没有任何个体能独善其身:国与国,抑或一国之内的个人、家庭、企业,都是命运共同体,唯有在各自的位置上"守土有责",齐心协力,才能共克时艰。

企业连接国与家,更是经济活动的基本单元。度小满金融作为一家金融科技企业,身处"经济战疫"这个"第二战场",一方面,要在保护好员工的前提下,实现复工复产;另一方面,由于线下服务受到限制,要帮助银行、消费金融公司等合作伙伴应对"零接触服务"的挑战,共同为"小微企业"有效输血,助力疫情结束后的消费复苏。从应对疫情的实践来看,数字经济基础设施和协作模式发生了改变,金融科技带来的价值不可估量。

当前,国内疫情已基本得到控制,复工复产正在有序推进;但国外疫情蔓延仍然形势严峻。在全球经济一体化背景下,疫情对经济的影响仍存在较大不确定性。在"中国经济基本面长期向好"这一最大确定性前提之下,我们应该练好内功,以更积极的态度应对各种"不确定性"的挑战。

作者系度小满金融 CEO。

一、360度严防严控，有序安全复工

保证企业员工的健康，是企业安全、有序复工的前提，也是每个企业抗疫的重中之重。度小满金融基于预防、管控、应急等多个维度，全方位覆盖公司的每个人、每个角落，构建了一道坚实的立体防疫阵线：CEO挂帅疫情防控应急小组，确保权责落实到人。同时出台系统、完整的防控方案和应急管理措施，云协作、防疫"高压线"和后勤物资多管齐下，在科学抗疫、令行禁止的同时，也兼顾了员工体验。

通过立体式无死角严防严控，度小满金融以复工后"零确诊"的答卷保障了全体员工的身体健康，保证了公司稳定运营和创新发展。

（一）CEO挂帅，应急小组构成科学"抗疫大脑"

复工前，度小满金融成立了疫情防控应急小组，由CEO担任组长，各业务线负责人任组员，行政及内部沟通部、人力资源部、智能办公平台部成为主要参与部门。

应急小组分工明确：组长领导公司疫情防控工作，决策关键问题，组员作为体系疫情防控负责人，全面部署并落实防控工作安排。

同时，防控权责落实到每一个人：部门长作为部门防控的负责人，落实公司疫情防控的各项政策和要求，并将相关政策传达到员工个人，时时掌握部门人员健康情况，发现异常及时上报，有问题及时沟通解决，直属领导负责每个下属的健康状况、防护工作，发现异常及时上报，有问题及时沟通解决。

参与部门各司其职：行政及内部沟通部负责统筹各部门防疫工作部署、日常运营和紧急事件处理、人力资源部负责员工健康信息管理及员工沟通工作，协调资源，做好疫情期间工作安排。

（二）构建制度"高压线"，提高员工重视度

在人员管理上，度小满金融严格执行北京市及各地防控隔离政策和复工安排。已在工作地的员工（包括外包人员），隔离观察满14天后可返回办公室上班，不在工作地的员工须遵守当地政府行政指令，结合当地疫情和自身健康状况，错峰返回工作地，并安排好隔离时间。对于孕期女员工则安排灵活办公，距离预产期不足1个月的可提前申请休产假。

度小满金融制定了一系列复工的具体措施，涵盖班车通勤、体检测温、办公场所、访客管理等多个维度，结合岗位工作性质和员工个人情况，鼓励员工远程办公，工区复工的员工需分散就座。疫情期间，对工区进行疏散、要求各部门利用原有零散工位分散就座，并且严格执行50%上限的规定，严格保证合理间隔W型就座（相邻间隔1工位，避免面对面、背对背）。

为提高员工的防范意识，度小满金融提出了六点行为准则：员工在工区全天戴口罩，勤洗手，多走楼梯、少乘电梯；关闭无窗会议室，减少参会人员，减少不必要会议；开会时，须全程佩戴口罩、间隔1米就座，保持开窗通风；疫情期间规定3人以上即为聚集行为，严禁员工之间聚堆讨论等；提前一天，预订午餐和晚餐；随时关注自己的健康情况，禁止带病上班。关注同住家人或室友的健康情况，如有疑似病患，务必立即上报公司、立即隔离。

为了确保防控方案得到切实有效执行，度小满金融明确了员工行为"高压线"制度，对于谎报瞒报健康信息、故意不执行防护措施、散播有关疫情不实言论等行为，将做严肃处理，情节严重的可解除劳动关系。

（三）防疫物资供应充足，让抗疫一线无后顾之忧

疫情防控无小事，度小满金融在很多细节上都安排得细密周到，做到"有温度"的防疫。

在员工通勤方面，鼓励上下班错峰出行，为减少员工上下班交通感染风险，疫情期间公司班车正常运行，并严格落实每趟消毒、乘客"北欧式排队"、测温乘车等防控措施。针对骑滑板车上下班的员工，提示滑板车的使用存放及进入工区的通行路线。

为解决员工返岗的后顾之忧，度小满金融为每位复工员工准备了包含免洗消毒洗手液、酒精等防控物资的"健康礼包"，并为返岗员工每日发放口罩。

同时，在办公场所环境卫生管理层面，也为员工提供了充足的保障，如增设设有废弃口罩专用垃圾桶、各个工区根据具体情况进行全方位消毒等。

（四）应急预案未雨绸缪，做到有备无患

为应对突发情况，做到未雨绸缪，度小满金融制定了全面系统的应急管理措施，一旦出现体温异常等紧急情况，应急小组第一时间响应，各部门按照应急方案有条不紊地应对。

按照应急预案，如有员工身体不适，可联系行政部前往隔离室测温，每日测温两次。测温后，如发现体温异常（37.3℃及以上），第一时间汇报防控应急小组，迅速回家隔离观察（严重者呼叫120送往发热门诊），周围人员避免与患者直接接触或近距离接触。此后，即便经检查后确认未感染，在完全恢复健康、无发烧和相关症状后，也需在家办公7天以上，再经应急小组审批确认后，才可酌情安排复工。

发现疑似病例后，行政部将立即安排对发烧人员的工位封闭隔离，并对工位周围区域全面消毒。应急小组第一时间报信息后台，请后台立刻查询补充人员信息，包括健康打卡记录、返回工作地行程等。

发烧人员离开工区后，由其职场联系人通知员工第一时间填写电子登记排查表格，询问回家当日的体温情况，以后每日收集3次拍照体温反馈。

同时，有症状员工工位的周边人员也需回家隔离观察两天以上，并向

公司每天汇报体温及相关信息，具体由行政部负责通知安排。

抗疫道路任重道远，度小满金融在有序开展运营和创新发展的同时，做到"严防严控"，全力推进有序复工。

（五）技术"战疫"：打造数字化"防疫系统"

通过科学应对，"有温度"的防控，度小满金融以复工后"零确诊"的答卷保障了全体员工的身体健康。从度小满金融的防控措施可以看出，复工防疫的核心在于尽可能减少人与人之间的不必要接触，但如果没有科技的参与，仍然难以避免聚集接触风险。

以员工就餐为例，为减小员工聚集风险，便利店暂时取消供应包子、关东煮、烤肠类暴露时间较长的食品，餐厅暂时取消供应夜宵，但员工的早餐、午餐、晚餐必须解决，如果还按照传统的食堂打菜模式，仍然可能造成人流的大规模聚集。

度小满金融的解决方案是：早餐、午餐、晚餐均改为套餐供应，取餐方式也变为预订。通过线上餐饮预订系统，极大提升了用餐取餐效率，降低了人群聚集时长，同时以"销"定产，杜绝浪费。

作为科技企业，度小满金融复工防疫系统工程中的每一个环节，都充分发挥了科技的力量。在疫情防控应急小组中，智能办公平台部是主要参与部门之一，负责制定疫情期间远程办公技术方案，并做好技术支持，负责与疫情相关的办公系统的开发和维护，如员工就餐使用的 iLife 就由该部门开发。

除方便员工订餐外，iLife 极大优化了度小满金融各项防疫工作的效率，如可以用于口罩等保障物资的领取，每日推送提醒让员工在 iLife 健康打卡，降低了防疫的管理成本。

此外，各类远程办公系统也保障了不能到岗的员工能够及时、有效地参与到工作当中。

二、疫情对企业是一次"免疫力大考"

尼采说:"任何不能杀死你的,都会使你更强大。"

这次全球性的疫情对所有企业都是一次大考。疫情突然暴发时,没有特效药,靠的是自身肌体的健康程度和免疫力。企业就像人一样,遇到不可预测危机时,拼的就是平时积攒的内力和组织的健康度。同样,一个本来就"带病"的企业,很难抵抗突如其来的危机。一个企业从诞生到做大,一定会不断遇到危机和"病毒"的侵袭,必须在平时练好内功,增强"免疫力",把组织建设得更扎实,当企业有了极强的凝聚力和执行力时,就能从容应对各种危机,并在危机中不断成长。

金融业务对"免疫力"有更高的要求,要遵循经营规律,任何时候都要留下充足的风险缓冲,以备不可预期的风险。风险下的稳定性是金融企业展开一切经营活动的基础。所有运营决策都是在风险稳定的基础上做出的。任何金融企业都会面临像疫情这样的突发危机,但比拼的是危机到来时,谁的资产稳定性好、谁的波动小。稳定的风险是建立在对客户的深度洞察的基础上的。

2019年年初开始,我们预判部分金融机构的风险在抬头,收紧了风控策略。信贷方面,第一,对"多头共债"的容忍度降到冰点,不留风险敞口;第二,在产品上以循环产品为主,逐渐减少长分期产品这类长周期、受经济波动较大的产品比重;第三,加大了对优质客户的精细化运营力度。多重举措下,2019年四个季度不良率持续下降。2020年,尽管业务受疫情影响,还是确保了基本的稳健性。同时也让我们有能力对因疫情产生短期资金困难的客户给予更多的支持和帮助。

在行业去伪存真,金融科技全面登上舞台的基础上,金融业可以将疫情转变为难得的机会,看清哪些用户具有稳定风险表现,他们都有哪些特征和属性。金融机构应不断探索加深用户洞察的路径,分客群精细化运营管理,从而大幅提升风险稳定性。

本次疫情可以说是对金融行业的一次全链路压测，企业不应放过任何一次危机，其中会暴露出很多商业模式的问题、组织效率的问题、灾备能力的不足等。所有金融行业和金融科技的从业者，如果能及时调整，可以使风险管理和精细化运营水平提升到新层次，推动战略和经营管理上一个新台阶。

三、新基建为金融科技发展按下"加速键"

近年来，"新基建"成为推动经济发展的重要关键词。早在2018年年底，中央经济工作会议就明确5G、人工智能、工业互联网等新型基础设施建设的定位。2020年3月初，中央政治局常务委员会会议召开，提出加快5G网络、数据中心等新型基础设施建设进度。金融业一直是新科技的实践者和推动者，此次新冠肺炎疫情，进一步凸显了"科技新基建"对金融业的价值，助力金融行业科技转型步入快车道。

（一）疫情加速金融科技回归风险管理本质

疫情之下，实体企业最先受到影响，除了面对需求萎缩、生产停滞、物流受阻等难题外，很多企业首先遭遇了一场现金流大考。在此背景下，政策层面出台了一系列减税降费及金融扶持政策。其中，金融行业作为扶持政策的落地执行者，能否及时高效地化扶持政策为雨露甘霖，为中小企业化解现金流燃眉之急，成为疫情之下各家金融机构面临的一场大考。

尽管疫情趋于平稳，经济开始复苏，金融机构面临的挑战仍然艰巨：第一，对银行来讲，整个资产构成会发生变化，过去资产端以大型企业、优质企业和优质民营企业为主，现在向普惠、小微、零售金融做转型的压力增大；第二，过去的风险政策都是在高速增长的环境下制定的，没有经历过真正的周期。风险、存量资产会给传统金融机构带来一些压力。

帮助金融机构解决困难和压力，将会成为金融科技发展的机会。近年来,"伪金融科技公司"不断出清,金融科技行业的发展开始回归风险管理的本质。疫情这一突发事件,将加速这一进程。对于重合规、重风控的金融科技公司而言,金融机构的压力和问题,恰恰是金融科技发展的机会。

我们一直认为,"金融科技要先解决风险问题,再解决效率问题"。过去互联网金融之所以聚集一些风险,主要是因为过于强调效率的提升,忽视了风险的管理。因此,度小满金融一直以风险管理为核心,布局金融科技的发展:一方面,基于自身的金融业务不断锤炼技术;另一方面,面向持牌金融机构进行技术输出。在金融科技领域,度小满金融已和光大银行、招商银行等数百家持牌金融机构开展合作。

(二)科技赋能:助力金融机构"零接触"服务

"饭馆不开工没工资发,没办法第一时间还款。""我被隔离了,想要延迟还款。""现金流断了,经营困难,想低息借点钱给员工发工资。"……疫情期间,银行的信用卡中心和互联网公司信贷业务的客服部门每天都要面对大量的类似问题,但由于很多员工无法到岗,大量的用户诉求出现"挤压"。

为帮助银行金融机构解决远程办公的难题,度小满金融在疫情初期就推出了两项举措,助力金融机构"零接触"办公:为金融机构提供1个月免费的智能语音机器人服务,最大限度降低金融机构部署在线智能服务的成本;同时针对疫情中出现的新问题,针对性推出特殊版本机器人,增加疫情识别的多种意图。

语音机器人在客服领域的应用已经比较成熟,但在当前的疫情语境下,客户提出了很多与疫情相关的新问题,比如"我被隔离了,能不能晚点还钱""我被确诊了,没法按时还款",这些之前没遇到过的问题,机器人一开始无法理解。为了应对这些"超纲题目",度小满金融语音机器人团队在2月3日开工第一天迅速根据政策和疫情的变化,基于大数据系统整理用户话术，转化为机器学习的知识图谱，3天内完成了语音机器人的迭代升级，成功应对了疫情带来的挑战。

目前，度小满语音机器人人机交流的准确率可达90%，可实现多轮复杂对话，发音自然，用户对与机器人交互的内容无明显感知差异，无感率达到99%，即99%的用户不知道跟自己通话的其实是机器人。我们的客户覆盖国有大行信用卡中心、股份制银行个贷和信用卡部、地方性城农商行，以及互联网巨头信贷业务部门等50多家金融机构，应用到了贷后管理、电销、质检等多个环节，整体而言，降低了20%—40%人工作业量。

（三）精细化运营成趋势，智能化助力降本提效

在危机下，企业的精细化运营需求更加迫切。同时，疫情隔离要求限制了金融机构的复工人数，服务流程如何线上化成了新的挑战。

以信贷业务为例，我们围绕贷前、贷中、贷后的全业务流程，让RPA（机器人流程自动化）技术贯穿信审、客服、催收等全业务流程中，降低风险、提升效率。

例如，在金融机构的客服场景下，客服复工人数受疫情影响严重，语音机器人既能避免人员聚集的风险，又能降低人工成本，且可以杜绝语言暴力等风险，受到金融机构的欢迎。目前度小满语音机器人客户已经覆盖包括国有大行、股份制银行等多家金融机构。疫情高峰期间，某全国性股份制银行客服无法到岗，度小满语音机器人承担了客服的大部分工作。我们的机器人团队还研发出了"疫情客服机器人"，基于疫情特点调整沟通内容和语气实现更好的服务，不仅用于内部场景，也全面向银行、消金等持牌金融机构开放。

3月之后，随着客服逐步复工，通过"人+机"结合的方式，降低了30%左右的人工成本。

对于金融科技而言，2020年既是挑战严峻的一年，也是发展的关键之年。相信疫情过后，金融科技将成为所有金融机构的"标配"。2020年也

将成为金融数字化发展的分水岭。

（四）"零接触"加速金融全流程线上化趋势

受疫情影响，金融领域线下场景受限。一方面，大量金融服务需求从线下迁移到线上，如信贷、理财、保险等个人业务线上化提速；另一方面，受疫情影响很多员工无法到岗，金融业务的线上化、自动化成为刚需。

过去对线上转型重视不足的金融机构，受限于面签、柜台开户等线下流程，甚至无法顺利展业。相比之下，线上转型较为彻底的金融机构，顺势推出"零接触"金融服务，把握了市场机遇。疫情让金融机构充分意识到金融科技的价值，也充分意识到线上业务和自动化流程的潜力，线上化、数字化发展成为大势所趋。

（五）授人以鱼：延期还款服务等多项保障服务出台

在企业有序、安全复工的前提下，也基于度小满金融创立以来恪守金融本质，以"风控优先于效率"为路径打造的底蕴，度小满金融有钱花、保险等多条业务线有力地履行了社会责任：为用户解决当务之急，为社会战疫尽力所能及之力。

首先，度小满金融针对受疫情影响的个人信贷用户和小微企业用户及时提供了延期还款服务。

如有钱花积极响应银保监会《关于加强银行业保险业金融服务配合做好新型冠状病毒感染的肺炎疫情防控工作的通知》（银保监办发〔2020〕10号）面向新型冠状病毒确诊用户，提供了延期还款、减免延期利息等便利措施和相应支持：

对受新冠肺炎疫情影响的用户，若疫情期间居住地被封闭管理，无法外出务工，在提供相关证明资料审批通过后，也可享受延期还款服务。

此外，对受新冠肺炎疫情影响的企业主或小微企业主，若由于疫情导致公司无法恢复营业或开工，在提交营业执照等证明文件并审核通过后，同样享受延期还款服务。

其次，度小满保险联合多家专业机构及时上线了三大暖心服务，包括：

疫情实时播报：携手华泰保险合力打造"新冠病毒肺炎疫情实时动态"，提供最新疫情资讯汇总，拒绝小道消息，随手掌握第一手真实确诊数据；

专家大夫免费在线 1V1 问诊：联合妙手医生、华泰保险提供免费 7×24 小时在线问诊，足不出户就能看上专家大夫；

最高 600 万元医疗保障"免等待期"：联合华泰保险合力推出"满医保百万医疗险"，针对特殊时期，及时新增了"新冠肺炎可理赔"保障。特殊时期，如果被确诊为"新型冠状肺炎"，凡是购买"满医保百万医疗险"的用户可按 0 等待期报销医疗费，节省时间。

四、放眼未来：技术研发与人工智能科普并行

在对内外一系列抗疫挑战进行了系统性布局，也收获成效的基础上，度小满金融已经开始为疫后金融科技乃至人工智能的长远发展布局，一方面，出资助力科研新型冠状病毒等新疾病的治愈药物筛选、研发；另一方面，将人工智能从娃娃抓起，为未来播下科技进步的种子。

（一）向百度疫情攻坚专项基金出资 1000 万元：唯有技术"抗疫"才能"一劳永逸"

2020 年 1 月 26 日，百度宣布成立总规模 3 亿元的疫情及公共卫生安全攻坚专项基金，用于支持新型冠状病毒等新疾病的治愈药物筛选、研发等一系列抗击疫情工作，以及更长期的社会公共卫生安全信息科普和传播等。百度用技术助力疫情防控的举措，在社会上引发广泛的反响和好评。

度小满金融宣布向百度疫情专项基金出资 1000 万元现金，全力支持

抗击疫情的系列工作。技术能够在病例监测、疫情趋势预估、新药研发等领域发挥关键作用，成为有效抗击疫情的重要力量。

新型冠状病毒疫情备受关注，全球还没有针对此病毒的特效救治方法。加强溯源和病原学检测分析，加快治疗药品研发，提高疫情防控的科学性和有效性，已成当务之急。

得知针对支持新型冠状病毒等新疾病的治愈药物筛选、研发等一系列抗击疫情工作，需要算法、算力的有效支持。百度提供人工智能技术支持，配套亿级计算资源，助力疾控机构、科研院所等研究单位进行研发提速。同时，百度将提供时空大数据及分析技术，支持疫情的及时发现、快速应对及科学管理等方面。度小满金融的1000万元资金，由百度基金会统一调配，设立专项的科研基金。

（二）度小满金融通过公益视频科普人工智能，激活下一代的"技术心"

疫情之下，学生开学时间推迟，"停课不停学"成为知识教育领域的核心举措，教育机构不断推出线上课程，各界企业也在为此献策出力。

3月初，度小满金融依托自身技术优势，联合机器学习研发工程师，推出集漫画、动画片、音频于一体的AI公益科普视频，丰富疫情期间孩子们假期生活的同时，为全网小朋友提供免费、零基础、趣味视频科普教学，开启孩子们的人工智能"开学第一讲"。

在科普人工智能知识的同时，为了让孩子们对人工智能有更具象的认知，度小满金融以机器人这一代表性AI技术应用作为主形象，采用动画片、漫画、音频交叉讲解的方式，配合研发工程师深入浅出的讲解，让晦涩难懂的专业技术更加容易理解。

其中，整个科普视频划分为"机器人为什么能听懂你说话？""什么是人工智能？""智能语音机器人有哪些超能力？"等主题，配合大白、瓦力、铁臂阿童木、变形金刚等机器人动画片，讲解自动语音识别、意图理解、语音合成等人工智能基础知识。

《2019年教育信息化和网络安全工作要点》曾明确指出要推动在中小学阶段设置人工智能相关课程，推动大数据、AI、人工智能等新科技在教育中的深入学习和应用。日前，教育部发文特别提醒，各地在原计划的正式开学日之前，可安排一些疫情防护知识、心理健康辅导、寓教于乐等方面的网上学习内容，确保学生度过愉快的假期。

作为一家金融科技公司，度小满邀请了机器学习领域优秀的研发工程师亲自授课，为零基础的孩子们定制人工智能科普公益视频，希望能启发孩子们对人工智能的兴趣，也算为人工智能的未来"前人栽树"。

五、历经风雨，更显坚韧

在疫情暴发后两个多月的时间里，我们的政府、企业、民众上下同心，展示了在危机面前，整个社会强大的动员能力，过程中展现的"家国一体"的精神让人感动。

作为经济战疫中的一员，度小满金融要为员工复工营造好的环境，落实好政府对于复工复产的要求，保护好一个个"小家"，确保复工"零感染"。同时，小微企业主和兼职创业者占据了我们用户数量的65%，他们中很多人的收入来源都受到疫情的严重影响，我们为受到疫情影响严重的用户推出了延期还款的政策。为了帮助合作伙伴远程复工，我们的机器人团队研发推出"疫情客服机器人"，基于疫情特点调整沟通内容和语气实现更好的服务，不仅用于内部场景，也全面向银行、消金等持牌金融机构开放。为支持新型冠状病毒等疾病的治愈药物筛选、研发等一系列抗击疫情工作，百度成立了一个总规模3亿元的疫情及公共卫生安全攻坚专项基金，度小满金融第一时间出资1000万元支持抗疫工作。

疫情终将过去，在抗击疫情中展现的"家国一体"的精神将持续传承。度小满金融要用科技的力量，联合金融机构的合作伙伴，帮扶小微企业，为实体经济护航,从激活一个个"细胞"着手,为中国经济增长添砖加瓦。

疫情这场压力测试也告诉了我们的企业:皮之不存毛将焉附,只有企业履行好对员工、对用户、对合作伙伴的社会责任,企业的经营才不是无源之水。

"烽火"连三月 家书抵万金

张维功

2020年伊始，新冠肺炎疫情突然暴发，蔓延之快，影响之大，前所未有，是一场百年不遇的全国性重大公共卫生危机。面对疫情带来的严峻考验，党中央、国务院果断决策、科学部署，全国人民众志成城、团结奋战，全国疫情防控形势呈持续向好态势，生产生活秩序稳步恢复，疫情防控和经济社会发展工作取得积极成效。

此次新冠肺炎疫情发生后，阳光保险集团股份有限公司（以下简称"阳光保险集团"或"阳光保险"）全面落实党中央、国务院决策部署，按照银保监会"加强金融服务、配合做好新型冠状病毒感染的肺炎疫情防控"的工作要求，迅速明确了"全力支持国家抗疫行动、千方百计保证客户服务、不惜一切代价保护员工安全"的疫情期间公司三大核心任务，并围绕三大核心任务开展了一系列扎实有效的工作。

作为阳光保险的创始人、董事长，在疫情期间我高度重视公司员工的身体健康和心理健康，统筹公司的防疫工作。几十天的时间，我连续写了11封给员工及员工家属的信，目的就是希望在疫情致使社会冻结的情况下，全体阳光伙伴能够得到更好的保护，增强战胜疫情的信心，同时也为染疫员工尽量提供更多的精神慰藉。对这11封信进行透视，可以看到阳光保险全力以赴抗击疫情的工作全貌，看到阳光保险的员工在面对疫情时的精

作者系阳光保险董事长。

诚团结，看到阳光保险向社会传递"爱与责任"理念的实际行动。

第一封信：这个"年"不一样

新年春节本是家人团聚，走亲访友的喜庆日子，但今年的疫情给春节笼罩了沉重的阴霾。除夕前夜，腊月廿九，2020年1月23日，武汉宣布"封城"，成为中国防疫史上罕见的举措。考虑到员工在疫情阴影和"封城"消息下可能出现的恐惧、焦虑、慌乱等反应，我给武汉及湖北阳光保险员工写下了一封特别的新年致信，感谢他们仍然保持着客户服务的正常运转，告诉他们"阳光的28万人都是大家的坚强后盾"，同时也在信中倡议全体阳光保险员工过一个"简单与健康"的春节，在家静心防控疫情。考虑到当时湖北市面口罩等防疫物资已经出现严重短缺的实际情况，阳光保险安排旗下的阳光融和医院紧急调拨4000个医用口罩发往湖北阳光保险机构，为湖北地区的员工及客户提供防护。

其实在发信的5天前，也就是1月18日，阳光保险就已察觉到此次疫情可能的影响与危害，全面启动了疫情防控方案，考察公司疫情情况，布置疫情防控举措。阳光保险旗下的阳光产险、阳光人寿等子公司也按照集团要求，着手疫情的情况分析及应对准备。随着疫情的蔓延，阳光保险迅速明确了"全力支持国家抗疫行动、千方百计保证客户服务、不惜一切代价保护员工安全"的疫情期间公司三大核心任务，统一了思想，明确了工作重点。

阳光保险在全国有近2900个机构，28万名员工，仅在湖北地区的员工就有1.2万人。如何防控到位，保护这么大规模的人员安全度过疫情，对任何一家像阳光保险这样的大型企业来说，都是巨大的压力与严峻的考验。为了确保公司防疫工作的无死角、全覆盖，结合部分员工已经陆续返乡的客观实际情况，1月20日起，阳光保险开始对全系统员工实行网格化管理、日报告制度，线上统计监测员工身体状况和行程动态，根据所在地区疫情程度、人员流动情况、身体状况紧急实行员工 ABCD 分类管理模式，全员实现差异化、场景化管理。同时，为了尽量减少人员接触可能带来的潜在感染风险，阳光保险的科技部门经过三天三夜的工作，对公司已有的各类办公运营软件进行整合，快速完成了线上办公系统的全面升级改造，基本实现了全系统的全线上作业，大大减少了不必要的会面。除此之外，公司还对湖北机构全体员工提出严禁线下作业的特别要求，切实保护湖北地区员工的安全。

在做好公司自身防疫工作的同时，阳光保险同时支持国家防疫抗疫行动。1 月 25 日（大年初一），阳光保险向武汉地区及驰援武汉的近 30 万全体医务人员及家人每人提供 50 万元的疫情保险捐赠，承担因新冠肺炎导致的身故和全残责任。随着疫情从湖北地区向全国多地蔓延，阳光保险又分别向北京、深圳和海南全体抗疫一线的医务人员提供同保险金额的疫情保险捐赠，疫情期间累计疫情保险捐赠保单总额近 4000 亿元。同时，阳光保险对一线抗疫染疫身故医务人员开设疫情赔付绿色通道，专案慰问，专案赔付，为安抚殉职者家人及稳定一线医务队伍起到了积极作用。

第二封信：确保全体阳光人的安全

春节期间，随着疫情感染人数持续增加和感染范围不断扩大，中央及各地政府不断升级疫情防控举措，在春节假期即将结束之时，中央果断做出延长春节假期的决定。为了缓解大家的焦虑情绪，做好疫情防控，我在 2 月 4 日，给全体员工写了题为《全体阳光人的安全是公司目前最大的政治》的主题信，对阳光各级管理者明确提出"疫情期间，确保全体阳光人的安全是阳光最大的政治、最硬的任务"的要求。从那一日起，保护员工安全成为阳光保险所有管理会议的核心议题，成为全体阳光人的共同行动。

在信中，我引用了 2009 年阳光全国工作会议中提出的一句话："公司的最大财富是员工。"这句话放在日常，也许员工会不以为然，觉得只是公司的一句口号。但在疫情期间，阳光保险以实际行动向员工证明"公司的最大财富是员工"确实是阳光保险的文化理念。2月2日，阳光保险向全体员工及营销员提供了每人10万元的染疫关爱金及30万元的染疫身故关爱保障，并在2月8日将染疫关爱金及染疫身故关爱保障范围扩大到员工及营销员的直系家属，总覆盖人数达到88万人。疫情期间，阳光保险共对13名染疫员工、28名染疫直系亲属支付关爱金500万元，并安排专人每天对染疫员工及家人进行安抚和慰问，给予精神支持。经过努力，阳光员工安全得到了有效保障。截至3月16日，阳光保险36个省（自治区、直辖市、计划单列市）、4000多个市、县机构网点28万名员工及代理人中，累计确诊的13例均已痊愈出院（均在湖北地区），实现了全系统员工感染率低于全国、湖北地区员工感染率低于湖北省的"双低"，实现了湖北以外地区所有员工的零感染，湖北地区染疫员工零死亡。

第三封信：来自元宵节凌晨的特别问候

2月8日，我在晚上批阅文件时，发现当天刚好是元宵，联想到湖北地区员工特别是染疫员工有节不能过、有家不能回，心中感慨万千，于是放下手头文件，写了一封给湖北地区员工的特别问候信，落笔时已是凌晨5点。在信中，我再次强调要尽最大努力确保员工的安全，告诉大家"疫情期间，即使业务零增长、负增长，只要大家是安全的，身体是健康的，就是最大的高兴，最好的捷报！"

大疫当前，对于更多的普通人来说，除了保住生命安全身体健康外，收入压力、养家糊口是大家不得不面对的实际问题。因此，我在信中特意提到疫情期间全系统所有机构要克服一切困难，保障好员工的工资福利，这一"保障"不仅给全体员工吃了定心丸，更是使社会在一定程度上减轻了负担与压力。同时，公司设立了1000万元的抗疫基金，专项用于湖北地区员工的关爱安抚及购买防疫物资。考虑到元宵节是国人家人团聚的传统节日，家的地位尤为重要，因此，我在信中提出，将公司染疫关爱金及染疫身故关爱保障拓展到员工直系家属，保障人数从 28 万增加到 88 万，阳光保险业成为全保险行业中唯一一家把员工及代理人家属也列入关爱范围的企业。

  阳光保险的这一举动与企业一直坚持的对员工家属的关爱文化是一以贯之的。2017 年，在公司成立 12 周年的全系统会议上，我在公司内部讲话时谈到自己的观点，"公司价值的提升，员工及家人就应该得到更多的分享，对员工及家人的爱我们不能忘记""让我们以更加有价值的劳动，不断提高我们的收入水平，也让我们的父母、老人晚年生活更好一点"，提出将公司从 2010 年就开始施行的父母赡养津贴标准从 200 元 / 月提到最高 500 元 / 月，不断丰富与升级阳光保险对员工父母的"阳光关爱计划"。从 2010 年至今，阳光保险对近 3 万 60 岁以上的员工父母累计发放赡养津贴超过 2.4 亿元。不少员工父母都会自豪地分享公司各种暖心的福利政策，甚至成为和朋友聊天时的谈资。而在更早的 2008 年，阳光保险就为员工设计了人性化的"祝寿假"及"祝寿金"——"祝寿假"是每年父母过生日，员工都可享有两天带薪假，回家为父母祝寿；"祝寿金"是在员工父母 60 岁（含）以上逢五、逢十大寿时，公司向员工父母发放祝寿金。

给员工的五封回信：见信如面

  "见信如面，能感受到您是一个正直、担当的好父亲……祝明国兄身体健康，一生顺利！"

  "公司的关心是小事，您顺利出院、身体健康才是大事！"

  "好好工作，多孝敬老人。向你爱人问好！"

  "特别是你的女儿在 2.22（爱爱爱）这个艰难而又充满爱的特别日子生下一个健康的宝宝，一个充满希望的生命，真的特别高兴。"

  ……

这些字句来自我给公司员工及与员工家属的回信。疫情期间，不少公司员工及员工家属来信表达对公司关怀的感激，字里行间都透露着真情实感，感慨阳光如同一个大家庭，公司对待员工如同家人。对于他们的来信，我都认真阅读并逐一回复。

1月29日，阳光人寿湖北分公司一名员工的父亲吴某不幸被确诊为新冠肺炎。虽然他被确诊是在公司决定将染疫关爱金计划覆盖范围扩大到员工直系家属之前，但阳光保险仍按照关爱标准为他提供了10万元染疫关爱金。同时，按照公司对染疫员工及员工家属的精神支持计划，其女儿所在的分公司从领导到同事每天都会打电话，关心他的身体情况。吴某自述，在染疫的艰难时刻里，最大的精神慰藉就是接到来自女儿单位的电话，因为电话那头总有很多"陌生的亲人"在关心着他。康复后，他非常激动地给我写了信，信中说道："住院治疗期间，每天有十个小时都在注射针剂，身体很虚弱……我的女儿每天都会给我打电话，在聊天中知道了阳光保险不但对染病员工发放关爱金，连员工的家属也有同样的保障，这在我几十年生活工作中还是第一次听说。作为一个受益的员工家属，我打心里觉得阳光保险是一个有创业担当、有社会使命感和责任感的企业……其实阳光保险对于员工家人的关爱政策，我从很早就开始感受到，比如生日祝寿金和每月的父母津贴，我在这里也一起表示感谢……我相信只要阳光保险这样有责任能担当、有爱心能带头的企业越来越多，就会使我们更有信心，更有希望度过这段艰难的疫情时期。"我在回信中说道，"当员工及家人有困难的时候，公司就应该全力帮助"，这背后其实透露着阳光保险的员工观，就是我在信中写的"企业对员工的责任就是成长管理与人性关爱""工作之中就是要高标准、严要求，使其快速成长，努力成为有价值、有本领的人。当员工及家人有困难的时候，公司就应该全力帮助"。

2月18日，染疫康复员工彭某和染疫住院员工杨某委托寿险湖北分公司负责人给我转来感谢信，彭某在信中说道："我和女儿同时确诊为'新冠病毒感染者'，当时的心情无法用语言来表达，对疾病的恐惧，对家人的牵挂，对未来的担忧，让我心理压力非常大。治疗期间，从我的主管到部经理，从分公司到总公司，每天都有很多领导同事打电话鼓励我，在那种无助的情况下真的给了我巨大的勇气，帮助我从恐惧中平静下来……我很不幸，自己和家人感染新冠病毒，但是我又很幸运，因为我是阳光的一员。我这辈子也没有跟这么多领导讲过话，没有这么被重视关心过，甚至我微信群里的病友们都对我羡慕不已……"我在回信中说，"当危机出现，当个人出现困难时，阳光是大家的坚强后盾，再大的困难公司也会帮你度过，每个阳光人都会伸出援助之手"。对于尚未出院的杨某，我在信中安慰她道："人的一生不可能不遇到困难，但人也没有过不去的坎。""阳光是一个企业，更是一个大家庭。平时大家可能没有那么多的感觉，但当危机出现，当你遇到困难时，阳光就是大家的坚强后盾。"

3月15日，我又分别给来信的产险信保安徽分部沈某、沈某的父亲及产险信保湖北分部祝某父亲回信。沈某的父亲在信中谈到自己收到来自儿子所在公司10万元关爱金时简直不敢相信的状态："天下还有这样的企业？家属生病了都给10万元！"我告诉他们，"关心是小事，人的身体健康才是大事！"并让已经康复出院的他们在家好好休息，照顾好身体。

3月24日，阳光最后一位染疫员工焦某出院。焦某是1月6日刚刚加盟阳光的营销员，入职还不到80天。疫情期间，她不幸与女儿、女婿一起被确诊。突如其来的疾病带来的巨大压力几乎将她压垮。公司提供给她及她女儿的20万元染疫关爱金有效缓解了她的燃眉之急。她在康复出院后给我写信致谢公司对她的照顾和帮助。信中吐露了自己在染疫时的顾虑，想着"在住院期间，我一直觉得自己刚刚加入阳光，没什么贡献，也没好意思问公司能不能帮我下"。我在回信中说道，"不管多少天，你已是阳光人，公司与伙伴都会这样认识，不用感谢公司，这一切都是我们应该做的"。焦某的出院标志着阳光保险在这次疫情中不幸染疫的员工都已正式出院，我在信中由衷为她和公司全体员工感到高兴，"你的出院代表着所有不幸染疫的阳光伙伴全部战胜新冠、恢复健康，意味着'确保全体阳光人的安全是阳光最大的政治、最硬的任务'的圆满完成,标志着全体阳光人已取得了防疫抗疫战斗的决定性胜利!"

给阳光融和医院的两封信:致谢白衣天使

阳光保险在山东的大型综合医院——阳光融和医院于2016年5月正式营业,该医院开诊不到三年即获得了代表国际医疗机构管理和服务最高标准的 JCI 第六版认证、代表国际医疗机构信息化建设最高标准的 HIMSS7 评级、代表国内综合医院最高等级的三级甲等综合医院评审的三个国内外权威认证。此次疫情发生后,阳光融和医院坚持高度的政治意识、大局意识、责任意识,科学预判、迅速动员、立即行动,在疫情发生后立即全面取消春节休假,第一时间投入疫病救治战役,并于1月24日选派优秀医务人员直接赶赴湖北参与一线救治工作。大年初一晚上,我到融和医院督导疫情防控工作并慰问一线医务人员。当时我说,"医院是阳光的,更是政府的、社会的,平时让病人满意,危机时刻一切听从政府安排,全力以赴,责无旁贷"。仅在春节期间,阳光融和医院就医诊发热病人 700 多人次,在山东区域初期防疫工作中发挥了作用。

2月12日,阳光融和医院被山东省指定为新冠肺炎集中收治定点医院,全面负责拥有930万人口的潍坊市新冠肺炎患者集中救治,也是全国唯一一家承担一个城市新冠肺炎患者集中救治的非公立医院。在被确立为新冠定点集中收治医院当天,我给医院院长周玉东发信,在肯定阳光融和医院工作的同时,提出"保护医务人员的安全与救治患者生命是同等重要的任务,不能让阳光融和的任何一名医生护士感染生病!"并表示集团会全力支持阳光融和医院工作。阳光融和医院紧急组织医护中坚力量,迅速安排病房调整,全力组织医疗物资,24小时完成500名优秀医护人员集中到位,2天时间高标准完成专门独立救护楼的所有设备安装调试,医院一共准备了230张床位,119间病房,当天开始集中收治染疫患者。

经过几十个日日夜夜的奋战，3月4日，阳光融和医院收治的最后一位新冠病人痊愈出院，实现了"住院新冠病人零死亡、一线医务人员零感染"的"双零"高目标，标志着40多天的抗疫行动特别是20多天的集中救治潍坊市新冠病人的抗疫战斗取得了阶段性胜利。在得知阳光融和医院收治的最后一名新冠患者全部康复出院后，我给阳光融和医院抗疫将士致信，在向他们表示慰问的同时，想的最多的是让医院"尽快安排一线抗疫人员休息调整、看看家人"。

和普通的保险机构不同，阳光保险集团旗下的阳光融和医院是在国家鼓励社会资本办医，积极推进医疗改革大背景下，与潍坊政府联手打造的一所大型国际化、现代化综合性医疗机构。为了办好这家医院，我走了近20多家国际顶级医疗机构，明确提出：我们要做一家真正让老百姓满意的医院。开业当天医院向社会做出了"六个一"的公开承诺——不收一分钱的回扣、不让病人吃一片假药、不让病人花一分冤枉钱、不对病人做一点虚假误导、不说一句伤害病人的话、不做一件对不起病人的事。成立不到四年，阳光融和医院就已经成为当地口碑最好的医院，并同时获得JCI、HIMSS7、国内三甲三个最具权威的国际国内认证，成为全国两万多家社会办医中唯一一个。如此短的时间就取得这样的成绩，究其根本，是源自对理念的坚守，对情怀的执着，以"心"来办院的文化理念。

正是有着这种以"心"办院的文化理念引导，在阳光融和医院抗击疫情的过程中，医院的医务工作者中涌现出了许多感人事迹。1月23日，阳光融和医院向全院员工发出驰援武汉前线动员令，不到一天时间就收到300多名医生护士的报名申请。医院护士魏震1月24日就挺进黄冈大别山参与抗疫战斗，在最危险的重症监护室舍生忘死、日夜奋战，与团队配合挽救多名患者生命，28日他在前线火线提交入党申请书。在医院的一线隔离病区中，曾宪华、张兆鹏、丁勇、付振帅、杨佃玺等组成的医疗团队，钟立婷、张倩倩带领的护理团队，穿上防护服就是大半天的时间，中间不能吃饱、不敢喝水，全身大汗淋漓，在身体极度不适的情况下坚守火线，日夜轮番上阵。2月15日，山东省年龄最小的1岁4个月患儿痊愈出院，由于母亲还在隔离治疗，牟益萱、李倩、王晓颖三人承担起"护士妈妈"的角色，喂奶抚睡，连续11天日夜照顾、精心呵护。胸肺中心主任胡风标临危受命，担任医院疫病救治办公室业务主任，他已两年未回老家，仍退掉往返火车票，迅速投入战斗，每天长达十几个小时。直到医院领导发现他桌上的降压降糖药，才知道他一直在带病坚持工作。医院领导周玉东与周滨、陈丹、梁存河等与专家一起坚守疫病救治区，参与一线指挥，连续40多天每天工作15小时以上。特别提到院长周玉东，他的母亲体弱多病，恰逢疫情期间病情加重，在河南老家医院ICU抢救，他时常眼含泪水与大家坚守在抗疫一线，春节后一直没有回家看望老母亲。他们的忘我奉献本质上是以"心"办院的理念表达，是阳光"爱与责任"文化的最直接体现。

沟通的桥梁：员工的留言

"疫魔肆荆楚，智者彰大爱。纵使病无情，终有阳光来。"

"没想到不光给钱，还能有亲笔的回信。这不光是雪中送炭，也让我们建立了希望和信心。终于知道了什么叫把员工当作公司的财富……"

"没想到还能收到您凌晨4点写给我们的亲笔信。我是一个农民，读书不多，孩子能在阳光这样一家充满爱与责任的公司工作，家里人十分感谢，十分放心！"

"在这个特殊时期，我从未听说过哪家公司还惦记着员工家属，并提供10万元这样一大笔经济支持。在我自己单位这是想都不敢想的事，女儿单位却给了，这是何等伟大的企业！"

"有阳光照耀的时候没感觉，失去阳光才知道什么是寒冷，有时候没感觉也是一种幸福。危机真的是一面镜子，照出了太多平时看不出的东西，有些平时还不错的企业借机裁员，有的企业倾力相助，这可能是商人与企业家的区别。"

"28万人没有一个出事的,现在想想公司当时给80多万名医生和80多万名员工及家人这么大额的承诺,需要超给力的担当。"

"当危机来临,并不是所有人都如同我这么幸运,我的弟弟是一家IT上市公司武汉部门经理,新冠患病期间仅仅是收到公司的慰问电话。而我的一些朋友,患病期间不但没有得到公司的救助,还遇到了可能辞退减薪的情况。相比之下,疫情期间业务受到影响,我们内外勤员工工资福利没有减少,照常准时发放!我和我的家人还得到公司20万元的关爱金!我很庆幸自己在阳光,感谢公司对我和家人的关怀与慰问!"

……

上面这些都是来自员工自发的留言或回复。虽然我写信的本意是表达关心,尽量给予员工特别是染疫员工及家属精神上的支持,但员工的反响超乎我的想象,说明物理上的隔离无法阻挡心灵上的交流,只要是真心对待他人,他人也会坦诚倾诉。我相信大家的留言和回复是出于内心的感受,这也是公司凝聚力量,共抗疫情的侧面真实写照,更是疫情危机之中全国上下许多因爱而生的故事的小小缩影。

"爱与责任"的传递:向社会播撒爱的全体阳光人

我的亲笔信其实只是阳光在抗疫过程中做的一系列动作和努力的缩影。在这次疫情防控中,阳光保险的员工在各自岗位尽职尽责,以不同的方式为同事、为客户、为社会释放爱、播撒爱,让人们因为阳光而安心。

2月15日,湖北普降大雪,阳光产险湖北分公司黄冈中支理赔查勘员胡煜接到报案,出险车辆转弯时因大雪路滑不慎碰撞到路边树木,导致车辆无法正常行驶。虽然这段时间湖北地区出险事故一般来说是引导客户进行线上处理,但当得知出险事故车辆是一辆120急救车,车上还有急需前往医院就诊的15名新冠疑似病人时,他立刻决定要到现场去,于是联系施救单位冒着大雪一并赶往50公里外的事故现场，并同步联系了当地交管大队协助救援车通行，以便能以最快的速度到达现场。到达现场后，胡煜与其他工作人员快速予以施救，将120急救车上人员及时送到医院，再将车辆运至修理厂。

阳光人寿武汉本部的"90后"员工杨某在染疫住院期间看到医务人员十分劳累，发起病人志愿行动，当起白衣天使的助手。在收到公司的染疫慰问金后，他几次要求退给公司，公司不同意，他就将慰问金全部买了快餐，送给方舱医院的医生与病友，让阳光的爱传递延续。

类似的感人故事还有很多很多，有的员工主动为社区做安全巡逻、消毒；有的员工为抗疫一线的勇士们开启了"深夜食堂"；有的员工做起了防护宣传员；有的员工在深夜慰问执勤的工作者们……疫情期间，阳光人将公司给他们的"爱与责任"不断扩散，将阳光般温暖的爱无限放大，无限传递，以自己的实际行动来充分彰显阳光保险的"爱与责任"理念，让社会上处处流露出阳光人的真情和正能量。

特别值得一提的是，疫情也让大家对自己从事的保险职业有了更深刻的认识。"疫情的发生，让我们知道风险离我们原来真的这么近，让我更加坚定了做保险是一份有福报的事情，是一份大爱的事业。"湖北分公司的黄某在信中感慨道。"为什么我没能更早地将阳光的爱与责任传播给更多的人。通过这次染疫经历，我觉得我真正找到了自我的价值和未来的追求。"最后一位出院归队的"新人"焦某则通过这场"爱的洗礼"，对自己的人生有了新的感悟。

阳光保险自成立以来，始终都在坚持做有社会责任感的企业公民。我曾经在不同场合说过，"企业存在的价值就是取决于对社会贡献的大小，如果一个企业没有对社会贡献应有的价值，企业就失去了存在的意义；另外，中国企业在这些年能够迅速发展，得益于党和国家的领导以及国家好的政策，因此企业要感恩国家，回报社会，尽企业公民之责"。每次国家和民族遭受灾难时，阳光保险都是义无反顾、全身投入，在汶川地震、玉树泥石流等灾害时阳光保险都有巨额捐款。同时，在扶贫攻坚、社会公益等方面，也都能看到阳光保险的身影。近两年，为助力打赢脱贫攻坚战而推出的"双生计划"，阳光保险在2019年培训乡村医生6388人，资助10203名贫困地区学生，对提升乡村医疗卫生水平和解决贫困地区孩子上学起到了很大的帮助作用。

疫情的启示：中国保险业发展道阻且长、行则将至

此次疫情对保险行业所带来的短期冲击是巨大的。负债端，第一季度原保险保费收入增速较去年同期大幅下滑。从影响面看，寿险受线下展业经营限制，新单业务量下滑，开门红业绩受阻；财险受新车销量下滑，生产、出行活动减少影响，保费收入增长承压。资产端，国内外经济下行压力持续增大，市场风险仍未完全释放，再投资压力较大。但长期来看，疫情结束后市场会出现回补式增长，利率的下降、信用风险的提高将提升保险产品相对竞争力，民众健康管理及风险保障意识也会持续提升，这些都构成了保险业长期向好的基础。

此次疫情突袭是打击，但从另一个角度讲也是倒逼险企改革、加速推进转型的契机。比如在线下展业受限和非现场办公情况下，全行业的线上智能化办公、客户服务、人力管理、教育培训、销售支持在短期内显著提升，科技赋能作用明显。包括阳光保险在内的各大保险公司都在重新审视对"保险＋科技"的定位，并计划加速数字化进程及科技领域资源投放，诸如此类的变革将覆盖线上经营、科技应用、产品创新、危机应对等各个领域。

线上经营方面，势将迎来低成本线上获客、互联网运营、优质客户服务以及线上承保和线上理赔的全线上化智能化运营模式变革，形成线上为主、配合线下体验的"端到端"新模式。

科技应用方面，依托云计算、大数据、人工智能、区块链等技术，在

产品端将打造更精准的定价模型,形成定制化产品的能力;管理端将打通公司内部各系统之间的数据壁垒,实现数据的统一共享;客服环节向保险连接的外部生态延伸,为客户提供生活、娱乐和出行的一系列保障和增值服务。

产品方面,疫情期间很多保险公司通过对既有产品的责任扩展,为客户提供应急性保障,但从长远看还需要突破多场景下产品创新和丰富的问题,比如可应对此次疫情的巨灾保险、针对不同人群的专属保险、保险与康养融合的创新产品等,进一步扩大保险的覆盖面。

服务方面,疫情暴发之后,多家保险公司开通绿色通道,简化理赔手续,推动线上闪赔、秒赔等,提高理赔快捷性便利性,可以说树立了服务"新标杆"。未来,常态化地开通绿色通道、绿色服务将是保险行业服务发展方向,这也有助于全面提升消费者的保险服务满意度。

此外,还需要重点关注的一点就是巨灾防范。得益于国家对新冠疫情的及时强力管控,有效降低了确诊病例数及死亡率,没有对保险公司在赔付上造成严重支出压力。但未来突发性事件或将伴随巨灾损失,对保险行业的防范能力提出更高需求。行业还需加快推进巨灾保险机制建设,并利用再保险进行风险分散。更重要的是巨灾来临时,保险行业要坚定不移听从党和国家的号召,为防灾抗灾、灾后恢复的集中统一行动提供有力支持,真正发挥保险的社会稳定器和经济助推器作用。

结语:"危"与"机"的辩证关系

丘吉尔说过一句话:"不要浪费一场危机。"德国哲学家尼采说:"那些没有消灭我们的东西,将会让我们变得更加强大。""明天太阳会照常升起,所有经受了考验的人都会在这次疫情中获得启发和教训。""危"与"机"永远是辩证的存在,从危机中永远都可以寻找到转机、寻找到机会。每次危机中都蕴含着新一期的发展机遇和进化机会,每次灾难都让人能够更加深刻地体会到风险的客观存在和风险管理的意义和价值。

对保险业而言，管理风险是本职。作为金融业三大支柱之一，肩负"积极发挥长期稳健风险管理和保障"的重要使命，在面对重大灾难时，要因势利导地宣传普及风险管理知识，推动保险的渗透与覆盖，为社会提供更多的风险保障。此次疫情"黑天鹅"再次说明，作为经营风险的保险企业，要有不同寻常的危机意识、风险意识，发挥风险管理专业优势、服务实体经济与社会民生。

作为保险业"中生代"的典型代表，阳光保险将更加积极主动地适应经济新常态，找准保险服务切入点，从产品供给侧结构性改革入手，发挥保险业经济"缓冲器"和社会"稳定器"功能，开发更多满足人民群众保险新需求的产品，努力将风险的不确定性转化为保障的确定性，从而实现"让人们拥有更多的阳光"的公司使命。

春风化冬雪，金融科技助力生活服务业共克时艰

美团金服公共事务部

2020 年的疫情给美团和众多生活服务业的客户与合作伙伴都带来了强烈冲击，任何单一个体在如此大的冲击下都难以独善其身，唯有开放合作方能共度寒冬。作为美团生活服务生态中的重要部分和关键一环，美团金融服务平台（下称"美团金服"）在疫情期间配合美团"春风行动"计划，推出多项商户帮扶措施，为生活服务业提供资金和保障支持，助力"安全复工、安心开店"。

疫情带来的直接冲击相对短暂，中国经济有足够的韧性抵御这种冲击，但疫情带来的系统性和结构性影响是长期且深远的，并且已经对全球政治经济社会版图形成强烈的冲击，未来将"是最坏的时代，也是最好的时代"。

从长远看，因为疫情，生活服务行业在供给侧的数字化转型将更加紧迫和重要，对相应的金融服务也提出了更高的要求。因此，金融科技需要进一步创新发展，在更多领域、更深层次、更高程度为生活服务业提供金融支持，为生活服务业转型发展提供助力。

一、生活服务业极限承压，金融需求更显紧迫性

生活服务业是影响国计民生的重要行业，支持生活服务业发展是美团金服需要承担的社会责任。在疫情早期，美团金服就陆续开展调研，以充分评估新冠肺炎疫情对生活服务业的影响，累计向 3.2 万家餐饮商户、5000 多家本地生活到店综合商户和 3000 多名消费者发放调查问卷。调研结果显示，受疫情影响，生活服务业正面临着严峻的考验。

（一）餐饮行业受疫情影响损失严重

此次疫情具有"突发性强、波及迅速、涉及面广、恰逢春节黄金周"等特点，为抗击疫情，全国各省市都采取了居家隔离、取消各类聚餐婚宴活动等防控措施，大量餐饮商户主动或被动暂停营业，人们外出聚餐频次骤降。

餐饮行业普遍存在的"三高一低"（房租高、人力成本高、食材成本高、毛利低），是疫情期间造成损失的根本原因。原材料备货损失、高昂的房屋租金、员工工资社保等都给餐饮企业带来了沉重的固定运营成本负担。问卷调查显示，70.7%的餐饮商户有房租压力，41.0%的餐饮商户有人力成本压力，40.9%的餐饮商户有原材料压力。同时，餐饮行业具有规模小、流动性高、替代率高等特点，获得银行贷款的难度大，融资困难。而疫情扩散，餐饮堂食业务几乎陷入停工状态，营业收入大幅下降。多重因素叠加对餐饮商户持续运营和现金流造成巨大压力。

在疫情结束后，餐饮商户还要面对消费者信心重振、原材料成本上升、员工流失等方面的挑战。问卷调查显示，餐饮行业老板的信心受到一定影响，5.6%的餐饮老板表示非常没信心；43.7%的餐饮老板表示信心一般，走一步看一步；50.4%的餐饮老板表示比较有信心，疫情之后会加快速度恢复运营。经营信心不足会导致店铺关张和员工裁减。

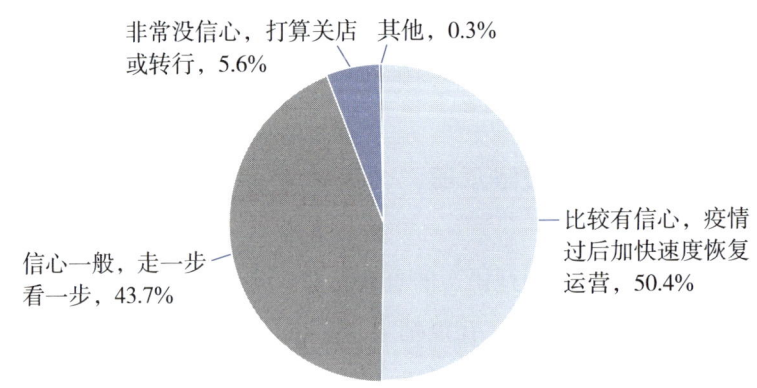

图1　疫情对餐饮老板信心的影响

数据来源：美团问卷调研数据

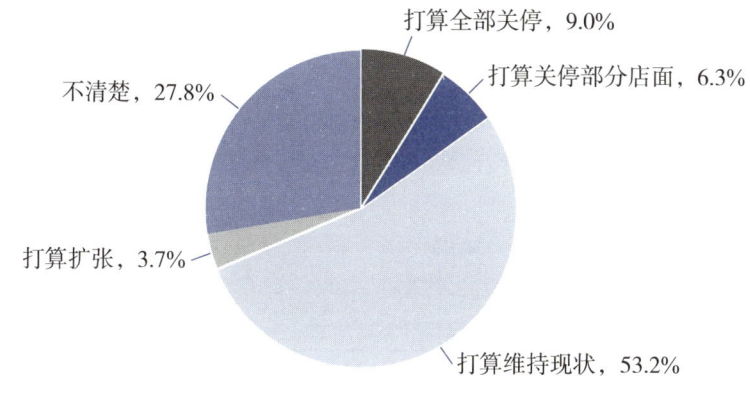

图 2　未来三个月餐饮老板开关店计划

数据来源：美团问卷调研数据

（二）本地生活到店综合服务行业遭受重挫

本地生活到店综合服务行业为消费者提供城市生活"游娱美教医"等 200 余类生活服务，涵盖运动健身、学习培训、电影、酒吧、KTV、医美等数十个重点细分行业。往年春节期间是本地生活到店综合服务的旺季，对休闲娱乐、电影等行业而言，更是资金"回流"的关键阶段。今年春节，为抗击疫情，全国居民以居家为主，减少了去人口密集场所的频次，大量本地生活到店综合服务商户主动或被动暂停营业，行业整体受损严重、休闲娱乐等春节旺季性行业受疫情影响更大，商户不仅"资金回流"愿望成空，大量商户甚至资金停流。

问卷调查显示，与 2019 年同期相比，2020 年除夕（1月24日）到正月初十（2月3日），80.7% 的本地生活到店综合服务商户在疫情暴发后营业收入下降，19.2% 的商户的营业收入基本持平（主要是开锁、家政、教育培训等行业的商户），只有 0.1% 的商户的营业收入增加。营业收入下降的商户中，51% 的商户营业收入下降幅度超过 90%；18% 的商户为大幅损失，营业收入的下降幅度为 60%—90%；13% 的商户为中等损失，营业收入的下降幅度为 30%—60%；只有 18% 的商户为小幅损失，营业收入的下降幅度低于 30%。

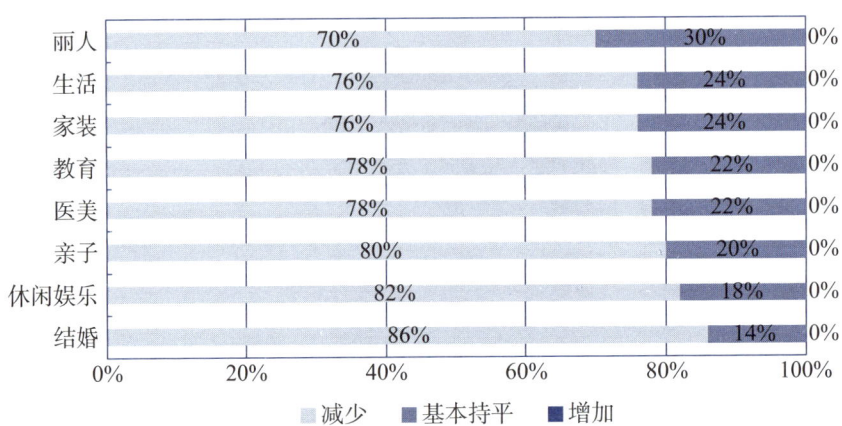

图 3　疫情暴发后本地生活到店综合垂直行业商户受损情况

数据来源：美团问卷调研数据

疫情还给本地到店服务商户的预期造成了负面影响。调查问卷显示，71%的本地生活到店服务商户预计2020年的营业收入比2019年差一些或差很多，13%的本地生活到店服务商户预计2020年的营业收入与2019年持平，只有16%的本地生活到店服务商户预计2020年的营业收入比2019年好一些或好很多（集中在家居、教育培训等行业）。在各个细分行业中，休闲娱乐行业对2020年的行业发展状况最悲观，休闲娱乐商户不仅担忧在短期内疫情对经营活动造成的冲击，而且担忧疫情结束后消费者的购买力将会受到影响进而影响行业的收入。一些婚庆、休闲娱乐行业的商户，以及特殊地区如武汉的商户，甚至做好了2020年上半年收入为零的心理预期。

虽然政府部门、美团等生活服务电商平台和其他社会各界已经采取了许多措施，帮助我国本地生活到店综合服务行业抗击疫情，渡过难关，但在疫情期间以及疫情过后的一段时间内，行业形势将依然严峻，根据调研数据统计结果显示，高达39.1%的本地生活到店综合服务商户现金流非常紧张，很多商户面临倒闭风险。

（三）生活服务业金融需求难以得到充分满足

疫情期间，伴随着需求挤压带来的收入锐减，以及刚性支出较难压缩成本，平台商户信贷需求出现显著增长。从美团生意贷业务情况来看，自2020年1月以来，小微信贷规模相比去年同期增长约2倍，贷款款项约70%用于支付工资和房租。目前，美团平台约有630万个活跃商户，广泛覆盖本地生活服务方方面面，涉及餐饮、零售、娱乐、酒店、民宿、旅游等200多个品类，融资需求巨大。

平台商户对融资的追加需求也随着复工复产剧增。但是，目前生活服务业供给恢复速度显著快于需求恢复速度，商户重塑自身"造血"能力仍需外源性资金支援。

一方面，生活服务业因疫情冲击已产生较大资金缺口。商户普遍表示现有资金储备不足，疫情期间无法开展经营，极大损耗已有现金储备。餐饮商户方面，仅有13.7%的未营业餐饮商户表示资金储备足以坚持至4月底或更久。本地生活到店综合商户方面，仅有19.6%的商户表示现金流比较充裕或充裕。

另一方面，商户需要资金用于维持消费者需求恢复期间的运营。在经济因素和心理因素作用下，消费者对线下生活服务持有"不能消费、不敢消费"的心态。根据数据统计结果，13.4%的消费者表示收入减少，所以没钱消费，21.5%的消费者表示出于安全考虑会减少到人流密集场所消费。生活服务消费需求完全恢复，既需要营造健康、放心的消费环境，也需要等待消费者收入情况逐渐修复。在消费恢复的过程中，商户需要融资输血维持生存。

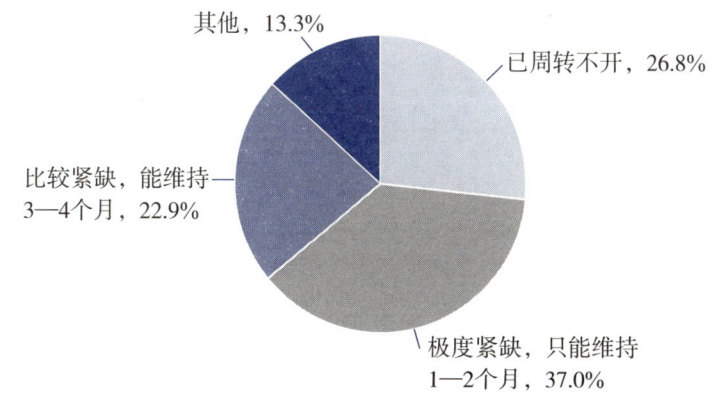

图4 我国餐饮商户的资金状况

数据来源：美团问卷调研数据

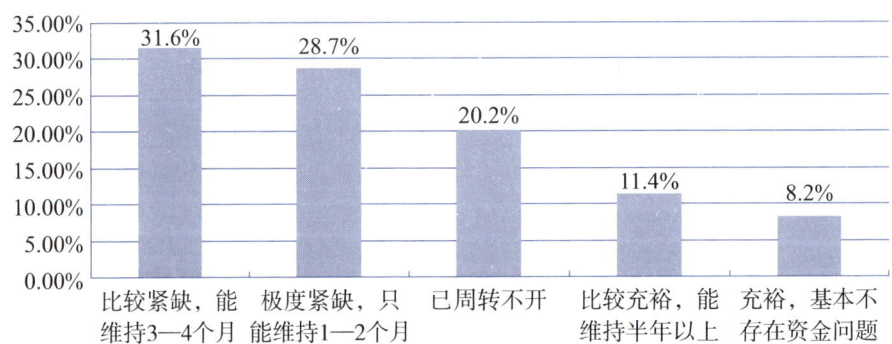

图 5　疫情期间本地生活到店综合商户的资金状况

数据来源：美团问卷调研数据

受疫情影响，线下风控面临新的挑战。从美团生意贷的部分合作银行情况来看，批发零售、住宿餐饮和制造出口等行业小微企业普遍存在延期还款或减免利息的诉求，且普遍希望还款时间延后至少 6 个月，但同时，疫情期间线下风控手段受阻，新增贷款难尽调、存量贷款难管理，小微企业纾困解难必须创新运用线上风控手段。

受前期资金缺口和短期需求不足影响，生活服务业一段时间内仍将处于较高压力之下，在自身"造血"能力仍相对脆弱、线下风控模式遭遇困难的特殊时期，对维系经营等待行业完全复苏，迫切需要"线上模式＋金融科技"为主要特征的融资支持。

二、聚焦科技创新，美团金服为生活服务业提供金融助力

美团金服秉承"金融服务帮大家吃得更好，生活更好"的使命，是美团生态的重要组成部分。基于美团在餐饮、外卖、酒旅、电影等方面的丰富业务场景和海量商户用户积累，美团金服以科技为核心，通过"场景＋金融"双向赋能，为企业、个人客户提供一体化金融解决方案。深耕渠道、技术、营销等方面的能力，与金融机构在资金、风控等方面积累的经验优势互补，

利用大数据、生物识别、云计算等技术，不断深入与金融机构合作，优化和提升金融服务运行效率并防控风险，努力打通金融普惠的"最后一公里"。

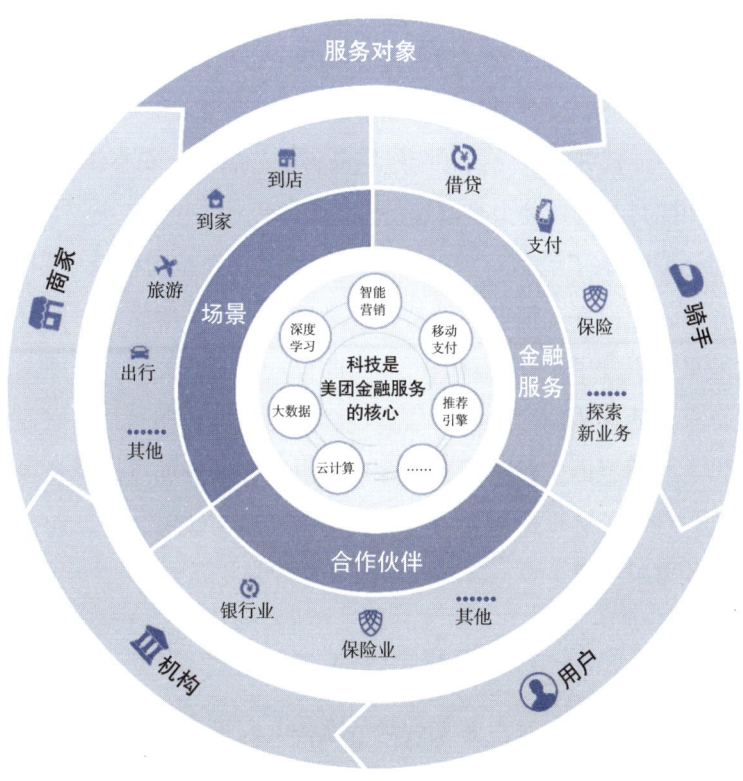

图 6　美团金服"场景 + 金融"生态圈

自 2016 年成立以来，美团金服在发展中逐步拓展出支付、信贷、保险等业务，已有"场景 + 金融"的服务包括美团生意贷、美团联名卡、美团生活费、美团支付、美团保险等服务。

作为科技创新型企业，美团金服在云计算、大数据、人工智能等新兴领域有着丰富的实践经验，将图片识别、移动支付、语音识别、推荐引擎、深度学习等技术应用落实到实际业务中，通过"场景 + 金融"双向赋能，为企业、个人客户提供一体化金融解决方案。

三、多措并举,美团金服支持生活服务业抗击疫情、复工复产

面对疫情压力,美团积极承担了社会责任。在疫情发生的初期,为全国医护人员设立了2亿元的支持关怀专项基金,推出"春风行动";面向推出"安心预订""安心码"发放消费补贴,用需求带动供给;启动外卖返佣金、酒旅商户经营补贴、无接触配送服务,安心餐厅、安心住酒店等措施,与商户伙伴同舟共济,助力全国经济复苏发展。

美团金服秉承了美团一贯的社会责任理念,在抗击疫情中积极作为,全力服务平台商户在疫情期间的特殊金融需求。疫情伊始,对西贝董事长贾国龙的采访引发了全社会对线下小微商户资金流的关注,美团金服第一时间联合合作伙伴为商户提供了信贷资金保障。疫情期间,商家资金流普遍紧张,美团金服商家付款团队以客户为中心,加班加点保障款项按既定计划到位,缓解了客户燃眉之急。美团金服通过与政府合作,向美团用户提供全业务通用的现金券,帮助拉动线下全行业复苏。

(一)假期延长,商家打款不延迟

春节本应是消费旺季,商家做足了准备,迎接"销售高峰"到来。然而现实却是门店关停,货品积压,一些商家甚至步入"生存倒计时"阶段。此时此刻,资金的准时回笼,对商家而言至关重要。

美团金服与商家同感同行,迅速打响"商家资金保卫战"。1月28日,正月初四晚上,美团2020年春节资金付款小组正式成立,他们的任务就是快速测算出平台上所有商家假期内的应结算款项,由美团先行垫付资金,确保商家结算不受假期延长的影响,让客户安心。1月31日,正月初七,31.66亿元商家结算款顺利支付。这笔款项不仅凝结了项目小组几天来夜以继日的辛苦和努力,更凝结了美团在特殊时期与客户同舟共济的信心和决心。

让客户心安,他们对抗疫情的力量就会增添几分;让客户心安,是美团对商家做出的温暖承诺。

（二）客户第一，救命资金解危机

美团金服具备优秀的线上风控能力。由于餐饮业商户平均生命周期短，银行往往出于难以把控风险而不愿提供贷款，而美团生意贷服务的小微企业中虽然超过70%是餐饮业商户，贷款风险却仍然长期稳定在较低水平，主要依靠三方面能力。一是线下商务团队广泛分布全国各地，定期访问商户情况，相关访问记录为风控提供了第一手资料支持。二是美团各类App积累了大量消费者评价和商户处理数据，为风控提供了有效的替代性数据来源。三是美团长期深耕餐饮业，对行业有充分的前瞻性研究。凭借多年来对餐饮生态和商户的深耕，美团生意贷能够迅速感知并了解商户的资金需求，基于平台商户的海量交易流水、点评信息和用户反馈数据，以及商户画像、风控模型等科技应用的积累，可以在数小时之内对不同商户做出风险判断和决策，筛选出优质客户推荐给银行。基于以上三种能力建立的一整套风控模型体系，可以有效服务银行风控，助力银行在风险可控前提下更好地支持商户复工复产。

在疫情中，美团金服时间紧任务重，制定多项措施确保商户资金需求。整个生意贷团队从正月初二开始就紧锣密鼓进行方案的设计和讨论。帮助商户缓解现金流难题和增强经营信心，做好信用贷款发放。美团生意贷针对性推出了三项扶持举措。一是通过延期还款、贷款续期服务缓解在贷商户还款压力，生意贷在贷客户遇到资金周转困难，可申请延期还款，同时可减免罚息、享受个人征信保护，支持还款困难客户以先息后本的方式续贷，缓解商户还款压力。二是连锁品牌商户专项扶持，美团联合银行针对全国连锁品牌优质商户提供100万元至1000万元的年化6%至9%优惠利率信用贷款，目前云海肴云南菜、福建周麻婆、乐凯撒比萨、豪客来牛排、亿客集团、满记甜品等商户已获得授信支持。三是小微商户专项扶持，针对湖北地区商户，提供单户额度0至100万元，较常规标准定价下调30%的信用贷款。截至目前，累计申请优惠贷款客户达1万户左右，全国优质小微商户专项扶持方面，美团优质合作商户可申请优惠贷款扶持，申请通过的商户可享受7—8折的优惠贷款利率。

疫情专项授信贷款

考虑到大型餐饮商户吸纳就业人数多，资金需求急迫，美团金服将解决他们的资金困难摆在当前信贷支持的优先位置。2月4日，美团金服首批商户扶持贷款到位。由美团生意贷联合光大银行、江苏银行共同为云海肴、周麻婆分别提供1000万元贷款。该笔款项将用于员工工资、店铺租金等方面支出，助力商户平稳度过困难时期。云海肴、周麻婆均为美团合作餐饮商户，合作时长分别为5年、3年，全国门店数分别为159家、220家，此次一年期专项贷款基本能满足企业当前的资金需求。

以福州周麻婆餐饮管理有限公司授信为例，2月4日，美团生意贷向光大银行福州分行推荐并通过电话会议进行了三方对接。依托美团生意贷基于商户交易、点评等数据积累开发的行业模型和风险模型预判，福州分行迅速抽派客户经理进行上门资料核查、尽职调查，各方通力合作，于2月5日晚，周麻婆餐饮通过审批获得1000万元信用类授信支持，用于补充流动资金需求。

此次专项授信有六个特点：一是在线申请。商户通过美团App在线发起"美团生意贷"申请。二是优化审批流程。两家企业规模较大，资金需求超过一般餐饮商户，在原有自动审批流程上加入人工审批。三是审批决策快。从商户提出需求到审核授信，只用了十几个小时。四是采用联合授信模式。美团小贷联合合作银行按照1比1的比例提供授信额度，分别放款，打消银行顾虑，增强银行放贷信心。五是利率低。贷款年利率为6.5%，在不考虑小贷风险、运营等成本情况下，这一利率水平接近小贷向银行融资成本，最大限度减轻企业负担。六是还款方式灵活。充分考虑疫情影响，经济恢复需要一定时间，采用前3个月先息后本、后9个月等额本息还款，让企业轻装上阵。

资金紧缺商户在获得融资后,普遍能够缓解现金流压力,但经营情况仍有待进一步恢复。整体上,现金流和经营情况在获得融资后有所改善的商户占60.8%。其中,通过美团生意贷获得借款的商户中,现金流和经营情况改善更好,占比达到68.1%。如图7所示,获得融资的资金紧缺商户中,现金流紧张得到完全缓解的商户占23.7%,现金流紧张得到部分缓解的商户占37.1%;经营情况完全恢复的商户占5.3%,经营情况部分恢复的商户占10.9%,经营情况已有起色的商户占6.5%。

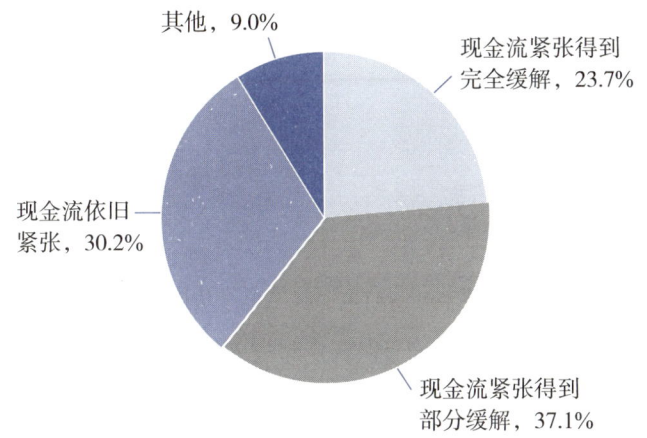

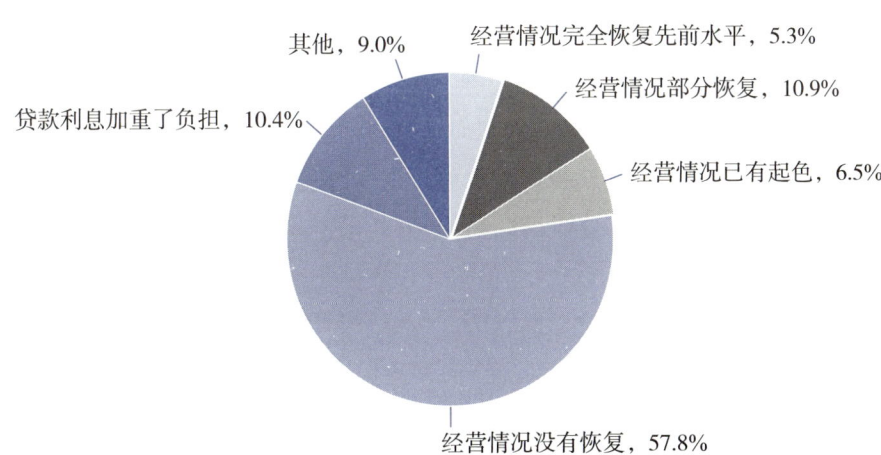

图7 获得融资的资金紧缺商户现金流和经营情况改善水平

数据来源:美团问卷调研数据

获得融资的资金紧缺商户在对未来预期上普遍具有较强信心。整体上，对未来很有信心和比较有信心的商户分别占 29.2% 和 28.7%。其中，通过美团生意贷获得借款的商户信心更强，对未来很有信心和比较有信心的商户分别占 35.5% 和 29.0%。

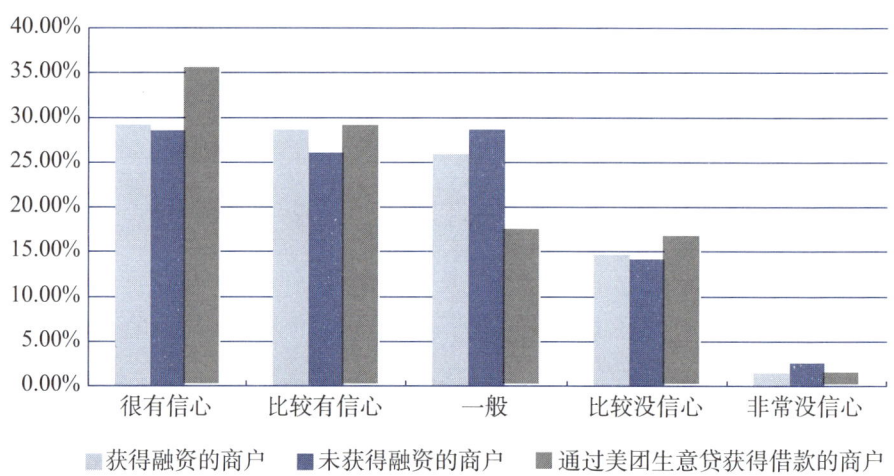

图 8 资金紧缺商户对未来信心水平

数据来源：美团问卷调研数据

但也应看到，仍然有大量商户的融资需求没有得到满足。根据本地生活到店综合商户的调研数据，资金紧缺的商户占比为 80.4%。其中，获得银行贷款的商户占 11.8%，通过社会关系（包括亲友）借款的商户占 21.5%，通过互联网渠道获得借款的商户占 5.2%，通过美团生意贷获得借款的商户有 3.2%，还有 64.0% 的商户没有获得过融资。这是美团金服未来努力的方向。

（三）保障风险，支撑商户经营信心

为了共同抗击疫情，美团保险出资向重点地区商家、全体外卖配送骑手及其家人赠送新冠肺炎专项保险，同时美团互助计划免费向成员提供新冠肺炎特殊保险，全部保险预计覆盖超过 2500 万人。

一是补充商家保险。由平台出资，美团保险联合多家保险公司，为武汉市约 3 万个餐饮商家及其雇员免费升级保险保障，特殊保障金额度最高达 30 万元，以补贴不幸罹患新冠肺炎导致的身故，这一保障预计覆盖约 20 万从业人员。

二是强化骑手保险。为保障奋战一线的几十万名骑手的健康和安全，美团保险出资以团险形式为骑手提供疫情专项保障。骑手的保障内容涵盖疑似隔离期关爱金及住院津贴 150 元 / 天，报销门急诊医疗费用和身故保障金 30 万元，针对专送骑手还将骑手家人一并纳入保障范围。

三是增加互助保障。针对美团平台用户的特点和保障需求，美团于 2019 年 6 月推出大病互助计划，目前已有 2000 万名会员加入。当互助计划中某一会员生病时，会员之间通过小额捐赠即可为生病会员提供一笔治疗费用。为积极应对疫情和响应用户保障需求，美团及时为每一位已生效成员免费提供新冠肺炎特殊保障。每位美团互助的成员，若确诊新冠肺炎并不幸导致身故，互助计划成员可获得 10 万元互助金，所有费用由美团承担，不需要美团互助成员分摊。

四是畅通线上理赔。为提升疫情期间服务便利性，美团保险及时上线了线上报案系统和流程，针对疫情案件开通绿色理赔通道。用户通过报案链接可在线提交报案信息，美团保险每日两次向保险公司推送报案数据，保险公司接到报案后当日完成用户回访和审核立案，提升保险用户体验。随后，美团保险每周会与保险公司同步案件审核结果与处理进度明细，确保理赔服务形成闭环。

2003 年"非典"疫情期间，保险业积极采取措施创新保险产品、扩展原有保障，具体包括推出涉及身故赔偿、住院津贴、疾病给付、三方责任等保障的"非典"专项保险产品，或将相关保障附加于原保险产品，缩短或取消疾病等待期、缩短或取消给付免责期、简化理赔手续和缩短理赔时间等。据统计，全国各寿险公司针对"非典"患者的总赔付金额为 416.98 万元，其中身故赔付 311 万元，住院医疗赔付 105.98 万元，为"非典"患者家庭应对突发风险和重大损失提供了有效支撑。但同时仍有大量患病期间和后续恢复的医疗费用需要国家财政、患者家庭承担。

此次新冠肺炎疫情暴发后，各地各部门迅速行动，对确诊及疑似患者的治疗费用全面保障，部分费用由基本医保、大病保险、医疗救助承担，并由政府财政补贴个人负担部分，为阻击新冠肺炎疫情、保障患者风险筑牢了基本保障网。但疾病治疗对患者家庭带来的风险和造成的一些潜在损失仍然需要自行负担，比如认定为疑似或确诊前支出的医疗费用，治疗期间患者支出的营养品购买费用，家庭失去主要经济支柱恢复过渡期的正常支出等。商业保险构筑的风险保障网主要覆盖的正是这些风险，与国家基本保障网形成有效补充，共同构建起人民生命安全和身体健康的全方位、多层次保障。

此外，美团生态所覆盖的4.4亿个用户、590万个商家以及包括270万名骑手在内的1960万就业人群，大部分分布在三、四线城市，风险抵御能力相对较差。特别是与民生息息相关的广大餐饮商家和外卖骑手在疫情发生后坚持在岗，为消费者配送餐食，为居民提供蔬菜生鲜，全力参与民生保障工作，处在直面新冠肺炎疫情风险的一线。因此，美团保险除了赠送专项保障支持抵御风险外，平台还制定了骑手健康监测流程，为骑手全面配备口罩，升级站点消毒和测温措施，将风险预防和保险保障相结合。

美团保险推出新冠肺炎专项保障后，美团商家、骑手和美团互助用户反响热烈。据初步测算，不到10天时间内，约有超过10万个商家及骑手主动了解相关条款和保障内容，超过30万个美团互助用户点击页面查看"新冠肺炎大病保险·免费版"保障详情。

四、后疫情时代生活服务业金融的发展趋势

美团CEO王兴在2016年就提出"互联网下半场"的概念，今年的疫情强烈冲击了全球政治经济社会版图。在新的形势下需要走出惯性思考、打破思维定式，积极识别外部变化和未来趋势，并且做好充分的准备。疫

情的冲击既是考验，也是一次深刻的组织锤炼，疫情期间美团金服全员在特殊时期表现出了因时而变、敏捷行动、适应当下的韧性。

（一）生活服务业发展趋势

尽管我国生活服务业受到疫情的严重冲击，但也存在一些新的发展机遇，危中有机。其中最重要的一点是，供给侧的数字化将进一步提速，未来生活服务业商户将提高服务的线上化率，更加注重顾客的消费体验。

受疫情影响，以线下为重心的本地生活到店服务行业的商户开始重新思考线下商业形式的抗风险性。调研发现，一些商户为应对此次疫情，开始培养团队的线上运营能力，通过聘请专人运营社群、在网上开直播课程、提供线上一对一服务等方式提高服务的线上化率。比如美容商户尝试将美容产品寄送到用户的家中并提供一对一咨询服务，辅导用户在家按摩，这样既可以缓解到店的压力，又可以通过实物售卖获得收入。今后，"线下服务+线上实物"售卖形式有可能成为本地生活到店综合服务的新业态，实物消费和服务消费将进一步融合。到店不再是消费者享受服务的唯一方式，消费者足不出户也可以在线上接受专业辅导并完成产品购买。以线上运营团队为核心的中台系统将在未来的行业发展中扮演更加重要的角色，中台系统将调配门店资源和消费者需求，为消费者提供日常咨询和线上服务，引导消费者完成购买。此外，到店服务将向预约制或VIP制的方向发展，这样既可以控制客流，避免消费者在密集的空间中有近距离的接触，又可以提升消费者的服务体验。

疫情进一步培养了人们线上消费的意识。由于疫情期的大部分消费活动只能通过线上完成，尤其是生鲜和外卖。尽管疫情期的线上化更像是一种被动的选择，但疫情让消费者的餐饮需求更多地搬到了线上，体会到了线上服务的便利性，习惯养成后的消费者在疫情结束后也将会继续使用外卖、线上买菜等服务，餐饮的线上化率将进一步提升。经过此次疫情，减少人员接触成为短期内消费者的关注点，也催生了服务消费方式的迭代更新。对于到家服务，无接触配送可以减少面对面接触带来的健康风险；对于到店服务，预约制可以减少店面人员聚集，有序安排服务。

此外，疫情正在倒逼餐饮业进化。疫情期间，为了解决库存积压，全聚德、眉州东坡等众多餐饮企业摆起"菜摊"，眉州东坡做了平价菜站，利用自身供应链，将四川的瓜果、蔬菜、调味料、生鲜、成品、半成品以平价的方式出售给社区。很多餐饮企业线上线下双渠道联动，为居民提供送菜服务。随着餐饮产品的不断标准化、锁鲜技术的进一步成熟，食品的口味一致性得到保证，餐饮行业将逐步把零售环节打通，后续可能会尝试提供半成品零售来替代传统超市里的食品供应，餐饮行业由服务行业开始向"服务+零售"行业转型，二者的逐渐融合可能会创造出新的发展模式。疫情过后，多元经营模式会受到餐饮企业重视，进而会推进餐饮线上化进程和零售化转型。

（二）金融服务转型趋势

适应生活服务业数字化发展趋势，金融科技的应用也将更为深入和普遍。当下，云计算、大数据、人工智能、区块链等关键驱动技术发展进入新的阶段，与金融结合越发紧密，为生活服务业提供数字化程度更高、普惠性更强、更具可持续性的金融服务已经具备实现土壤。

我们如果将时间轴拉长，从行业的历史演变看，金融一直是科技发展的最大推动者和受益者。从最早的金融电子化、金融信息化到现今的金融科技。支撑金融业实现重大发展转变的因素中都能看到科技的身影。在疫情期间，科技的作用得到更大的重视，金融业整体在倒逼下加速数字化转型，呈现出供给更趋线上化、需求更精准匹配、更加开放合作等特点。与此同时，金融业加速脱虚向实，在服务实体经济的同时，回归风险管理本源。

疫情之后，金融科技发展和创新更应坚持守住风险底线、以科技为核心、苦练基本功，这也是应对挑战和紧抓机遇的关键举措。

发展的前提是安全，目前整个社会中大部分个体还处在惯性思维之中，而忽视了未来将会产生的结构性变化。在经济上行时期，人们往往担心跑得不够快而错失良机；而在经济下行时期，却有大量企业因为过于激进而摔下了悬崖。要确保在动荡时期不被震荡出局，在当下活着就是一场胜利，只有活下去才能为未来谋求发展创造机遇。过去三年，美团金服在发展自身业务服务美团生态的同时，也在持续地建设底层能力、发展账户体系。美团金服定位于金融科技平台，我们以科技为核心、以数据为支撑，连接金融机构合作伙伴，一起服务我们的客户——美团用户和商家。在与合作伙伴的关系中，美团金服将一直定位于共赢互利。

尽管 2020 年的疫情带来了很多不确定性，"下半场"也一定比过去更为艰难。但是以更稳健的风控、更有效的服务、更精细的管理应对并渡过危机，未来对生活服务业而言、对所有服务生活服务业的金融机构和金融科技公司而言，同样也将是充满希望的春天。

公共危机下金融科技的产业重塑和组织新生

徐 涛

2020年,注定是特殊的一年,有学者将 2020 年年初的这场疫情与 2003 年"非典"做比较。但随着疫情在世界范围内的肆虐,从纵横深度来看,给中国乃至全世界,对个人、组织以及国家带来的影响都极其深远,已经超过人们预想。由于物理世界受控,人们不得不将生活生产转移到线上,这意味着我国将进一步面临数字化变革。对金融科技而言,目前同样是发展的窗口期,而金融科技企业如何在这样一个特殊阶段抓住发展机遇,克服多方困难,卸掉一系列包袱,在经济整体下行的趋势下做到逆流而上,绝非容易的事情,作为一个持续创新的科技公司,我们正在努力尝试!

一、我们正在面临的变局

(一)由国内延展到国际,全球化遭遇变局

2020 年是注定被载入史册的一年。这场突如其来的疫情让全世界人民都始料未及,从国内到国际,各个国家和地区先后按下了暂停键,人类社会的商业活动、国际贸易、文化交流戛然而止。国与国之间仿佛筑起了一道无形的高墙,国际化融合和产业全球化的趋势受到了前所未有的挑战和

作者系易得融信创始人。

冲击，大环境开始恶化，社会消费需求骤降，国家之间的关系也变得微妙。

当实体需求短期内被迫停滞，大部分基础流动性受阻，同时产业全球化不进则退，全人类的生活生产和经济贸易都受到了巨大的冲击。比如OECD下调了对2020年的经济增速预期，将美国、欧元区、日本还有英国的经济增长预期都做了下调，这也在宏观上对经济前景形成了负面影响，使得许多人的担忧雪上加霜。在疫情持续发酵的4个多月进入5月之后道琼斯指数大跌了700点，世界经济环境也因此开始阶段性下行。当然也有专家在很多方面呼吁这只是有惊无险，需要保持冷静的态度。

虽然全球都在遭受着疫情带来的巨大影响，但在国内，通过举国全力的持续抗疫，进一步保持"外防输入、内防扩散"的方针，疫情基本已经得到了稳定的控制。在此基础上，各地政府采取了多种举措帮助支持企业复工复产，企业和民生得以些许喘息。但正如我们一样，大部分企业依然面临着特殊时期的巨大挑战。

（二）企业面临突变的挑战

随着世界经济一体化，疫情的影响从国内波及世界。现实还在不断提醒我们正在经历着百年未有之大变局，面临着商业、经济和民生前所未有的挑战。

拿企业来说，2020年对浙江省易得融信软件有限公司（以下简称"易得融信"）来说本该是一个丰年，却因疫情这个世纪"黑天鹅"被迫停止了所有工作，影响了包括产品的研发计划、项目的实施推进和原定的市场开展工作。年初时的新一年企业规划可能在接下来都需要被迫推翻重来，这是公司不愿看到但又必须面对的。早期业务决定了目前易得融信仍然是一个多地分散型的组织架构，成员来自五湖四海，base地分布在华东、华北、西南、西北等各个属地，大量商务和市场工作人员需要频繁前往各地通过出差和客户拜访开展工作，许多技术人员也有常驻在银行负责服务部署和维护的工作。按照计划2020年1月23日至2月1日是公司原定的春节假期，所有人都放假回家过年。然而突如其来的疫情让员工只能停留家中，全国除了少部分特殊供应的企业外，大部分尤其是第三产业的企业几乎都延迟了复工时间。

从2月3日延期到2月10日，又再次延期到2月17日，不少企业面临着复工申报审批难、员工无法返城、人员聚集性风险等问题，对企业来说也将面临巨大的资金问题、合同延期问题，甚至是短期断产的生存压力，所有项目都出现了无法返回银行的情况，项目无法按照原计划推进。所有人只能原地待命。随着政府出台各类防控措施，疫情逐步得到控制。2月初，员工们虽然依然无法返回岗位，但在特殊阶段下，我们同许多公司一样，开始组织全体员工居家办公。

虽然有许多工作开展起来仍然比较困难，但对易得融信来说却看到了希望。随着快速工作部署，公司开始根据实际情况选择性地安排部分工作。在此期间大部分工作围绕在线会议研讨、产品和技能在线培训、远程协同开发、客户远程交流和在线服务，集中处理和缓解了大部分紧急的工作。随着3月份国内疫情逐渐好转，有序复工复产被提上日程，宁波办公室和杭州办公室先后恢复场地办公，疫情控制较好的省份逐渐恢复了出行，易得融信的员工从各地返回岗位复工。

（三）行业进入新常态

在经历了漫长暂停之后，社会经济的重启也逐渐展开。除了工作地14天隔离，银行业在初期普遍采用轮休制，工作重心在防止人群聚集和消毒等防疫措施上，项目验收时间被迫延长，新业务的现场沟通一时间无法展开。我们意识到疫情之后金融科技行业的大环境发生了显著变化，过去传统的市场和项目方式将受到颠覆性的影响，另外，客户在需求的认知和急迫度上也发生了较大变化和转移。我们意识到疫情可能将推动着整个行业的发展进入新常态，于是我们试着从行业的角度进行观察与分析。

二、金融科技的抗"疫"挑战和机会

（一）银行业的抗"疫"挑战

疫情下各行各业已经明显感受到实体经济大面积的下滑，银行业当然也无法独善其身，接下来可能发生部分资产恶化和网点业务骤降的情况，也必然将对银行金融业产生较大影响。例如现金流断裂的企业大量的资产恶化，银行在信贷援助上必将付出大量成本。疫情背景下的经济承压导致利率被迫下行，银行息差收窄趋势加速。即便是市场恢复的初期，民众深居简出，信心不足，短期内需求仍然将会暂时持续压抑一段时间。同时随着非接触业务的需求大增，网点接触式业务会骤降，在此期间银行也将面临科技和组织转型压力。

那么对于处在金融科技发展窗口期的企业而言，如何在避免互联网金融重蹈覆辙的前提下，抓住重大历史发展机遇，将是整个行业的主旋律。

（二）宏观看趋势

如果从多个角度来分析金融科技在抗"疫"中的作用。从宏观视角来看，新冠肺炎疫情对金融服务模式将产生深远影响，未来经济金融体系或将呈现以下几方面的变革趋势：一是在金融业务开放性背后将更重视数据优化与标准化，通过内外部数据的挖掘运用和模型规则来加强监管和风控；二是进一步拥抱新技术，推动产品与服务的线上化、移动化、智能化，在多渠道协同和场景产品优化过程中形成以客户为中心的金融体验；三是行业和机构之间的服务和规则将通过 API 和数据标准等方式打造更透明、融合、规范的开放性金融生态。

（三）聚焦看场景

当然这些变革在短期内是非常难以形成的，但通过这样的趋势，我们可以看到一些长期来看更有实际落地性的机会。具体来看：

第一，是非接触、零接触服务方式的创新，其中可能更多机会将在对公业务上，在疫情之前零售业务的移动化或者说非柜面渠道已经搭建得比较完善了。但对公的通道建设，尤其是准入的通道建设是非常迫切的。

第二，我们认为在普惠金融和中小微扶持上将会有更大的空间和力度，除了过去的传统渠道外，可能会有更多以政府或者以园区为代表的扶持平台出现。

第三，在产业和金融之间将产生更多的联系，由于区块链逐渐推广和完善，基于产业链、供应链和贸易链等产融结合的方式帮助中间企业更多获得授信来缓解中间环节的资金压力，达到一环通环环通的效果。

第四，对于银行在疫情期增加和开创的各种新渠道的业务而言，需要与之匹配新的有效风控体系。有一些是原有风控体系无法覆盖到的，有一些是需要额外重点关注的，需要用更智能的风控手段来补足。

俗话说：所有杀不死我的，都将使我更强大。我们认为，对个人、公司和行业来说都是如此，作为金融科技从业者当中的一员，我们正在努力尝试突破固有的局限，尝试通过业务转型获得更好的未来。

于是，我们总结了易得融信在本次突发事件过程中的思路、表现和各项举措，希望通过这一企业缩影，能够以小见大带给大家一些新的视角或启发。

三、克服困难，组织重生 化危为机，调整思路

（一）理念调整，共做经营之主人

易得融信成立于 2012 年，作为国内银企账户服务的金融科创公司，首创了银行账户管理平台和 SaaS 平台服务，主要通过私有化服务、数据服务、SaaS 平台为银行和监管机构提供对公账户的导流获客、征信尽调、运营效

率、账户风控及监管合规等服务。在账户领域多年深耕，已经覆盖超过百家银行，尤其在去年我们的 SaaS 和数据服务在地方监管平台的支持下更是遍布了万余网点。

这次遇到世纪"黑天鹅"的全球性危机，公司选择与时间赛跑，对认知与行动做快速调整，不断应对变化。今年是易得融信推行全面阿米巴管理的第二年，疫情的到来让过去的阿米巴 1.0 版本快速坚定推动到了 2.0 版本，系统有了质的提升。经营理念前行，深化每个人都是经营者，是共同创造公司命运的载体理念。

在推行之初，我们发现随着外部市场的变化、经济关系及供给双方角色的互换，外部市场对公司经营的要求越来越多，原先的一些保收的产业或业务，也随着市场的变化不断转型升级。在公司内部，我们同样也结合外部的市场情况、公司自身的发展特性，寻找了更适合公司经营发展的模式。其中一个话题尤为突出：公司与员工关系。是"甲方与乙方"，还是"老板与员工"，或者"雇主与雇员"？

为什么抛出这个问题呢？这些都是公司管理过程中日常听到最多的。很多公司在实际经营中，"用工关系"公司与员工的诉求平衡点都将会影响公司的经营，大家也都很清晰，公司经营的核心就是人，有了人、有能力的人、有想法的人，有共同目标的人，经营中的问题才会得到更好的解决。

那么什么样的经营模式可以广泛调动大家的积极性，保持大家的主人翁意识呢？那么什么样的经营模式可以进一步获取抓住市场机遇，获得应对突发情况（例如突发疫情带来的巨大挑战）的能力呢？

疫情期间，在结合自身业务发展中我们再次深化适合自己的管理理念"把市场搬进公司，让每一位员工都当家理财"，实现公司市场化运行，让每一位员工清晰知道目标所对应的激励，实时核算、强化内部定价模式，让成本费用公开透明化。阿米巴经营理念的深化，激发了大家经营意识，实现每个人都是一个"小的经营单元"。在此次疫情期间，我们以部门为大的单元，每位员工为小的"发动机"运用线上自动化办公，依靠自身实现远程办公效率最大化，积极主动调整项目推进方式，采用远程APN接入等方式最大效益最低成本推进项目研发、管理，从而在整体经营上，在成本既定情况下，以人为单位尽可能提升工作效益。

在每位"经营者"的经营下，公司秉承"利他"为核心基调，通过放权、经营结果导向、实时的数字化运营等具体内部管理机制，通过政府部门政策贷款、减税等多途径渠道，筹措短期现金流，为经营单元、经营者提供必要时间点上的现金流补给，优先必要支出，重点催促业务应收，尽最大可能保证现金流安全。

（二）改变认知，主动出击

从长期规划上来看，易得融信围绕以"易账户"为产品品牌的业务创新，调整营收结构，从纯私有化产品到SaaS服务—数据服务一体化营收结构，缩短因私有化服务比重过大造成前期项目实施投入过长、应收金额大、账期长等现金流压力。SaaS短平快，既满足市场需求，又实现了公司自身的转型，从长期解决现金流问题。打造"最盈利的公司不一定是最具有潜力的公司，现金流充沛的公司才是最具潜力发展的公司"。

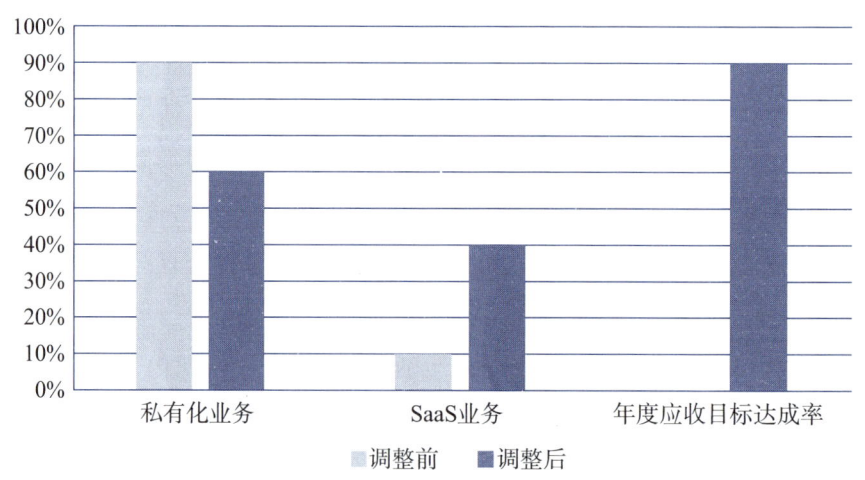

图1 易得融信营收结构转型

而在具体的市场经营过程中，作为创新型科技公司的一线经营团队，面对合同签订的"不可抗力"突然发生在眼前，我们感觉到巨大的压力。尤其本应该在春节假期结束后立刻返回各区域属地，投入传统的"旺季"时期，完成节前的收款任务，研究讨论新一年的新商机时，根据市场的变化以及内在和外在环境的变化，我们必须立刻去改变调整。如果我们在取得垂直行业市场的领导地位之后没能一直维持下去，面对竞争对手的挑战没有应对之策，市占率将很快被瓜分或占领。

在这个极特殊的时间节点，一线的每一个销售工程师、实施工程师的工作节奏都紧张起来。紧张的主要原因有三个：一是眼下的工作怎么做；二是新一年的任务怎么完成，业务发展如何推进；三是每个人的工作岗位是不是会被调整。面对这样的状况，易得融信是如何进行有效的防守和进攻的呢？

回顾整个事件，是我们骨子里的"快速变革"基因起了很大的作用。

一路走来，创业型的科技公司本身就面临很多突发风险事件，大家其实早已经养成了面对风险、面对危机的能力。所以直面客户的一线团队在分公司领导的组织下迅速响应疫情危机，通过远程线上办公和协同的方式做全员动员。

首先明确，疫情的危机是大家共同的危机，我们应该也必须共同面对、携手度过。在这个过程中，公司与每一个员工站在一起，不会放弃也不会抛弃任何一个人。同时，公司也公开发布当前疫情会对我们造成的影响，向员工说明我们的现金流能够支撑的极限在哪里，表示可能很长时间公司没有收入。通过这么久的相处，大家风雨同舟，既是同事，也是背靠背的战友，一起携手共度时艰。

其次，迅速有效分析疫情情况，深度研究每一个客户的具体情况，提出我们的服务方案，分场景处理。能远程处理的我们优先远程处理，能暂缓的我们先暂缓。哪怕因为疫情导致的项目延期而造成的额外损失由我们承担，也必须对客户当前使用的产品优先保障。

最后，团队伙伴都很年轻，正是这份年轻，让我们敢做敢想，勇往直前，视危机为契机。再加上平时公司就非常重视培养大家应变的能力和独立思考的能力，所以虽疫情突然但我们并不害怕，反倒迅速调整思路，在保障客户服务的同时，也将疫情视作机遇。

往常我们认为，在正常情况下，一些还不具备成熟土壤的产品在当前的形势下却是非常好的机会。公司总部的同事加班加点完善产品，业务端同事也迅速将当前疫情下客户遇到的棘手问题通过新思路、新产品形成新的解决方案，与客户快速对接。

据不完全统计，在2020年2—3月期间，内部远程讨论的会议达上百场次，与客户的远程交流会议近七十场次，客户给予了非常好的反馈。当前同我们交流的客户有很多已经计划开始进行有序的采购程序，我们相信今年的经营任务可以顺利完成。

随着工作的有序恢复和展开，我们同步总结了作为公司一线经营单元，对于突发事件和所谓"不可抗力"事件引发的思考。科技型公司最擅长的能力就是用技术解决问题，而解决问题最核心的能力：一方面是技术能力，一方面是思想能力。

非常值得骄傲的是易得融信在平时就非常乐于接触新鲜的技术、新潮的思想，也积极为所有员工提供相应培训，让我们养成了钻研的好习惯。每个人都乐于提升自己的知识储备，提升自己的技术能力。思想决定了方向，我们并不满足当前正在做的，而是时刻想着改进或者颠覆我们正在做的，从而更好地解决客户遇到的问题。正是因为平日里的积累，在疫情发生时，在短暂的紧张情绪过后，我们才可以迅速调整状态，脚踏实地地面对疫情带来的一切影响。

从目前看，疫情的影响还会持续一段时间。我们面对的最核心问题是不能到项目现场办公和直接进行高频次客户拜访，这对我们这种需要大量现场交流才能继续开展工作的业务模式提出了挑战。现在只能通过各种各样的线上平台以远程交互等方式与客户开展沟通和支持。

到 4 月初，项目入场率已达到 88%。同时，开发中心项目支持率同比去年同期也逐渐恢复。

在 4 月底逐步开展了客户试用的市场策略，近 70% 的意向客户采纳了产品试用方案。

从长远看，这也是我们节能增效的一次机会，客户习惯远程方式后，对于我们服务的响应速度以及解决问题的效能都是很好的提升。

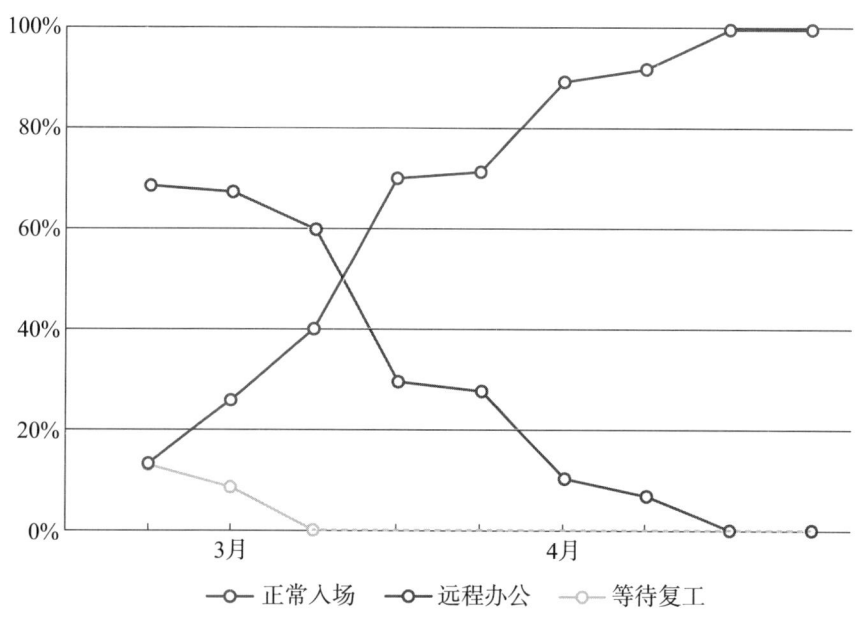

图 2 2020 年疫情以来项目入场情况

数据标本来源于正在进行中的 40+ 个项目

四、"黑天鹅"来了，组织却重生了

疫情会加速淘汰那些组织能力弱的公司，在疫情期间反而激发了易得融信组织能力的整体提升。我们常常笑称，我们"重生"了！主要体现在以下四个方面：

（一）文化中的相信基因：充分信任员工，保持沟通及时透明

易得融信的公司文化中有一个要项：相信。

我们对此文化很重要的诠释是相信团队和自己。面对疫情，我们相信这场没有硝烟的战争一定能够被国家战胜，我们相信我们的业务弹性，我们也相信工作伙伴在接受工作任务中是高效的。无论我们的远程协同、临时工作计划是常规还是紧急的，我们传导出来的态度一直是"相信"。文化中的信任比任何手段都更能支撑高效。

同时得益于公司很早就使用钉钉、OA和各项技术平台。我们用各种视频会议、直播、远程办公、内部社交、在线培训、无接触招聘和远程电话会议来保证组织工作的共同推进，保证了疫情期间工作方式的快速切换与适应毫无压力。同时我们提出，保持高效率要通过目标管理，我们使用技术平台和钉钉将项目目标分解成任务，制定可行的工作计划，落实到个人的工作进度，及时跟踪，并及时对结果进行确认。

整个过程中，我们的管理者和员工之间有持续、信任的针对性辅导。这场疫情让我们更加聚焦远程办公机制，期待我们能够保证远程工作的高效率、高产出，不断迭代去适应更加复杂的内外部环境。

（二）换位思考有效沟通

我们不停思索，在焦虑的疫情情绪下如何保障员工士气？

据悉，在美国金融危机期间的一份研报中显示：71%的员工希望从领导那里得到更多的沟通与信息，同时50%的员工也表示对于领导的沟通能力和得到的有效信息深感失望。

从历史和实践情况中吸收经验，易得融信是这样做的：

首先是方向感与全局的沟通。我们的管理人员不断发声，告知在疫情影响下易得融信目前的经营核算现状和接下来我们要达成的具体目标。这样做的目的是构建我们全体员工的信心和意志力，激发凝聚力。同时，在

阶段性目标达成时及时公布，让大家有成就感和方向感。

其次是坚持做到信息透明、随时更新，换位思考让大家发出声音，有参与感。从一开始的员工每日状态调查，到开通官方的信息通道，再到防疫小常识或者发布控制疫情而出台的各种政策，以及培训课程的制定，我们做到信息透明、沟通诚恳。针对目前遇到的实际困难，我们也和大家讨论，争取得到大家的协助和支持。我们发现疫情倒逼我们更加顺畅和及时地沟通，同时大家的创造性、纪律性和协作性不但没有因为疫情受到影响反而得到了更大的提升。我们相信在疫情期间延续下来的无障碍沟通机制将带给公司良好的文化氛围，并一直维护延续下去。

最后是士气的打造和负能量的疏解。特殊时期，我们加强技能大练兵。例如，各部门组织技能比武大赛，远程学习打卡和视频分享，促进员工快速修炼素质和专业技术能力。我们内部在项目立项时增加小仪式，会有远程和现场启动仪式，采用直播的形式为全员鼓劲儿。

所以，当"黑天鹅"事件来临，大家情绪紧绷时确有可能造成工作摩擦，但不应是粗暴地压制"负能量"，或是强化标语口号式的"正能量"，而是循序渐进地采取"吐槽大会"等模式进行疏导。同时我们倡议管理者们持续关注大家的情绪，通过各种诚恳的、员工易于接受的语言进行非正式沟通，最好是幽默风趣的方式进行引导，保障士气。

（三）反其道行之：快速修正组织架构，主动保留薪资

疫情发生时恰逢易得融信的2020年财年之初，如果没有疫情影响，在以往开年期间资金充裕、业务繁忙时，进行组织精简/优化人岗匹配机制的各项举措不一定能这么高效。但我们没有盲目地一刀切，而是在全面分析人力成本和价值后，经过经营决策层讨论确定了新财年组织架构调整、部门职责的重新界定和任命，评估部门和员工、调整配置及流动，以便更好帮助公司在新财年开局且平稳度过困难期，帮助公司保持业务的快速发展的延续性和灵活性。

易得融信在过去的2019年走在搭建和培育融合团队的过程中，每一个迅速跟上公司成长的员工都是公司希望保留的"火种"。

所以疫情发生时，我们并没有进行裁员。经过反复考量后，我们在现行的薪资结构上为员工争取了更多薪资保留。同时，因为有易得新生等跨部门项目的导入，我们引入专项的项目各阶段激励政策，及时定点奖励特定项目组员工，这一调整能够明显使大家的积极性高涨，激励作用明显提升。

在精神层面，通过文化打造、日常行为评比、趣味业务竞赛等各种小活动，授予内部员工非物质（如敬业员工、积极项目组）等称号，并在公司文化载体上发布。

通过以上的几个步骤，公司不仅能合理地控制成本，还能提高员工积极性，形成双赢局面。对员工在期限内的辛勤工作的肯定，也起到鼓励员工未来努力工作的作用。

（四）实实在在关心员工，温暖直达心底

疫情发生后，组织内员工健康、家庭状况的关注、远程工作的适应感和心理健康等问题，也是管理部门和管理层人员共同关注的焦点之一。

我们组建了员工关爱团队，建立对口联防机制，布置温馨的办公室，为防止就餐不便给大家安排的饮食支援，公司给员工配置防疫口罩和洗手液等最基本的防护用具，同时更加关注员工在面对疫情时期的心理健康和疏导，发放了电子防疫手册为大家讲解学习。小小温暖直达人心，人情味满满。

以上措施帮助易得融信打开了组织边界，提升了组织动能。我们认为在疫情这样的特殊环境下，员工反而能够聚焦业务。

在内部管理方面，我们围绕业务聚焦进行组织结构、人员和汇报线的调整，同时动员全体员工重点关注市场和核心用户。在危机时刻观察商机，我们一直在为业务的全面复苏和转型做着充分的准备。这个时候，激发内在动力是易得融信在这次危机中得到的宝贵组织财富。疫情虽然逐渐缓相，

但是"不浪费每一场危机"提升组织能力是我们的期望。任何事情都有两面性，是危机也是机遇。

回顾过去，我们在组织能力提升方面得出结论：
坚持"以人为本，人最重要"的企业管理理念；
要依靠科技手段优化信息沟通并随时收集数据以便识别异常；
要快速搭建线上培训体系，对员工进行大练兵；
要给予员工信任，支持安全环境下的远程高效协作；
要合理布局薪酬结构，加大激励措施，激发员工积极性；
要保持积极心态，以"正能量"提升员工工作热情。

五、产品重组，服务社会

（一）综合运用科技手段，保障非接触服务

随着疫情席卷全国各地，对以线下业务模式为主的大部分银行无疑是沉重的一击，尤其就对公账户业务办理而言，从客户经理的营销获客到客户身份和意愿的识别，大量的客户背调和意愿确认动作都还离不开柜面和线下接触方式。目前的状况下传统方式的对公准入业务已无法正常开展，这给银行和企业都是极大的冲击。那么疫情期间如何保证企业完成日常账户业务办理，避免影响企业日常经济活动，成了银行当下的棘手问题之一。

与此同时，人民银行办公厅频频发文，鼓励用科技赋能金融，提出通过非接触开户等电子渠道进一步提高银行业业务办理效率，倡导银行可在有效防控风险、精准识别客户身份和开户意愿的前提下，综合运用远程双录、人脸识别、电子证照等有效方式，在线为企业办理银行结算账户服务。从业务线下办理到业务线上化，不管对银行还是金融科技机构来说，都是新的转变及挑战。短期而言，非接触开户可以解决疫情期间银行业务办理

的燃眉之急，但与此同时这也将是账户服务的未来发展趋势。疫情作为整个行业转型的催化剂将加快推动金融产品转型。在非接触的场景下，金融科技产品如何在保证数据安全性的同时高效完成客户尽职调查及风险防控，帮助企业在线远程开展账户服务将是整个行业努力的方向，同时特殊时期的账户风险监控也成为银行更关心的话题。

自疫情复工以来，我们也对疫情给行业带来的影响以及监管政策进行解读与思考，同时做了大量的客户调研，并结合我们现有的线上客户尽职调查能力和风险监控能力等，在稳固私有化产品和升级风控能力的同时，进行资源调配，拓展更多的非接触业务能力。其中包括私有化流媒体的集成、以账户为整体的风险监测全流程场景升级和客户展业电子渠道的延伸等。同时我们也在最短的时间内启动线上 SaaS 服务的升级项目，在原有的银企线预约服务基础上集成了大量的客户身份和合规风险识别的升级，比如企业电子执照、人脸识别、在线双录和跨行跨地区等排查能力，在准确识别客户身份及防控风险的前提下实现了业务远程的高效办理，在非常短的时间内解决了银企之间的工具和通道问题，赋能银行快速转型非接触服务。

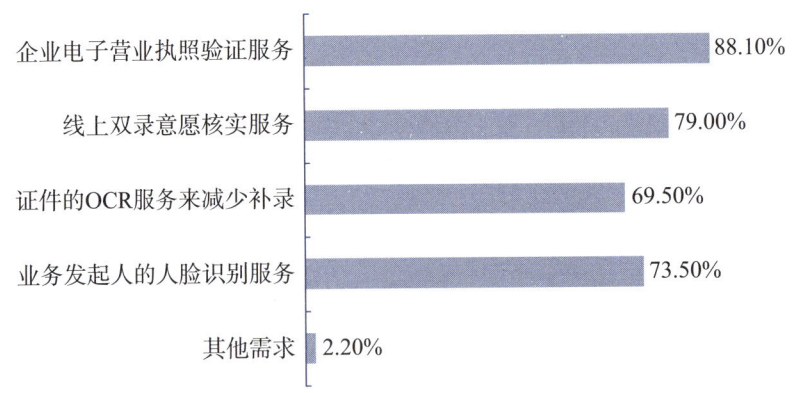

图 3　疫情期间非接触场景需求调研结果统计

数据标本来源于上百家商业银行

（二）准确识别业务场景，快速响应市场需求

在工具和通道的基础上，如何以最快的速度识别并响应客户的需求呢？最为重要的就是综合运用科技手段打通非接触账户业务服务场景，并快速投入市场进行验证。

从企业主体角度，只需一部手机即可通过易账户平台完成企业信息提交、电子影像资料上传，同时，企业可运用市场监督管理局下发的电子营业执照对业务信息进行身份认证和电子签名，在高效完成业务在线办理的同时，确保企业主体身份真实性、业务行为自主性及业务合规性。此外，从商业银行来看，可根据实际业务情况，在校验企业身份及风险后，随时以远程视频双录的形式确认企业法人真实意愿并进行业务远程受理，实现疫情期间的非接触对公账户业务服务。

从账户准入时的客户尽职调查到业务办理全流程中的风险监测，我们通过多维数据建模深度穿透股权比例结构，按反洗钱235号文的要求识别受益所有人信息，穿透企业深度股权结构、企业股东名单、董监高名单等，在线对企业客户进行全面尽调。同时在业务办理的事前、事中、事后通过风险监测系统的规则引擎自动进行风险报批，并综合运用企业外部互联网数据源，综合识别风险情况，帮助商业银行有效防控业务风险，满足人行整体监管要求。

疫情期间我们在综合探索远程在线开户的同时，也在原先账户管理基础上，从风险规则、场景组合等多方面升级账户风险监测系统。最终在业务办理过程中，从客户、账户、业务、场景等多维度深入识别风险。与此同时，我们也同步升级私有化远程双录视频能力，为有能力在行内建设双录视频流平台的商业银行提供私有化部署方案，通过行内应用服务器进行实时双录视频受理录制，有效解决数据落地到行内的安全性问题。除此之外，综合运用电子数字账单服务，依托底层数字密函投递技术，以非接触电子渠道的形式，向客户投递电子对账单、电子信息补录服务等。银行只需通过短信形式，将信息解析生成的邮件投递至企业联系人的手机上，企业联系人即可在有效识

别主体身份并通过运营商校验后，进行对账单及相关业务确认。最终通过数字密函投递技术帮助银行在高效回收业务数据的同时保证数据安全性，同时也为账户展业的非接触式场景的拓展预留更多的可能性。

（三）特殊阶段，远程方式服务客户

最后，在疫情防控期间，我们在进行快速产品落地的同时，通过线上远程会议等方式与多家银行进行产品宣讲及沟通交流，在深入了解并验证市场的同时，获得了银行方广泛的认可。结合市场反馈及短期快速落地情况来看，在防控风险的前提下赋能商业银行在线远程开户办理，SaaS轻部署快应用的方案无疑是当下最快解脱商业银行困境的方式。接下来，我们也将向有意愿的商业银行启动系统试用阶段，在市场业务验证的同时更深入进行产品优化、挖掘拓展方向，在满足监管要求的基础下不断升级产品，更全面地帮助商业银行和企业在疫情期间恢复账户业务服务。从长远来看，科技赋能金融进一步推动了传统中小银行的数字化转型，我们在通过此阶段的业务转型和产品升级后将继续以非接触业务和风险识别等技术为基础向金融机构提供更完善和智能的银企服务。

我们也开始更关注风险，在准入的特征中挖掘更多的事前风险。从业务准入和风险控制等监管需要的合规场景，通过科技手段覆盖业务环节，缩短时间提高效率的同时提高银行风险筛查能力，持续地赋能商业银行科技服务企业的能力。

而这，一直是易得融信践行的企业愿景。

六、结语

（一）疫情超出预料，企业危中转机

在疫情短期影响几乎超出我们预料的情况下，大部门传统行业可能开

始悲观，甚至已经做好了中长期衰退的准备，但在金融数字化转型的窗口期，相信所有金融科技企业都在思考如何转型，不浪费每一次危机，不惧怕、不虚妄，冷静面对，真正在疫情的环境下尝试"危中转机"。

（二）敢想敢做，不断创新，走出易得融信的特色

我们深知：知易行难，想到并做到更不容易。我们结合自身和市场因素，除了做好适应短期需求以外，还希望能同时布局中长期的应对策略，集中力量帮助中小银行推动数字化转型。通过此阶段的业务转型和产品升级后，我们将继续以非接触服务和风险识别等技术为基础向金融机构提供更完善和智能化的科技服务；从业务准入和风险控制等方面，结合监管合规的业务场景，通过大数据、云服务、区块链和风险模型算法等手段覆盖业务环节，缩短人工时间、提高业务效率的同时提高银行风险识别能力，坚定持续地走出易得融信特色的金融科技之路。

（三）不安基因，易得新生

易得融信自创立以来，一直都在尝试用非常规的方式打破传统市场和既有规则，我们生来保持着创新和协同的基因。易得融信抓住疫情的业务新需求点重塑项目，命名为"易得新生"计划。自复工后，新的业务场景、新的产品属性、新的服务方式、新的市场策略和新的组织已经开始初见成效。

我们相信，机会是留给有准备的企业和组织的。从长远看，疫情倒逼了整个行业和企业的成长或洗牌。我们相信中国的经济将在本次疫情后，在国家与金融行业的各项重视与扶持下，逐步走向正轨。而作为创业型的金融科技企业，我们将躬身入局，主动迎接挑战，一往无前，践行组织成长与价值观，不断推动"易得新生"，终会化茧成蝶。

专家点评

金融科技：助力金融机构运营与实体经济发展

2019年，政府出台了一系列监管政策以加强金融风险防范，在严监管的环境下，一些技术、风控能力较弱的金融机构的业务受到了较大的影响。2020年新冠肺炎疫情突然席卷全国，令金融机构在获客、营销、产品、信贷、风控、合规等方向更是面临严峻的压力。在此逆境下，部分金融机构有效运用以人工智能、大数据、云计算为支持的金融科技手段开展业务，用科技赋能运营与管理，保证了企业的良性运转。疫情之下，金融机构对于运用金融科技改造自身业务的意愿也越发强烈，金融科技对金融行业带来的影响更加凸显，为赋能各项金融业务，解决中小微企业经济困难，助力服务实体经济发展提供了有力的抓手。

具体而言，金融科技对于金融行业的作用体现在以下几个方面。

一是助力中小微企业。近几年，政府推出多项鼓励政策帮助中小微企业解决融资难的问题，但传统金融机构对于中小微企业的贷款诉求受制于其还款和信用难以保证而不能完全满足需要。在疫情的特殊时段中，金融科技作为连接贷款方与借款方的技术桥梁，能够令金融机构通过海量数据进行借款人违约风险和信用特征的分析，对批量客户的需求做到精准识别，区分疫情下信贷需求的急迫程度和疫情相关性，更好地识别潜在违约风险，更高效地分配金融资源，帮助金融机构实现对中小微企业的助力。在案例中，美团金服的美团生意贷通过一整套风控模型助力银行支持小微企业，并通过延期还款、商户专项扶持等措施有效缓解了商户资金压力。此外，国内大量的中小型金融机构的科技能力依旧较弱，若能够促使金融科技企业利用人工智能、大数据等技术开展金融业务，深入各个细分场景提供端到端的技术解决方案，定能够支持当地中小微企业和实体经济发展。

二是零接触服务。疫情极大地限制了金融线下场景的业务开展，大量的个人业务办理需求需要通过线上的方式解决，一些较为成熟的金融机构通过第三方合作或自主研发的方式开展零接触服务，充分发挥线上化、自动化的效率优势，保障了疫情期间业务的正常运营。例如银行、证券公司等机构的零售获客，客户能够通过网页或线上 App 了解金融机构的各项产品，通过线上流程进行开户或办理其他业务。再如智能客服，在度小满案例中提到，其研发的度小满语音机器人承担了大部分的客服工作，并能够根据疫情特点进行语气和内容的调整，既降低了人工成本，又能够帮助客户在线上解决相关问题。此外，随着银行、证券公司等金融机构数字化转型的开展，诸如网上营业厅、无人营业厅等基于人工智能等技术的落地场景也会越来越多。零接触服务能够令金融机构更敏捷地触达客户，对于客户而言也可以直观地体验金融科技带来的便利。

三是风险管理。受疫情影响，部分金融机构对小微企业和个人信贷用户提供延期还款服务，帮助其渡过难关。但是，有些别有用心之人利用疫情时机故意拖延还款或逃避还款。虽然很多金融机构采取延期还款必须申请的措施，但在疫情这种特殊的情况下，风险控制技术能力不到位的公司难以甄别借款人的真实信用情况，最后导致逾期率和坏账率的升高。因此，部分金融机构借助金融科技，通过建立自身的风险控制模型与体系或引入第三方的风控策略与智能风控产品，准确挖掘分析用户的真实消费和行为数据，让风险管理在获客、准入、贷中、贷后等环节全面深入，识别优质客户，监测客户状态，调整风险敞口，力求做好信贷业务全链条的风险管理。另一个场景是银行对公账户业务办理的风控环节。易得融信通过数据建模、风险监测系统等技术手段识别客户信息，实现线上的企业客户尽调。此外，如何运用金融科技手段获取借款人现金流情况也是值得思考的问题之一。现金流是证明借款人还款能力的有效途径，对现金流的洞察能够让金融机构了解借款人的履约能力，帮助实现信用贷款的风险管控。最后，风险管理政策与体系的制定要能够经受住真正周期的考验，对金融机构而言，风险管理始终面临着挑战。

四是精细化运营。随着互联网红利的逐渐消失，金融机构对于存量客户的经营、需求挖掘与购买激活将逐渐成为盈利的关键。在疫情阶段，随着线下渠道几乎停摆，线上渠道的客户争夺更为激烈，获客成本大幅提高。为此，银行、证券公司等金融机构通过借助人工智能与大数据技术，建立知识图谱，构建用户标签，进行用户画像，对客户群体进行细分与定位，精准定位客户个性化需求，发掘更多渠道资源，有针对性地开展产品与业务创新，实施精细化运营与精准营销，以提升营销的命中率与转化率。

五是远程办公。在疫情期间，部分技术能力不足的金融机构的存量项目受到较大影响。例如基建、房地产、民生等领域的投资项目因疫情而延后工期，工作人员缺乏远程辅助手段替代实地考察。若能够与第三方科技公司合作或自主研发远程视频程序和智能运营体系，将能够极大地改善办公地点受限的情况。此外，对于一些拥有线上视频和认证系统的金融机构来说，存量客户的维护工作受到疫情的影响较小，投资顾问、理财师等从业人员可以通过线上途径开展营销获客工作，并且可以一对多地高效服务客户。

在金融科技带来惊喜的同时，我们也不能忽视其中存在的风险与问题。金融科技使金融业务更加线上化、多元化，业务间的界限变得模糊，从而带来隐蔽的、易传播的金融风险。此外，数据与隐私保护领域也需要持续关注，金融机构对于客户数据的获取、加工与分析要合法合规，保障客户的数据与信息安全。最后，疫情让我们认识到金融科技在技术实现上依旧存在很多不足之处，仍有改进与提升的空间，例如在佩戴口罩、手套与护目镜的情况下，人脸识别、指纹识别、虹膜识别等技术会受到一定影响。

从宏观角度看，金融科技与金融服务的融合将更加高效地实现金融资源的分配，对金融机构而言，提升科技能力，突破线下金融服务的局限性，运用金融科技实现客户场景的敏锐洞察和资源的拓展整合将尤为重要。

/ 专题五 /

智能制造

行业危机

制造业是我国国民经济的基础产业，其稳定发展对我国民生、经济、国防等方面都起到重要的作用。此次新冠肺炎疫情的出现对我国制造业造成了极大的影响，企业面临重重压力与困难。此部分以特锐德、蓝胖子机器智能、康力电梯作为行业代表。

此次疫情对制造业的影响体现在以下几个方面。

一是劳动力短缺。受到隔离与延迟复工的影响，制造业企业普遍面临劳动力短缺的问题，人力依赖性较高的一线企业出现用工荒，员工无法按时到岗，工厂停止运转，生产活动或推迟，或停滞。

二是线下消费疲弱。疫情期间，国内居民出行受限，居民线下消费的意愿大幅下降，线下消费态势疲弱，一些依赖线下营销渠道的制造业企业受到较大冲击。

三是对外贸易萎缩。一些制造业企业的营收主要依赖国外订单，在新冠肺炎疫情蔓延至全球范围的情况下，国外订单或暂停，或取消，给制造业企业带来极大的损失，加上制造业企业劳动力减少、生产受阻等原因在供需两端都出现疲软态势，导致对外贸易萎缩。

四是供应链断裂。上游原材料企业复工难，下游生产销售企业生产延期、销售下滑，制造业企业上下游形成不良的闭环传导效应，下游产品销售受阻导致上游企业原材料进购出现问题，然后会进一步影响下游产品的原材料供应，导致供应链断裂，对我国制造业企业，尤其是中小企业造成严重打击。

五是资金链断裂。企业停工、工厂停产会造成大量的劳动力闲置，企业在没有营收的情况下还要支付庞大的可变成本和固定成本。在企业现金储备不足的情况下，会造成企业资金链的断裂，严重影响企业发展。

企业自述

特锐德 大考之下自我破局

蓝胖子机器智能 寒冬过后，必是暖春

康力电梯 制造业：危机下的转型提速与危机管理常态化

大考之下的自我破局

于德翔

谁也没有想到,疫情会成为影响 2020 年全球经济的关键事件。这次新冠肺炎危机犹如"黑天鹅"打来的电话,提醒我们,管理者必须关注企业的韧性,也就是企业在经受了打击之后,自我免疫、自我修复、自我反弹的能力。

疫情带给我们太多的风险和不确定性,唯一确定的是每次重大危机后都会诞生出几个伟大公司,特锐德恰恰在这次疫情中迎来了自己的大机遇。

想别人没有想到的,做别人没有做过的,干别人不敢为的,抢占机遇,锲而不舍地向着目标前进,就没有过不去的火焰山。

一、破局之疫情篇

疫情暴发之初,全民众志成城的战"疫",疫情稳定后在生产经营领域逐步显露出次生影响。2020 年这张谁也无法回避的疫情"考卷",摆在了全球特别是中国企业面前。

企业需要有那么一种韧性,既能把握风口快速生长,还要在没有风甚至逆风的时候,依然具有翱翔的动力,保证企业的生命。

2020 年,中国企业如何才能抵住疫情冲击?悲观者在冲击下蛰伏,乐

作者系特锐德董事长。特来电是特锐德子公司。

观者却总能快速转身，寻找新的方向。历史上，突发事件推动社会进程的事并不鲜见，总得有人在黎明前发起冲锋，我们才能听见胜利的号角。

特锐德以"实现新能源车充新能源电，让尾气和雾霾远离人类"为使命，致力于成为新能源革命的引领者。

疫情袭来，特锐德就是这场战役中的冲锋者。

(一) 疫情防控卷：生死时速，为武汉加油

在这场疫情大考中，作为中国创业板第一股的特锐德，该承担什么社会责任？如何应对？如何对冲疫情对企业的影响？

特锐德特来电马上做了3件事：争分夺秒快速复工、免费为武汉抗疫车辆提供充电支持、快速为雷神山提供电力设备。率先开工，自创"新开工模式"，并主动分享，无偿帮助更多的企业快速复工，减少损失，坚定信心，再创佳绩；第一时间响应，为武汉及全国各地抗疫服务车辆提供充电支持，不间断持续驰援武汉；快速反应，无偿为雷神山医院提供配电设备紧急增援，与全国人民一起共同战"疫"。

1. 新开工模式，助力复工

企业是国家的基本组织细胞，企业家是国家栋梁，要确保企业的生存和健康！

我们等不起，我们也靠不起。

抗击疫情，企业必须要创新复工，高效复工，活下来比什么都重要。

2020年1月26日（正月初二），在疫情肆虐下，我们预测到正月初七无法正常上班，那么如何能在家里开工，实现企业开工前的动员以及武装，奏响开工黎明前的号角？

正月初二至初五，我们高管紧急研究组织如何开工，用什么模式开工。我们快速组织一个5人团队，对当时工作任务及客户需求做深入研究，立即出台"新开工模式"，近1.5万字，共12条，对应企业急需的8个业务单元，总结提炼出了50多个非常实用的新开工方法和明确要求。

2月1日（正月初八），就形成了一个切实可行的线上方法，将"开工"搬到网上，实施"新开工模式"，春节后上班的第一天，全公司近7000名员工正式拿到已修订多次的《特锐德"新开工模式"手册》。由传统的线下开工，立即转移到线上先开工，先动起来，能搬到线上的工作先搬上来。

很多企业面对无法复工的实际困难，踌躇不前。我初九在正和岛平台做了"新开工模式"直播，各个直播平台争先恐后地要我过去做分享，通过40余场次的直播分享，累计受众超过50万人，下载量过百万，无偿帮助10多万中小民营企业实现了快速复工。

对于中小制造和运营企业，特锐德"新开工模式"拿过来就可以用，理解＋宣贯，一天后就可快速开工！

这种"法布施"我更为看重，也是韧性的内在源泉。

在危中求机，在危中创新，是特锐德特来电的一贯作风。这也是特锐德团队多年打造的组织性格。

2. 在疫情下逆行，使命必达

2020年1月23日上午10时，武汉正式"封城"。数以万计的市民被迫留在武汉这座"孤城"中。

疫情肆虐，没有人愿意出去，出去就意味着危险，就意味着要以健康甚至生命为代价。但面对病人的呼唤，面对使命的呼唤，以医务人员为代表的逆行者们站了出来。

然而，谁为他们提供车辆出行保障？谁又能为电动汽车提供充电服务？

武汉特来电的战友们挺身而出。

1月24日（大年三十）开始，特来电和政府协同，在武汉迅速开通了免费充电支持，全面保障武汉全市志愿车辆充电需求。

特来电的战友们放下了给亲人的年礼，冒着被感染的风险，配合武汉疫情应急管理部门，穿梭在昔日车水马龙、今时清冷空旷的大街小巷里。

武汉"封城"期间，特锐德为十几万辆电动公交和电动医务车、警务车、出租车、网约车、物流车提供了充电保障和前线运维支持，全力保障了武汉市的政府应急、医疗救护、警务执勤、物资支援、社区服务等车辆充电服务，给车辆保驾护航。

他们轮流值班，24小时坚守一线，有求必应，10分钟内到达现场，舍小家为大家，不惧风险，不畏感染，做好防护，战胜恐惧，用热情和大无畏的精神，圆满地完成了充电保障任务，用行动致敬最美逆行者。

我们坚信：特锐德·特来电有自己的社会责任和使命，我们立下了自己的战"疫"决心，让每辆车都能安全充电，放心出行，特来电必与大家同心同行，这是我们的使命、责任，也是我们对社会的承诺。

一方有难，八方支援，中国企业根植中国，始终与中国人民站在一起。让我感到欣慰和印象深刻的是，在疫情到来之时，特锐德全体战友们敢于逆行，用行动为这场战役提供企业力所能及的助力。

3. 与时间赛跑，分秒必争

2020年1月31日中午12时，我们接到武汉"雷神山"医院配电设备紧急增援需求，要求2月2日货到现场！特锐德下属的川开电气公司，成都距武汉1430公里，除去16小时的物流时间，还剩28小时。

疫情就是命令，保供电就是保生命！

面对肆虐的疫情和严峻的任务，川开电气的战友们没有丝毫的犹豫，快速反应、精心策划、争分夺秒，确保"雷神山"医院在既定时间顺利投入使用！

简单的动员后，技术、生产、供应链、设备、质检、售后、后勤等人员都雷厉风行地火速赶到公司，"雷神山"项目正式启动，我们分成7个突击战斗小组，按照既定方案分头快速投入战斗。

技术突击小组：优化并确认项目方案，快速发布生产图纸；

设备突击小组：检查设备设施，确保能源供给；

供应链突击小组：核实库存元件，全力调配物资；

生产突击小组：分工序，按流程，照图纸，第一时间投入生产；

保障突击小组：快速采买食品、准备防疫物资并运至现场；

质检突击小组：完工一台调测一台，逐项调试记录，确保合格出厂；

售后突击小组：提前在武汉就位，静待设备运抵现场立即完成安装调试，确保安全、稳定、可靠供电。

2020年1月31日12时至2020年2月1日12时，仅用24个小时，"雷神山"医院配电设备项目所需增援电气设备保质保量，提前发出。

当得知我们的车辆安全到达"雷神山"项目现场，设备顺利投入使用后，我们的内心无比地骄傲和自豪，使命感和成就感更成就了特锐德战友们在抗击疫情战斗中的新价值。

这是一场难忘的战役、一场生与死的较量、一段负重的前行。

关键时刻，只要国家和人民有需要，我们就责无旁贷！

这次疫情是挑战，对很多的企业是打击，但也是机遇。传统的企业运作模式已历经百年，面对严峻的疫情形势，倒逼我们对企业管理进行思考，对已有的惯性思维和工作方法进行改变。这次疫情也对企业管理运作提出了更高的要求，那就是在极端条件下企业如何生存？特锐德"新开工模式"就是我们对高效管理模式的新尝试。

疫情倒逼我们使用线上模式、拥抱互联网，这不仅仅是工作模式的转变，更是一次思维和习惯的彻底升级，引发我们对于组织效率提升的全新思考，改变传统思维、线性思维，增加互联网思维、指数思维，最大限度地打破了地域限制、部门限制、专业限制和时间限制，拉近了人和人之间的距离，部门和部门之间的距离，也拉近了企业和客户之间的距离，打破了组织边界。同时"新开工模式"带给我们组织重组与流程变革的全新视角，加速组织从层级型向平台型转变，从基因上做出改变。"新开工模式"还可以激发员工内生动力，提高员工工作参与度，提高工作效率，降低工作成本。

正和岛创始人、中国企业家俱乐部创始人刘东华，北京大学国家发展研究院BiMBA院长陈春花两位老师了解了"新开工模式"后，觉得非常有实践意义，也推广给了更多企业家朋友，并给特锐德"新开工模式"写了荐文。

意识到问题的严重性，自上而下、各级政府都纷纷出台了保护企业尤其是中小企业的各种政策措施。那么企业自身怎么办？"金之在冶"的企业家精神在这种特殊时期应该有怎样的呈现？中国创业板第一股特锐德创始人、中国最大的汽车充电生态企业特来电创始人、正和岛山东岛邻机构主席于德翔和他的团队推出的"新开工模式"，给全国乃至更多企业和企业家做出了一个很好的示范。

《懂得珍惜，更要善于创造》

——刘东华老师荐文节选

虽然特锐德在2020春节这个特殊时期推出"新开工模式"，但是我更在意这种工作模式所呈现的新特征，就是如何面向不确定性和数字化，而这一特征，是我特别强调和主张的，所以我把特锐德"新开工模式"在"春暖花开"微信公众号推出，当天便获得10万+的阅读量，特别感谢特锐德的实践贡献。

《与时俱进的工作模式可以高效支撑企业成长》

——陈春花老师荐文节选

韧性，是指材料在塑性变形和破裂过程中吸收能量的能力。此次疫情就是对所有企业的发展过程中的韧性进行了一次"应急考验"，有的企业太脆弱，就此倒下，有韧性的企业，不但不会折断，反而会在这个过程中增强张力，这次疫情，使在线服务、在线消费、在线教育、远程办公等数字经济新业态，成为企业发展的新手段和新方法。

（二）经济保卫卷：快复工抢市场，重启2020

企业要先活下来。

疫情给企业带来的冲击不言而喻，让企业活下来，成为我们脑海中最直接的念想，这也是一种能力。

对特锐德来讲，在所有的梦想面前，必须先让企业活下来。企业是国家生命的细胞，承载着国家的担当、企业的梦想、家庭的希望、员工的钱粮；企业没了，梦想和希望就没了，国家税收就没了，员工的收入也就没了。企业要想尽一切办法活下来，这是企业家的责任。

所以特锐德不能停，只能抢：抢复工、抢市场、抢融资、抢机遇。在疫情"黑天鹅"泛起的经济涟漪之下，面对暂时低迷的市场环境，在我们的不懈努力下，市场营销业务稳中有升、充电网络服务畅通无阻、创新研发积极推进，企业发展的步伐一刻也没有停止。

在这场特殊的战役中，展现出了龙头企业的超强"免疫"，率先交出了"答卷"。

特锐德吹响号角，重启2020。

任何一个危机，都是危险和机会并存。

"危机"二字就是要求企业家在危险当中寻找机会。

风雨同舟者兴，上下同欲者胜。

重启2020，一切都刻不容缓。时间不等人，市场不等人，特锐德吹响号角，全员出击，以服务为宗旨、以市场为目标，想尽办法，把失去的时间抢回来，把市场份额提上去。

特锐德营销团队积极开展疫情背景下市场变化分析与业务应对规划，开展丰富多样的线上推广和产品发布活动，把内部资源和外部客户的连接向线上转移，开启线上市场营销新体验，帮助客户做"新开工模式"。在疫情最严峻的1、2月两个月，累计中标额就超出2019年同期！上半年市场团队冲破重重困难，多次开展抢订单攻坚战，危中找机，捷报频传，市场业绩远超预计，振奋人心的同时，也更加坚定了我们的信心。

疫情对特来电充电量业务的开展带来了不小的影响，造成了充电量下降。疫情之前，特来电日充电量最高达到900万度，疫情严重时日充电量仅有150万度，我们积极应对，到2020年3月份，充电量已提升到600万度，恢复到疫情前的 67%，比 2019 年同期增长了 23%。在运营运维方面，特来电的技术、运维团队始终坚守一线，保障新能源汽车的安全充电及出行。

在汹汹袭来的新冠肺炎疫情面前，我们的白衣天使"不计报酬、不论生死"，逆行奔赴"战场"；特来电战友们同样选择了一次又一次"逆行"，在防风险、护安全、战疫情、保稳定工作中，他们 24 小时坚守，只为防止疫情扩散蔓延，他们全天候众志成城，只为让每辆车、每个人安全充电。

在疫情中，特来电的研发战友们持续创新、迭代升级，并诞生了"疫情宝宝"，一个为电动汽车做安全体检的"云保护"和"汽车医院"。

我们的充电网被大家亲切地称为电动汽车的"医院"，全力保障了疫情服务车辆的安全。

很多人问我是怎样做到的？

针对新能源汽车的安全问题，我们从未停止探索，而是主动向安全迈进。

针对大量电动车衰老和频繁烧车问题，研发人员开发了 19 个安全防护模型，实时监测电池安全状态。

我们利用每次充电数据交互过程，为车进行安全体检。通过实时监测及历史大数据分析，同时抓取全国同一型号同一时间充电车辆的数据再做一次分析，当车辆超过安全阈值的时候，充电网就会自动停止充电，车辆没有电，当然就不会烧了，真正解决了世界性烧车难题。

目前特来电充电网"两层防护"已经能够减少烧车 65%，防护范围在空间轴从 BMS 扩展到充电侧、能源侧、用户侧。

我们希望，通过产业链融合，将充电网络变成电动汽车的"医院"，管理好、运营好老旧电动车，避免出现安全隐患。

压力是暂时的，只要坚守，就一定会看到风雨后的彩虹。随着疫情形势趋于稳定，出行还是大家的刚需，充电的需求也会随之上涨。

疫情让未来更快地到来。

在疫情之困的第二张考卷上，特锐德给出了完美的答案。

拒绝"等、靠、要"，积极转身，化危为机，自我破局，为今后长足的发展储备粮草和弹药。

在这次大考中，不仅是对我的考验，更是对特锐德团队和组织能力的考验，面对这个考验，我们临危不惧，砥砺前行，像一根压不断的竹子，柔韧无比，弹性十足。

（三）主动出击卷：效率制胜，新基建创造新机遇

自助者，天助之。

对中国企业来说，这个春天来得要晚一些。但比起乍暖还寒，晚春却意味着更多的希望。

在疫情和经济下行的双重压力下，高铁、电网、新能源等行业及各城市，为了保经济、保就业都大幅度提升了投资力度，特锐德的箱式电力设备利用其高可靠、模块化、集成化、时间快、占地少等优势，成为高铁、电网、新能源及政府大型工业园的基础电源设备支撑保障，2020年对箱式电力设备的需求明显增加。

2020年3月4日，中共中央政治局常务委员会召开会议，指出要加快5G网络、新能源汽车充电等新型基础设施建设进度。

世界最大的工业制造产品是汽车，世界最大的工业消费品也是汽车，特来电的"智能充电网"将成为"工业互联网"最大的应用场景。

充电网将要肩负智能交通基础设施和智慧能源基础设施融合的责任，这让特来电站到了新的舞台上。

很多朋友跟我打电话说新基建，充电桩怎么成为新基建行业了呢，我说充电桩后面的是充电网，充电网后面支撑的就是新能源汽车，新能源汽车后面支撑的就是新能源网，这个产业非常大，是中国大循环和内循环的代表。

面对新基建概念的提出，特来电在6年前就提出做充电网，而不是充电桩，现在以实践证明特来电充电网的技术路线是完全符合发展的，特来电充电网具备的能源属性和数字属性，恰好契合了新基建所具备的数字、

智能、互联的新属性。

一面是危机，一面是机遇，在危机与机遇面前，什么样的企业能活下去，能化危为机？答案是：以效率取胜的企业。

面向新基建的新机遇，有了政策，来了机遇，有了思路，来了干劲，剩下就是一个字：干！

而且要快干，把时间追回来；要真干，把机遇抢回来；要实干，把效益挣回来。

机会，永远垂青于有准备的人。已经充分热身、箭在弦上的特来电，在迅速加快了充电基础设施全国布局，快速推进充电新基建的投资建设。自国家发布充电桩新基建以来，不到两个月的时间，特来电已经完成了1035个场站的立项、建设。

按照我们的规划，2020年特来电及社会资本合伙人将投资20亿元以上，投建公共充电桩5万个，全力保障公交、网约车、物流车辆对充电的需求，全力支持新能源汽车产业发展。

这个世界从来都充满了不确定性，但每一份用坚韧加持的企业都不会被辜负。因为，凡是愿意持续付出努力的，寻求机遇注重效率的团队都值得相信和期待。

一旦春风拂来，它们就会最先生长。

二、破局之行业篇

对充电桩行业来说，2019年是不太"友好"的一年。数据显示，2017年中国有300多家充电桩企业，到了2019年年末，至少有50%的企业已经退出这个行业，绝大部分是因为技术路线错误和经营困难。

盈利难问题尚未解决，疫情又大幅增加了淘汰率。

疫情期间，民众的出行率降低，充电桩行业因此深受冲击。若只依靠收取充电服务费的单一商业模式，部分充电桩企业的生存压力将会增大，或将加速行业洗牌。

特来电作为国内充电桩行业市占率第一的龙头企业，如何应对疫情"大考"，自然成为行业及媒体关注的焦点。

我们不断地研究、探讨和创新。市场是活的，需求是新的，我们唯有时刻创新，才能保持住我们的核心竞争力，这不仅是面对疫情带来的变化，也是我们行业本身的需要。

我们走的就是一条要不断应变、不断求变、不断创新的新路。

(一)从拓荒到领军：不断求变，风雨后终见彩虹

这是一次"豪赌"。

特来电走的是一条从无到有、从0到1的道路。

作为充电行业的大胆拓荒者，几乎没有经验可以借鉴。

2014年，特锐德二次创业，瞄准了新能源汽车充电行业，看到别人没有看到的。现在被巨头争相布局、潜力无限的充电行业，那时仍是"荒芜之地"，国内刚刚起步的纯电动汽车市场还不足以吸引企业投资充电行业。

新能源汽车属于国家战略，但在2014年前后全国新能源汽车保有量十分有限。充电企业挣扎在尽早"圈地"和提高投资回报率之间。特来电经过不断摸索和调整，在企业短期经营和长期发展中找到了平衡点。

针对用户充电习惯和充电桩平均利用率方面，特来电通过经验积累和数据分析，形成自己的充电桩建设论证的数据模型，令投资更加精准。同时，探索更优的业务和市场策略。最初，特来电完全自建充电桩。但随着对行业了解更加深入，在坚持充电桩运营业务的基础上，引入合伙人等模式，与其他投资人共建充电桩，减轻资金压力，由重资产模式转型轻资产。

作为行业最早主动入局的"拓荒者"，特来电已在行业内浸润6年，累计投入70亿元，技术研发投入11亿元，经过6年探路，终于走通了这条路，形成了充电网商业模式和价值闭环，练就了应对未来的应变之策。

从无到有，从0到1，风雨后终见彩虹。经过这次疫情，特锐德会更

加以客户为中心去思考，包括我们的研发、技术服务都会聚焦在为客户创造价值上。只有这样，我们才可以根据客户的深层需求、未来趋势及环境的变化做出更好的应对。

在快速变化的市场环境中，企业需要感知和适应市场的真实变化，想别人没有想到的，根据动态反馈的需求来扩展和完善业务模型，围绕客户需求，重新进行自我定义。

坚持创新自主研发，把应变作为常态，练就经得起短期下降的心态。

尊重"潮起潮落"的常识和规律，在下蹲中积攒起跳的力量，在退潮中准备远航的风帆。

（二）将愿景变成现实：创新赛道，充电网筑起护城河

特来电不是建充电桩，而是建充电网。

二者差别在于，充电桩是给车充电的物理插头，而充电网则是一个区域内多台车充电连接起形成的能源网络。在特来电看来，前者是"术"，后者却是"道"。

电动汽车将在未来能源变革中扮演重要角色，将催生第四次能源革命。

电动汽车是移动储能设备，通过充电网能充分消纳弃风、弃水、弃光等再生能源生产新能源电，低谷充电，高峰放电，能源双向流动，实现移峰填谷，增加整个电力网络柔性，提升新能源利用率，让尾气和雾霾远离人类。

同时，充电网平台上的汽车数据、充电数据、支付数据、维修数据等各种数据进行多维互动，形成行业大数据，辅助行业决策，满足用户个性化需求。

很多人认为"不就是建充电桩，还非得玩个概念"，其实不然。充电网是一个复杂的技术体系，涉及多学科、多系统、多场景，要完成人、汽车、能源之间的连接和融合。

6年时间，特来电研发投入11亿元，建起了千余人的研发团队，用超

过全行业50%的科研人员数量和科研投入金额，努力将愿景变成现实。

正是我们从特来电成立之初就坚持布局充电网，令所有愿望得以实现。如今，这张网的价值正慢慢显现。

群管群控、远程运维、两层防护……在这条自己创新的赛道上，特来电不断扩展着充电技术的边界，筑起了一条充电技术护城河。更重要的是，当前的充电网2.0还在加速向3.0、4.0进化。

在特来电第二个"五年规划"中，我向特来电全体员工再次表示，我们要成为第四次汽车工业革命的支撑者，做能源革命的连接者，做中国最强最大汽车充电网生态运营商，想别人想不到的，做别人做不到的。

跨越荆棘，羽翼渐丰，特来电有足够底气应对未来。

从无到有，全靠我们自己蹚出一条路，我们是一个有"根"的生态，这是与很多企业最大的不同。

三、破局之未来篇

疫情这只"黑天鹅"，冲击了人们的工作与生活，迫使大众去接受各种新的生产生活方式，也让我们注意到了中国互联网蕴含的巨大潜力。

就像"非典"加速了电商崛起，让消费互联网就此步入发展的黄金时代。这次疫情，则很可能成为工业互联网爆发的重要节点，全面开启制造业的蝶变之旅。这不是一厢情愿的简单比附。疫情倒逼工业互联网发展，让其价值得到了最为直观的呈现。

利用工业互联网平台，企业能迅速调整供应链，及早转产、复产，即便员工无法返岗，智能互联工厂也能正常运转，100%按时完成订单任务，设备维护不会受到交通管制影响，远程诊断基本解决问题……

现实是最好的教科书。越来越多的制造业企业意识到工业互联网已不再是可有可无的"噱头"，而是发展进程中的必由之路。

我们即将走进一个"万物互联"的智慧时代，静默的物品被赋予"活性"，让我们实现对周围环境的预知和控制，从而做出更有利的决策。

随着 5G 加速应用，不同场景之间的隔阂渐次消弭，基于垂直应用场景下的入口开始浮出水面。

一个最为直观的例子是，汽车必定是物联网时代的重要场景。世界最大的工业制造行业是汽车行业，世界最大的工业消费品也是汽车。这也是世界都在争抢汽车"智能化、网联化、无人化、共享化"发展高地的原因。而汽车新四化的实现，是因为电动汽车的出现。电动化让汽车由一个机械产品变成了电子产品，智能化、数字化、网联化、无人驾驶都成为可能。

工信部规划 2030 年将有 1 亿辆电动汽车投入使用，规模化的电动汽车，充电网让车与车、与能源、与用户形成巨大的网络。但痛点是每一台车都是孤零零的个体，车与车之间没有交互，车与工厂之间也发生了分离，如何能把千万级的汽车、用户、能源连接起来？需要一个全新的"连接网络"——这就是每天与汽车连接、交互的"智能充电网"。

简单地说，因为充电桩不同于加油站的即加即走，充电服务时间普遍在数十分钟乃至数小时之间，这就给高附加值服务提供了空间，进一步增强了用户黏性。

汽车充电是一个连接和交互过程：这时候汽车的大数据、电池电机电控的大数据、用户行为大数据、能源大数据都能够收集到充电网，并在云端分析、增值变现。

充电网是一个将充电网、车联网、能源网进行业务与数据融合的工业互联网，在充电网的运营过程中，产生用户大数据、汽车及电池大数据、能源大数据、运营大数据，特来电一天就会产生 10TB 的数据量，2025 年将突破 500TB，将远超传统消费互联网数据量。而这些工业物联网数据通过大数据计算平台和专家系统挖掘大数据价值，实现智能制造、车辆体检、智能运维、用户服务……每个过程，都需要大量的云存储与云计算资源，需要政府、学术平台、企业，共同合作开发汽车大数据、能源大数据的分析及应用。

预计 2030 年，将会有 1 亿辆新能源汽车上路，充电基础设施将达到千万级，系统的数据量也将会提升至 ZB 级别，对应的系统技术架构也会持续升级，从目前的单一依赖云计算，逐步往边缘计算、云计算的架构进行升级。

发展新能源汽车是我国从汽车大国走向汽车强国的必由之路！

新能源汽车是继房地产和互联网后拉动内需最大的产业，电动汽车规模化发展没有充电支撑，电动汽车将无"路"可走。

基于此，充电网已经成为一片兵家必争之地，带来的绝不局限于技术层面的改革，而将是整个产业生态的迭代。智能充电网将连接起汽车、能源和用户，形成"互联网、车联网、能源网"三网融合，这有可能催生出未来最大的"工业互联网"。

"我们面临百年未有之大变局。"

当下，大国的角逐天平、分合态势已经发生了明显变化，新一轮科技革命、产业变革、商业模式极大改变人类生活生产方式，要求企业必须培养强大的"逆商"，有意识地培养逆势增长的基因。

好在，经历高速增长到中高速增长，遭受过金融危机、反倾销打压、生产过剩，以及近年中美贸易摩擦误伤的中国企业，不再是野蛮生长却随风飘荡的芦苇，而是盘旋而上、善于借势的青藤，韧性成为他们品格的一部分。

未来，中国企业不但能够与狼共舞，也能与黑天鹅共舞……

特锐德站在新风口，天时地利人和，未来可期。

寒冬过后，必是暖春

邓耀桓

蓝胖子是个什么样的"胖子"？

可能有些朋友对"蓝胖子"这个名字还不是很熟悉。蓝胖子机器智能（英文名是 Dorabot）是我和两位合伙人从 2015 年开始经营的人工智能机器人公司。我的合伙人张浩从小就有一个梦想：造出一个像哆啦 A 梦那样的机器人，可以帮身边的人做任何事情。

我曾从事物流行业，深知这个行业有很多地方可以做自动化和智能化的改造升级，而我的合伙人拥有非常丰富的机器人研究经验，所以我们一开始就以物流领域作为切入点，开发智能无人仓解决方案，产品涵盖包裹分拣、运输、装载和码垛等多个环节。

近几年电商行业的突飞猛进带来了巨量的物流业务。国家邮政局数据显示，2019 年全国快递企业业务量累计完成 635.2 亿件，同比增长 25.3%。全国人均包裹数量超过 42 件。平均每天，有超过 1.5 亿件包裹在全国各地流转。但另一方面，随着人口红利逐渐褪去，青壮年劳动力将越来越少。联合国发布的《2017 年世界人口趋势报告》预测，到 2035 年中国 60 岁以上人口将占到总人口比重的 28.54%。因此，用机器人来弥补人工将是物流行业乃至其上下游行业的必然举措。这说明蓝胖子正在做的事情是正确的，也是未来的必然趋势。

作者系蓝胖子机器智能（Dorabot）创始人。

在蓝胖子成长的每一步中，我们始终思考着如何把技术真正落地，做到有用，并且好用。为了能够使用世界最前沿的人工智能和机器人技术开发方案，我们选择了一条人才多元化和市场全球化的道路。在人才方面，我们招徕了10余个国家的技术和商务人才，办公地点也从深圳逐步延伸到广州、香港、美国亚特兰大、澳大利亚布里斯班和德国慕尼黑。在市场方面，因为我原本具有发源于美国的联合包裹速递服务公司UPS工作经验，所以美国成了我们的主要目标市场之一。在业务开展的前期，中美两个市场在我们的营收上大概是1∶1的占比。随后，我们逐渐拓展了德国、北欧、日本、中东等国际市场。

从公司的战略规划来说，2020年是非常关键的一年。经过前面几年的技术积累和客户拓展，这一年在我们的期望当中将会有跨越式发展，进入批量化落地合作的阶段。

一、疫情突袭，有"危"更有"机"

餐饮、旅游行业等线下娱乐性行业应该是受疫情影响最直接和最大的行业，短期的营收缩减在账面上表现得非常明显。相比之下，蓝胖子所处的机器人和智能制造行业所受的影响相对要小一些，加上作为B2B的企业，没有和个体消费者直接挂钩，所以不在受影响链条的第一线，更多的是在整体供应链的环节中浮动。

虽然蓝胖子商品属性是"机器人"，但我们并不做硬件，而是将人工智能和机器人技术集成在机器人上，去完成特定的工作。所以更准确地来说，我们是一个以"软实力"为主的公司。像计算机视觉、机械臂的运动规划、移动等技术是我们自己的，而像机械臂、摄像头、电控柜等零部件则是来自世界各地的供应商。

我们的产品研发和交付对全国甚至全球供应链的依赖性是很高的。因此，当疫情出现后，一方面工厂延迟复工，或是不能全员复工，生产受到影响；另一方面物流运输时间拉长，我们无法按照原有计划获得必需的零部件供货，甚至部分货品存在停产风险，因而在研发的进度和对客户的产品交付上都存在不可避免的延后。

同时，一些年前安排的来访和外出活动也在疫情的影响下或是取消或是延后。其中值得一提的是，我们一直以来都紧跟习近平总书记提出的"一带一路"合作倡议：

1）为物流企业提供技术方案，助力其为沿线国家和地区提升服务效率和水平。例如我们为中欧班列上的重要物流服务商上海铁士物流提供的智能装箱算法，可有效提高其在铁路装箱场景中的稳定性、安全性和经济性，从而为沿线客户提供安全、高效、及时、准确的物流运送服务。

2）以校企合作的方式推动技术创新、科技交流以及青年创业。2019年11月，我们和位于泰国曼谷的亚洲理工学院签订了战略合作协议，计划于2020年落地研究人员交换、创业辅导、学生实习等项目。此外，我们还原计划于2020年2月前往哈萨克斯坦与哈萨克斯坦阿里—法拉比国立大学"一带一路"中心建立合作。

3）通过技术分享的方式扩展在公益领域的应用场景。2019年8月，我们与联合国人口基金驻华代表处代表一起前往西非，与当地5个国家的联合国人口基金国家办公室共同探讨了如何利用人工智能技术推广性与生殖健康教育在青少年和妇女群体中的传播。

这些与"一带一路"沿线国家的合作，因疫情影响按下了暂停键，疫情已经逐步成为一个全球性公共卫生事件。

不过，相比于这些"危"来说，我们更多看到的是此次疫情为人工智能和机器人行业带来的"机"。根据应用场景，这些"机"主要体现在三个方面上：

一是服务行业。以移动机器人和无人机为主，例如智能机器人在医院里送药、送食品，在社区里配送外卖、自动消毒，在公共场所自主巡逻和提醒，等等。这些机器人在这次疫情中起到了极大的作用，降低了"人传人"以及交叉感染的风险，一定程度上帮抗疫的社区工作人员缓解了工作强度。

二是物流行业。疫情期间大家都宅在家里，米面粮油日常用品主要通过网购来实现，对物流带来极大的压力和挑战。有文章整理了京东到家消费数据，从1月27日到2月13日，京东到家平台的总体销售额同比增长450%，粮油副食同比增长540%，肉品同比增长1080%，蔬菜同比增长800%。同时，我们也切身感受到，以前在网上买东西，一天能到的，疫情期间可能三四天才能到。为什么呢？需求增大了，工作的人却少了，这就需要借助人工智能和机器人等新科技来解决。

三是制造业工厂。这个和物流行业的机遇类似，需求没减少，工人减少了，部分制造行业复工后面临"用工荒"的问题。再有，对于生产像口罩、防护服、消杀用品等在疫情中至关重要的物品的公司，这个业务规模在短期内的增长是巨大的，甚至有很多原本不生产口罩的企业都纷纷加入口罩生产的行列中。对于采用传统生产方式和管理手段的制造业企业来说，利用机器人弥补劳动力不足、利用人工智能优化流程就显得迫在眉睫。

可以说疫情在一定程度上刺激和激活了行业对人工智能和机器人的需求，疫情之前一些企业还处于观望状态，认为暂时不需要做智能化的升级，但经过这一次的市场转型，企业开始意识到机器人的价值其实是很大的，是未来发展的一个必然的方向。

在全球蔓延的疫情不仅将会改变行业的运营方式，甚至会改变国家的运行方式。假设人员不能自由地流动以及全效率地工作，全供应链的生产制造环节、流通环节，一直到销售环节，将不得不迎接数字化、自动化、智能化的升级改造，以保障行业和国家在更坏的情况下各类型产品的供应、流通与销售，也能保障老百姓安全且方便地获得所购买的产品。机器人技术以及人工智能技术在世纪动荡中不得不迎难而上，作为未来国家新基建的重要成分，迅速参与到生产、物流、销售各环节，保障经济运转。

所以，纵然疫情的突袭给各行各业的企业都带来了意料之外的冲击，但处于人工智能和机器人行业的我们对未来还是保持非常积极和乐观的态度，相信在这一过程中整个行业都会得到一次淬炼。

二、快速反应，复工复产

面对疫情，蓝胖子第一时间就着手了解自身员工的动向，保障员工的生命健康安全。根据深圳市《南山区新型冠状病毒感染的肺炎疫情防控指挥部办公室》的指导，我们建立了内部的疫情防控应急预案和责任制，明确了疫情防控的内部组织管理体系、防控责任和应急措施。

（一）掌握员工动态

虽然蓝胖子还只是一个创业公司，国内的同事只有一百多人，但这些同事来自全国各地，包括湖北。我们迅速排查和记录了每一名员工的行程信息：什么时间通过什么交通方式离开的深圳或广州，预计什么时间通过什么交通方式回来，中途会经过哪些地方，14天内是否有去过湖北，是否有接触过确诊或疑似病例，是否有发热、咳嗽等身体不适现象。对来自或去过重点疫情地区的员工，我们单独做了重点监控清单，并在后续的工作安排中具体问题具体处理。

（二）发挥国际化办公作用

前面有提到，蓝胖子从一开始走的就是一条国际化的道路。2019年的年会上，我也和同事们分享：在全世界未来20年，中国将迎来最大的机遇，如果一个企业的业务与中国脱轨，那么它一定做不大，但如果只在国内做生意，那基本也做不大。

国际化除了在市场拓展方面有优势，在疫情这类突发事件上也会凸显其灵活性。从2020年1月24日到2月9日，我们在国内的团队先是春节放假，后是因为疫情各自居家隔离。这段时间，我们在美国、澳洲以及德国的同事没有受到影响，是在正常上班的，保证了我们和一些重要客户之间的合作沟通和推进。

我从1月20日作为中方企业代表，前往瑞士参加冬季达沃斯论坛，春节也没能和家人一起过，最主要的原因就是随着疫情的逐步加重，很多国家开始对来自中国，在中国转机或者持中国护照的人实行14天的隔离或者直接暂时限制入境。14天对一个企业，尤其是处于和大客户沟通合作关键时期的企业来说，是很长的时间，不到万不得已，肯定是不能让自己休息的。

所以这两个月间，我辗转往返于美国、日本、中东、欧洲，和我们的投资人及客户保持常规的沟通，维护客户和投资人关系，稳定他们对于蓝胖子的信心，同时也去拓展新的客户和合作伙伴资源。

在疫情最严重的时期，口罩、防护服等物资在国内是紧缺的，很多海外的华人华侨和留学生都参与了资源调配，驰援国内疫情严重地区。作为一个创业公司，蓝胖子虽小，但也在这个关键时期，将美国亚特兰大和澳大利亚布里斯班的办公室充分利用了起来，作为这些防护物资的调度中心，将防疫物资运回国内，一是捐赠给一些抗击疫情的前线单位，一是为后期复工后员工的所需做好储备。

中国现已基本控制住疫情。虽然我们还不能确定接下来国外疫情的走势如何，但我们国内的团队已经"满血复活"，公司的正常运转会一直接力下去。

（三）从远程办公到全员复工

蓝胖子从2月10日开启了远程办公，我们的IT团队为每一位同事提供网络和公司材料获取通道的支持，大家都待在家里，通过邮件、微信、Zoom、Skype等形式进行内部和外部的工作交流。其间，对于个别在深圳的同事需要回公司取物品或调试机器人设备的，我们都采取至少提前1天报备的方式，错开安排。

同时，我们的防疫执行小组也做好了各项复工准备，向街道办提交了复工申请。街道于2月14日批准了我们的复工申请，按理说从2月17日我们就可以正式复工了。但我们看到那时深圳的疫情还没有得到明显的改善，也是出于对员工生命健康安全的考虑，我们决定再远程办公一周，将正式复工的时间推迟到2月24日。

　　政府对近14天内回深圳的人员是建议居家隔离14天的，但并不强制，尤其是对从非重点疫区过来的人员。我们综合了政府的建议和自身复工复产的需求，最终决定要求近14天回深圳的同事居家隔离7天，对还困在湖北无法返岗的同事，提供IT支持，使其能够继续远程办公。

　　复工初期是企业防疫抗疫最关键的阶段。我们详细筛查了每一个回到岗位上的员工，确保没有任何疫情风险之后为其制作出入证。我们的同事将从上班走进公司到下班走出公司期间需要注意的各项细节制作成了复工指南，分享给内部的同事以及同行的朋友，总结起来，这份复工指南中的内容可以分为三个阶段：

　　1）进出篇。疫情期间，公司只开放一个入口，防疫小组的同事在门口设立服务桌，每一个进门的同事都要进行测量体温、手部酒精消毒的程序，并领取当日份的口罩。公司一共两层，电梯设备在这期间暂停使用，减少交叉感染风险。下班出门时，每位同事需要再次量体温，并进行手部消毒。

　　2）办公篇。所有同事在办公区域都戴口罩，进入办公区，第一时间开窗通风，工位之间也隔开1米的距离。我们建议各部门在疫情期间尽量不聚集开会，如要开会须分散坐，也可采用线上会议的方式。

　　3）午餐篇。我们公司位于深圳蛇口港附近，这里以前是石油基地，离中心城区有一定距离，同事们的午餐我们一直采用的是订餐制。每位同事提前一周选好下一周的午餐，由对应的供应商统一配送。

　　虽然我们把复工指南分发给大家，希望大家能熟读并牢记，但其实换位思考，可能很多同事都会大致晃一眼就过了。所以为了加深记忆，我们的同事还把注意事项编成了顺口溜：口罩全天戴，开窗通风久；遇人分开行，还要常洗手；开心来上班，健康往家走。而这件事获得了当地官媒《蛇口消息报》的报道，也是对我们企业主动防疫抗疫的一个认可。

复工之后，我们和供应商、客户、合作伙伴的交流仍然以线上为主，只有少量的客户拜访是面对面进行的。能够明显感觉到，疫情的后半期，我们从各个渠道获得的各类机器人需求都比之前更多，看到这个市场确实被极大地激活了。

（四）持续的产品发布，稳定市场信心

2020年，我们在对外宣传上做了调整。将重点转向以产品和技术为主。尤其是现在经过了疫情，很多行业遭受了巨大打击，社会和市场都需要有积极的声音出来传递正向的信息，稳定经济发展的信心。

1月以来，我们共对外发布了四款机器人产品，分别是三款应用于不同物流场景的智能包裹分拣机器人，以及应用于制造业工厂的智能码垛机器人。在宣传中我们介绍了这几款机器人的参数、应用场景、应用案例，最重要的是我们展示了它们在实际场地中的运行视频。

这些产品的持续输出，在社交媒体平台收获了比较好的反响，对我们的员工来说是看到自己的辛苦付出有所回报，对于关注我们的客户、合作伙伴、公众来说，也表明蓝胖子已经复工复产，且拥有坚持下去的实力和韧性，表明一个在"寒冬"季节我们沉下心来潜心做好技术和产品的态度。

（五）相信政府，获取支持

针对处于此次疫情中的企业，尤其是相对于大企业抗风险能力较小的中小企业，政府积极地出台了多项扶持政策。我们也根据相应标准，申请了市、区政府的相应扶持，包括社保延缴、公积金降低缴纳比例、稳岗补贴等。在此也要表达一下对于党和政府的感谢。

三、"穷"则思变

现在公司已经基本恢复了常规,但 2020 年的"黑天鹅"出乎意料地多,多到我们甚至快忘记"白天鹅"长什么样。在这样风云变幻的形势中,处于朝阳行业的我们需要看得更远,也需要去增强企业自身的造血能力,提高企业的抗风险能力。

在我看来,在具体的业务模式和经营理念上,人工智能机器人行业中很多企业都会做以下几方面的转型升级:

(一)人员结构:从以研发为主到以产品落地为重

科技企业刚开始都是以研发为主,但越往后产品和落地越重要。尤其是在特殊时期,没有充足的时间再去做研发,做测试,谁能更快落地,谁就能赢得市场。这不只是需要高精尖的研发团队,还需要前端的商务拓展团队,和后期的现场安装和维修团队。

以我司为例,此前蓝胖子研发人员占整个公司员工数的 80%。而随着公司逐渐从以研发为主到以产品为主之后,我们需要加大对市场的推广力度,以及对客户的交付能力。因此,开始调整人员配比。

我们按照方案的类别以及方案成熟程度将原有的技术人员分为了 6 个大的板块:

1)以机械臂产品为主的板块。这个板块包含我们的上件机器人、订单分拣机器人、目的地分拣机器人、装载机器人和码垛机器人等。

2)以移动机器人为主的板块。这个板块包含我们的自主移动机器人 AMR,RSS 多机调度系统,自主液压拖车以及自主液压堆高车。这类机器人主要执行的工作是物品的运输和搬动。

3)以 AI 算法为主的板块。这个板块在我们内部称为 AIOT,AI 加上 IOT,主要开发我们的纯软件产品,用于优化客户现场工作流程,提高整体效率。当前这个板块的主要产品是智能装箱算法,我们取名叫装满满,可以帮助客户提前计算货柜的预订类型和数量，并给出详细的装箱指导。

4）以研发为主的板块。这个板块主要是对我们一些未来的产品做攻坚。如果一个客户的需求过来，我们没有现成的产品与之对应，也会先由研发板块承接下来，做前期技术研发。

5）以创新为主的板块。这个板块主要是做一些比研发更远的事情，现在看来可能很难，但实现之后对于某些特定的社会问题有可能起到变革性影响，例如垃圾分拣机器人。

6）以技术架构为主的板块。这个板块主要是搭建我们各个技术的系统架构，使得我们的方案能够更加稳定流畅。

每个板块按照项目分成不同的项目组，项目组中有项目经理，有做产品的，也有专做技术的。

此外，我们还将增加两个方向的人员占比：一个方向是面向市场的销售人员，强有力的销售团队能够帮我们带来更多的客户，也能帮我们更好地维护客户关系；另一个方向是面向客户现场的安装和维修工人，他们可能没有很高的学历，但拥有丰富的动手能力和实操经验，是我们机器人产品在客户现场落地交付必不可少的人员。

（二）产品范围：从单项解决方案到整体解决方案

在智能物流行业，市面上绝大多数企业都是以提供AGV无人小车方案为主，这发源于亚马逊的KIWA机器人。这些四四方方的无人小车要么背着单个的包裹，要么背着一整个货架，运动到指定的点位。但这类机器人没有办法做"抓取"类的动作。因此有少数企业专门提供以智能机械臂为主的解决方案，解决"抓取"类问题。

然而仓库中涉及的工作环节是很复杂的，基本上没有哪一个客户只需要某一项解决方案就能够完成自身的智能化升级了。所以做了一，还需要想着做二，甚至更多。最初我们可能只是帮助客户做了包裹的分拣，然后客户希望我们继续做包裹的运输，再到后面客户希望我们把包裹的装载最好也能一起做了。

客户为什么喜欢一站式的整体解决方案呢？因为如果对每一个工作环节进行寻源和招投标，这个过程是非常耗时耗力的。即使每个环节都找到合适的供应商了，最后还需要做不同解决方案之间的技术和系统集成，这个过程并不轻松。所以端到端的解决方案对客户来说是最省事、最方便、最轻松的。

在这一点上，蓝胖子开始得比较早，我们的客户在很前期就把需求给到了我们。我们把全流程拆分成各个环节，然后针对每个环节去单独地开发对应的机器人解决方案，最后再把这些解决方案都连通在一起。

我们看到越来越多的智能物流企业朝着整体解决方案的方向去走，可能有的环节他并不一定会做，但会从第三方企业那里购买来和自己的产品组成一个集成方案。

（三）应用场景：从细分领域到相类似场景

每个机器人公司刚开始都会有一个针对细分领域的应用，如聚焦在工厂做装配的，在物流行业做包裹分拣的，在服务行业做咖啡的等。等到技术积累成熟，并对场景的把握更加深入之后，便会逐渐向相似的应用场景拓展。例如快递里的包裹装载，和制造业工厂的成品码垛有相似处，因此后者也会是一个潜在的应用场景。

在市场好的时候，扩大应用场景范围可以扩大企业的营收来源；在市场不好的时候，尤其是在疫情这种突发情况下，可以增强企业的抗风险能力，快速调整各个应用场景投入的比例。这对于 AI 和机器人技术，而不是纯硬件制造的机器人公司更加重要。

对蓝胖子来说，我们主要是以 AI 和机器人技术见长，因此只要接口开得足够多，我们的技术可以集成到任何机械臂和移动底盘上。前期为了聚焦，我们主要把自己定位为提供工业机器人解决方案，服务的领域主要是物流快递、电商零售、制造工厂、海港空港。但其实在服务行业，我们也做过一些案例，例如腾讯微众银行曾从我们这里采购了一台画画机器人和一台做咖啡机器人，用于提升其客户体验。

在去年于澳门举行的国际人工智能联合会议 IJCAI 上，蓝胖子也提供了一台移动机器人。这台机器人装了一个托盘和一个篮子，用来给会场的人员送水和食物，也意外地被大家当作餐盘的收集器来使用了一番。

但整体来说，此前服务机器人并不是我们的重点，整个市场对其发展的期待也并不像对工业机器人那么乐观。这有几个原因：一是技术难度大，这主要是针对那种我们期待中可以作为人的陪护的服务机器人来说的，因为日常场景下机器人周围的环境是多变的，不确定性强，不像工业场景中环境相对来说固定；二是需求不大，此前我们看到的一些服务机器人，例如银行和酒店门口的语音互动机器人，一些展会上的画画、做冰激凌的机器人，娱乐性大于实用性，并不是刚需，即使购买也往往是一两台，不会像工业机器人一样批量化应用；三是成本高，对于一个需求性并不是很大的应用，投资回报周期并不像工业机器人那么明了。

但是这个情况在这次疫情中得到了颠覆性的改变。服务机器人的需求激增，被大量应用在了消毒、送物（药品、食品、物品）、送餐、巡逻等日常生活场景。一方面是人们都居家隔离了，只有靠服务机器人来弥补；另一方面是减少交叉感染的风险。这些都是突发且紧急的需求。获得使用的主要是移动机器人类的服务机器人。

这无疑加速了服务机器人行业的发展，这是否就是服务机器人行业突飞猛进的一个转折点还未可知。因为等疫情过去，人们恢复日常的工作生活之后，上面提到限制服务机器人发展的因素依然存在。但可以肯定的是，此后会有更多的企业加入服务机器人的赛道中来，而他们在市场推广时会比疫情之前更加容易，因为疫情在一定程度上起到了教育市场的作用。

蓝胖子也会适当地增大服务机器人在业务中的占比，毕竟这些技术对我们来说是现成的。

（四）市场拓展：从与巨头合作到纳入中小企业

在市场拓展方面，每个企业的打法略有不同。但有很多机器人科创企业的战略都是首先和各行业的前三名或者前五名去做生意，这个战略的制定主要出于三个方面的考虑：

1）名列各行业前茅的企业，尤其是物流、制造等行业，往往已经拥有比较完备的自动化设备，下一步就是智能化的改造，具有内在升级的动力和需求，对于人工智能和机器人解决方案的接受程度较高。

2）这些企业在创新板块往往会有比较充足的预算，能够比较顺利地推动一些落地尝试。且这些企业会有自己的10年，甚至20年规划，一旦接受了一家机器人公司的方案，就会将其加入自己的长期规划中，与其共同发展。

3）现在虽然智能物流、智能制造已经不是一个新鲜的概念，但究竟应该按照怎么样的标准以怎样的水平去做，其实还没有确定。所以和行业的龙头企业做，一旦成功了，就能够顺理成章地作为这类解决方案的标杆企业，从而有机会去制定或者参与制定行业标准。

不过，和大企业做生意，尤其是国外的大企业，周期是比较长的，因为他们一般内部层级多，最终的决策需要董事会讨论通过。这对小企业来说是一个考验，销售预期比较长。

因此，这些企业势必会逐渐吸纳中小企业充实其客户资源，从而有更多的销售收入来源。考虑到中小企业相比大企业在购买力、信息化程度等方面都有很大不同，因此科技企业本身需要从几个方面去做突破，从而提供更加贴合中小企业需求的产品。

1. 产品定制化

同一套方案落地在不同的客户现场，最终呈现出来会是不同的样子。选用什么品牌的机械臂，什么品牌的摄像头，什么程度的算法，最后集成在一起可以有无限可能。因此对于不同的客户，机器人企业会根据其实际需求，推荐最合适的解决方案。例如一些国际客户选用安川电机的机械臂，一些国内的客户认为国产机械臂也能满足要求。

由此，方案的价格也会有比较大的浮动范围，以满足不同规模的客户需求。

2. SaaS 模式

有的机器人企业会将自己的优势算法独立出来，作为单独的软件产品，例如视觉系统，还有上面提到的蓝胖子的智能装箱算法。这类产品可以以独立的软件包进行出售，也可以按照使用服务的次数收费。搭建智能算法的 SaaS 服务平台可以满足所有有需求的企业在这个平台上输入他们的货物数据，然后获得货柜预订和装载的指导。

这种纯软件的产品不涉及硬件，在使用成本上远小于机器人解决方案，是很多中小企业能够承受的。

3. RaaS 模式

RaaS 的全称是 Robot as a Service，即将机器人使用作为一种服务形式，提供给客户。在这种模式之下，客户无须购买机器人设备，而是通过租赁的方式，按照使用时间或项目来付费。这样客户无须进行固定资产的投入，资金压力也会小很多。

对蓝胖子来说，我们已经和很多国际的大企业建立了较长时间的合作，有些甚至是两三年，已经到了比较深入的阶段，有的已经成功过了试运营阶段，所以和这些大客户的合作，我们会继续保持和推进。同时，从企业的销售周期考虑，我们在市场拓展的战略上也会通过上面几点的调整来获取更多的中型和小型企业客户。

（五）供应链优化：从单个供应商到多个供应商储备

前面我有提到这次疫情对人工智能机器人行业的影响主要是因供应链的延迟造成的。疫情前半段主要是国内供应链延迟，疫情后半段，全球供应链都面临部分环节断裂的风险，倒逼着行业类的企业去做一次供应链的梳理和优化。

完全使用进口或者完全使用进口替代都不是保险的做法。因此对于每类采购品，企业需要积累不止一个优质供应商，只有建立起丰富的供应商资源库，才能在特殊时期多一些选择。国内受阻时，可以通过国际办公室调度国外资源；国外受阻时，有进口替代。

这些业务模式和经营理念的转变，在短期内可以帮助人工智能机器人企业快速调整布局，获取更多潜在客户，提高订单签订的成功率，增强自身造血能力。从长期来说，这些举措有利于助力科创企业从一个创业企业逐步成长为一个成熟型企业：有完善的人员架构和储备、广泛又不失重点的业务范围、丰富且分类清晰的目标客户、多元的产品和服务形式、强大有力的供应链体系。

四、居"危"思"危"

回顾蓝胖子走过的五年，有波折也有低谷，这次疫情可能是最大的外在波动。疫情会结束，但在此后的发展道路中一定还会有其他的不确定因素和突发事件。因此不管是哪个行业的企业，我认为建立健全企业应急预案体系非常有必要。这次我们建立了有针对性的疫情防控应急管理预案，需要由此延伸建立一套更全面包含类别更多的应急预案体系。

例如，我们处于机器人行业，对内会发生的突发事件可能会有员工因为不规范操作造成的安全事故，对外可能会因为一些外在环境的改变而改变对机器人不同类别的需求。就像我们的算法一样，企业也需要去提前推演和预测可能会发生的风险点和意外，提前制定对应的应急举措：一旦发生了风险和意外，按照什么样的上传机制传递信息，每个口的对接人是谁，谁做决策，谁做执行，针对不同类别的事件，反应时间应该控制在多长合适，事后如何做复盘，等等。

此外，根据这次疫情暴发后蓝胖子在对外宣传策略上的快速调整，我们认识到建立企业的宣传应急预案也至关重要，在什么时间点把怎样的企业信息通过什么渠道传播出去，做到信息及时、透明，这对于外界对企业的信任和信心很重要。这个可以融合进企业的整体应急预案。

除了这些机制上的完善，我们要相信每一次危机下都潜藏着机遇，对企业来说，尤其如此。我们在这个混乱的时候，需要做的是"厚积"，做好技术、产品的积累，组织架构、规章制度的及时调整，等到疫情过去才有机会"薄发"。

最后，我想用下面的一段话和我的同行以及同事们共勉：

"顺势而为"仅适用于好的形势之中。面对风云变幻的国际市场和频发的"黑天鹅"，只有自己持续成长、持续接受挑战、有足够的决心，才有机会发展壮大，也才有机会成为大浪淘沙后留下来的企业和个人。

相信寒冬过后，必是暖春。

制造业：危机下的转型提速与危机管理常态化

王友林

彼得·德鲁克说："动荡时代最大的危险不是动荡本身，而是仍然用过去的逻辑做事。"

2020年之初肆虐蔓延全球的新型冠状病毒引起的肺炎疫情给中国经济、社会和世界格局带来"史诗级的震荡"，用"危机"来形容当下和今后很长一段时间的宏观和微观经济形势并不为过。

作为中国电梯行业首家整机、整体上市企业——康力电梯股份有限公司（002367）的创始人，面对突发的疫情，我与经营团队"高度敏感、沉着应对"，确保企业"万无一失"，并力求"危中求机"，先稳住发展态势，后谋求中长期规划发展。适时战略决策、人力资源应对、经营管理调整，侧重抢抓市场营销、落实技术和产品创新重点、布局数字化升级、谋划骨干股权激励，持续推进基础管理变革，尽最大努力消除或降低疫情危机所带来的威胁和损失，同时，着力加强公司危机管理的常态化并深度分析疫情下公司的未来走势，回顾年初以来的做法和思路，形成这篇不成熟的体悟性总结。因疫情危机对经济的空前冲击和影响不断变化，文章难免有偏颇之处。

作者系康力电梯股份有限公司创始人、董事长、总裁。

一、沉着应对，安全无虞：疫情之下的康力电梯

1月21日下午起，公司开始春节假期，我原计划与家人去广州休整几天，此时就有朋友不断从武汉传来消息："未定性肺炎潜在不确定的风险与影响"，于是我果断放弃广州之行，开始密切关注武汉及疫情各种消息动向，有些消息使我对年后的开工隐隐担忧。

（一）积极履行社会责任，稳妥安排复工复产

随着疫情传染、武汉"封城"，形势变得不乐观。1月26日，我召集公司总部部分管理者召开了第一次应对疫情的分析会；同一天，公司向武汉慈善总会捐助100万元，驰援"抗疫"行动；后于2月4日，公司向所在的苏州市吴江区慈善总会捐助50万元，支援疫情防控。

2月1日，由我挂帅，正式成立康力电梯疫情防范工作领导小组，发布《新型冠状病毒防疫工作规定》，陆续出台系列措施保障防疫物资及复工流程的安检、消毒、用餐、生产，确保公司复工后员工能够健康地生产经营。

2月3日，公司发布《新型冠状病毒防疫工作规定（第1号）》（特别发布）；2月4日，公司发布《康力疫情防控工作方案》。根据疫情变化和对方政府相关要求，及时调整延后复工时间。

2月8日晚，公司发布《新型冠状病毒防疫工作重要通知（第2、3号）》文件，对复工安排做最新部署。决定符合条件的苏州本地"部长助理及等同职位以上（含）科室人员"，正式返岗复工时间为2月13日；符合条件的其他员工于2020年2月17日到岗上班。2月12日上午，公司梳理满足13日上班人员状况（第一批）、人员明细；2月12日下午，公司公共场所进行了全面消毒。

2月13日上午，企业正式开始复工，部分员工到厂上班，同时公司召开机构（部门）、子公司负责人会议，强调康力上下要"高度重视、统一

认识、全员参与、人人有责"；领导干部和党员要冲在一线，起到带头作用；工作要下沉，务必要做到"仔细、仔细、再仔细"；要树立坚强的信心、拿出必胜的勇气、贯彻扎实的举措，全力做到产品稳、成本优、销售强、领导强、品牌响。

（二）保障员工薪酬，慰问一线基层员工

应对疫情冲击，最重要的是发挥员工的价值，而不是降薪和裁员，康力爱护员工，安全健康第一，责无旁贷。公司向全员传递：疫情期间，公司不降薪，而且即使没有政府减缓社保、医保的政策，公司同样足额为员工缴纳。公司员工家人是医护人员、警察、社区工作者、志愿者的，即使员工在家休息，工资也会照常发放。

公司全国营销分公司和服务中心有百余个，制造子公司有中山和成都两家。这些员工的健康和情绪时刻牵动着我与总部的神经，考虑到我们有40位员工还在武汉疫区维保，我们买了口罩、中药等防护用品想办法送过去。疫情在世界蔓延后，慰问海外客户，包括韩国、伊朗、意大利等重灾区，快递给客户口罩和测温枪，其中有一位员工正月初九就到韩国去了，我们立即通知他回来。由于保护措施及时得力，公司没有一位员工被感染。

2月15日，我到苏州轨道交通一线慰问电梯维保人员，以此表达公司对全国各地坚持一线工作"无名英雄"的关心。

（三）创新产品功能，推出防疫电梯

在新冠病毒肺炎疫情防控工作中，电梯是防疫重点场所，电梯内空间狭小通风不畅，按键接触可能会造成疫情的再次传播，每天进出电梯容易增加疫情传播风险。公司适时推出了EOS无感呼梯、轿厢通风杀毒系统。

无感呼梯主要是通过手机端扫描电梯内设的二维码或手机App自动生成的二维码实现无触碰的呼叫乘梯，还可以通过AI人脸识别实现无触碰乘梯。公司在电梯口设置摄像头，对乘坐人员数量进行研判，如果同时乘坐人员数量过多，后台智能模块会引导其他空闲的电梯来"支援"，做到尽量分散人流，有效降低疫情传播风险。通风杀毒系统是电梯安装紫外线消毒灯、负离子净化设备通风换气。

防疫电梯新功能得到媒体和业界的广泛关注和称赞，目前，公司该项创新及测试顺利完成，同时免费安装到安装康力品牌的医院和酒店。我们一贯坚持，满足客户和市场需要的创新功能，不仅是技术发展的需要，更是社会责任的担当体现。

（四）低调、冷静，静悄悄的上市十庆

2020年3月康力迎来上市十周年，疫情当前，公司取消拟定的晚会、论坛等庆祝活动。低调的庆祝并不影响管理团队心态归零地冷静总结和思考。

上市十年，康力总股本从1亿股增加至7.98亿股；公司资产总额从9.43亿元增长到58亿元；12次利润分配，共分红18.08亿元；营业收入从2009年到2019年实现了8.24亿元增长到36.6亿元的飞跃发展；税收总额超30亿元，员工薪酬和福利超40亿元。公司员工从2010年的1966人壮大到现今的4747人；疫情期间公司各类社会捐款捐物逾6000万元，我本人捐款捐物超过1500万元。

品牌影响力，综合实力增强，2016年康力电梯即以43.63亿元品牌价值高居行业榜首，荣登"中国品牌价值评价榜"，2018年、2019年连续两届以68.65亿元品牌价值、72.70亿元品牌价值，稳居中国电梯品牌价值第1位。

在肯定和欣慰成绩的同时，我们也清醒地看到疫情对康力2020年业绩的影响和未来自身亟须提升的短板。

二、转型提速、品牌分化：疫情危机下的行业影响与变化

疫情对电梯行业的影响，在短期看，有与其他行业相近的特点，比如

物流梗阻、项目开工停滞、订单交付延迟、用工困难、中小企业现金流告急等，也同样呈现出了行业特有的影响。

（一）维保业务的物联网、数字化应用

"经此一役"，电梯维保业务在远程电梯监控、远程电梯故障排除等数字化、物联网技术应用方面，得到物业、开发商和业主等社会公众对电梯数字化解决方案深入的理解和认同。

近年来，国家一直鼓励电梯企业积极应用数字化工具和信息化手段进行创新，推动电梯行业实现更加高效、智能的转变。陆续出台了统一的物联网技术标准和规范要求，如《电梯、自动扶梯和自动人行道物联网的技术规范》（GB/T24476—2017）、《基于物联网的电梯、自动扶梯和自动人行道监测系统的通用要求》等。疫情中，国家和地方政府也鼓励通过物联网远程监测系统实施在线检查维护，或者通过视频等信息化手段进行远程检查维护，在某种意义上，可以说疫情倒逼了传统监管模式的改变。

（二）按需维保推动监管模式改变

为保障疫情防控期间电梯安全运行和民众乘梯安全，多地市场监管局响应国家市场监管局通知，发布电梯日常维护工作可不受15天维护一次的工作规定限制。实行电梯按需维保，须建立科学的工作企业评价体系，规范服务市场，奖善罚恶，加快推进电梯服务行业的健康发展。

（三）行业的现状、变化与机遇

总体看，中国电梯行业目前呈现出产能过剩、产品趋同、竞争激烈、品牌分化、洗牌提速、新增长点维保市场价格混乱无序等特点。但潜在市场仍有很大需求空间，特别值得关注的是疫情下推出的"新基建"模式，如轨道交通、机场建设等，带来很大的电梯市场需求。

截止到2018年年底，全世界有1500多万台电梯，而中国内地约有

648万台，占比40%以上，是全球最大电梯制造和在用电梯国家。但是我国210人左右才拥有一部电梯，而欧美等发达国家120人左右就拥有一部，随着中国城市化进程加快，电梯市场仍存在巨大缺口。由于中国的城镇化率水平仍然较低，至少要提高至70%才能达到欧美人均水准。电梯一般用在住宅、公寓、写字楼、商业综合体、地铁、高铁、机场、风景区、展览中心等公共场合。另外还有家用电梯，比如别墅梯、老旧小区加装梯，按照预测，加装梯预计需要260万台。

经过了30多年快速增长和发展，近五年中国电梯市场从宏观政策、制造模式、配套合作、安装维保、市场监管，到用户需求的生态链条正在发生新的变革，需要电梯企业主动适应变化。

电梯行业告别高利润时代，企业面对"低价竞争，以量取利"的残酷竞争环境。2015年起，在钢材涨价的压力下，企业利润纷纷下滑，因为单一指标变化就影响一大批企业的利润跳水，反映出企业管理的短板。以量取胜，摊薄制造成本，甚至有偷工减料、以次充好，导致"丰产不丰收"。

"互联网+"驱动电梯制造升级与服务网络化变革。电梯作为典型的机电一体化产品，研发制造体系的数字化升级、物流体系的实时跟踪、安装和维修过程信息指导以及远程监控服务平台等成为电梯企业将来的发展方向。

电梯企业加速向制造服务型企业转变，维保电梯数量成为市场争夺焦点。电梯存量激增后维保成为新业务增长点，加快电梯企业向后市场服务快速转型，竞争重心逐步向后市场转移。抢占电梯维保后市场利益成为企业发展战略的决胜关键，谁拥有了电梯后市场谁就会赢得未来。

此外，由于科技创新、绿色发展、保护环境、产业链升级等外力因素变化，加之需要适应诸如2020年突如其来的新冠病毒肺炎疫情等不可预见的事件影响，电梯企业必须主动管理创新、加快转型升级步伐。在新的生态环境下，电梯企业将面对诸多挑战，需要主动转变重新确立发展目标、维护产业链资源、提高管理绩效、推进精益管理、提升用户满意度，赢得持续发展。

三、未雨绸缪、防患未然：危机管理的常态化

企业在发展中随时会遇到来自企业内外部影响生存的突发性经营、管理、安全、竞争等危机。未雨绸缪、防患未然的危机管理常态化是企业不容忽视的必修课。

（一）如履薄冰的危机意识

没有万无一失的周全，危机常常不请自到。在创立康力电梯的23年间，我时时刻刻都紧绷危机突来的弦，隐忧和焦虑伴随无数次夜半醒来的失眠。

互联网时代公众媒体与自媒体的"双刃剑"和"暴力"倾向成为高悬在企业头上的"达摩克利斯之剑"，外部环境的突变和内部运营隐含的危险积累在不经意间就会演化成重大危机，只有保持警觉的清醒头脑，冷静分析内外部环境，练就"火眼金睛"，才能在危机来临时不会手忙脚乱。

（二）常设与应急的危机管理决策、执行机构

康力电梯建立了一把手负总责，高管团队分任常务组长的生产、安全、环境、质量、危机公关等常设"重大突发事件管理委员会"及具体处置的领导小组。如在疫情等危机面前，公司立刻启动上述委员会和小组，成立专项"疫情应对小组"，制定整体目标、响应机制、应急预案、人员分工，确保针对各种情况做出迅速的决定。

（三）早、快、诚、恒的处置原则

毋庸置疑，企业危机如海啸般排山倒海，用摧枯拉朽的毁灭来形容不过分。多米诺骨牌、蝴蝶、涟漪、破窗效应等危害对企业都是致命的。第一时间发觉、快速应急反应、诚信面对媒体公众、形成长效管理机制，是我多年在面对危险时的四个体会与处置原则。

(四)科学、全面评估风险

危机会带来什么?要有慧眼看到最坏的结果和最关键的要害在哪里。如员工、外包方、政府、公众、供应链等方面的风险,及时对诸如办公场地、生产计划、采购供应物流、人员安全、财务资金等重大事项进行周密安排。

(五)正向信息沟通与传递

建立正面、积极的内外信息沟通机制、形成标准的沟通文件,稳定内部员工和外部合作伙伴的人心,加强宣传口径和标准话术管理,避免因为疏忽或不统一造成负面舆情。

(六)适时调整预算与执行方案

疫情当前,据调研机构显示,46%的企业调低了2020年的业绩指标。同时,企业应关注现金流,根据上下游供应商和客户的节奏,以及经营计划节奏,安排好企业的现金调度,确保资金安全,密切关注国际进出口贸易局势等。

(七)履行社会责任,确保发展战略可持续

企业应服从政府统一规划和安排,协调好利益相关方,坚持把社会责任纳入决策范畴,持续提升企业在社会公众中的形象。

(八)升级企业的风险管理机制

危机的管理,对企业是"生死渡劫"的大考。康力以本次疫情紧急事件处理为契机,升级系统风险管控工作机制,提前识别重大风险并建立风险应对方案。我认为,强化风险管控系统与在第一时间处理负面事件具有同等的重要性。

四、转型升级、砥砺奋进：康力未来之路

值此上市十周年之际，我在接受《董事会》杂志"高端访谈中"谈到未来十年的康力发展路径。"我们在文化、制度、管理、技术、质量、生产、营销、资本运作等各个方面全面优化和创新。具体讲，就是要比现在的各个方面做得更好，品牌更响，质量更优，用户更满意。为社会、为股东、为员工、为上下游客户、为合作单位做出更大的贡献。"

（一）坚定文化与价值观

康力创立23年来，不断扎实成长、创新求变，不变的是流淌进康力人血液中的价值观。"一切以成就用户为中心，以奋斗者为本，长期坚持艰苦奋斗和自我批评"，是康力一路走来的压舱石和定海神针。

康力是一个有品牌雄心、使命感极强、追求基业长青的企业。"为用户提供亲人般乘坐的电梯和卓越服务"始终是康力的使命和第一要务。康力始终专注和深耕主业，心无旁骛、无问西东，在电梯领域敢于挑战，对标百年世界头部品牌，不断超越，是康力管理团队"基业长青"的长线战略愿景。

（二）坚持制度管理优化

固本强基是可持续成长的经营依托。上市是康力发展的一个里程碑，在文化的先导指引下，十年间，康力不断改革和优化基础管理，用规范的制度现代化治理体系保证了公司的运营、业绩和战略实施。

基础管理上，康力平台赋能大力变革，为企业效率和效益提供新动能。公司紧密围绕"深化九大创新、提升七个质量、提升组织效能"的总体发展、经营思路，在"战略营销、降本增效、研发创新、管理提升"上狠下功夫。

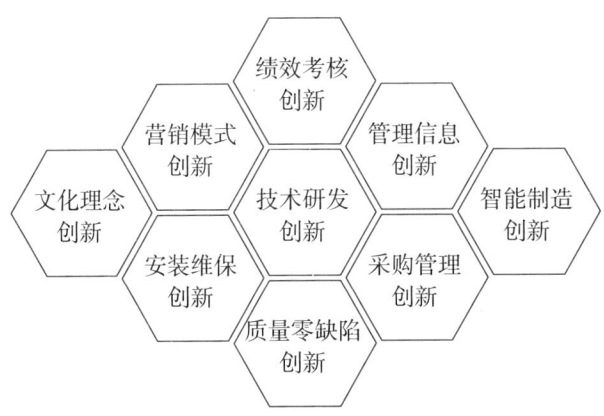

图 1　康力九大创新示意图

组织与人才上，公司以"精兵简政，优化职能，协同高效"为原则，对组织架构、流程管理进行了优化和调整。以"奋斗者为本"为准绳，2010年实施股权激励，发展和培养有奋斗精神的高素质员工。绩效考核上，以"品质、能力和绩效考核结果"为准则，加大考核力度，实施优胜劣汰。

头脑风暴会、合理化建议常态化是康力特色的管理创变法宝。2016年7月的井冈山会议，2018年10月的西塘会议，2019年7月的湖州龙之梦会议，是公司聚焦人才、战略、管理的里程碑式管理变革会议。十年来，通过持续对内部经营管理、外部竞争环境变化进行深入分析，不断在技术研发创新、管理信息创新、绩效考核创新、智能制造创新、安装维保创新、采购管理创新、质量零缺陷创新等上取得突破。

（三）坚持数字化转型战略

数字化是企业发展的必经之途、未来之路，是一场深刻的思维和经营革命。康力利用数字技术彻底改变公司的业绩及管理触角，包括通过数字化手段优化内部组织流程的管理、提升效率，让管理者通过数据基础和数字化分析进行更为科学与智能的决策，让员工从烦琐的工作程序中解脱出来，提升效率。

围绕"流程优化""卓越运营"和"前沿数字业务"三个领域，康力加快实现从"信息化"到"数字化"再到"工业互联网"，从"管理业务数字化"到"数字化业务发展"。一方面信息技术给产品和服务赋能、赋值、赋智，提升产品和服务的交付能力；另一方面也为客户和乘客提供了更好的体验，获取潜在增值服务的机会。

（四）坚持技术、质量领先

没有核心、前瞻性技术，没有质量保障，企业将永远处于被动地位。坚持研发创新优先，康力上市后年均投入高于营业收入 3% 的费用用于技术创新。2011 年 12 月，康力技术中心晋级"国家认定企业技术中心"，其重要性不亚于上市 IPO。

2010 年、2014 年、2017 年公司先后完成 6 米 / 秒、7 米 / 秒、10 米 / 秒超高速电梯的研发，不断打破国外技术垄断；2012 年自主研发的 KLT-XF 梯型承接张家界天门山项目，获得"2015 年度电梯世界工程奖"，重载公交型扶梯在全国和海外全面开花，树立了行业在轨道交通领域的"康力现象"；在节能环保、电气、电梯物联网、一体化控制等领域赶超行业领先水平；持续推进产学研合作平台，实现关键技术和"互联网+"的创新突破。

零缺陷、可靠、稳定，是康力对产品质量的一贯追求。康力继续加强全方位、全流程、全员质量推进工程，不断探索"七个质量"（合同签订、设计研发、制造供应链、包装发运、工程安装、安装过程中沟通协调、维保）协同推进的方针战略，通过质量月活动、市及省质量奖创建、用户满意度等促进质量行动扎实落地。

（五）坚持发展模式的五大转型

康力 23 年的发展历程不算长，也不算短，得益于改革开放经济腾飞的机遇红利，依靠自身的活力机制和品牌追求，公司取得了长足的进步和发展，但面向未来，我们清醒地看到发展模式上与时俱进、适时转型的必要性。

实现高质量发展,将由速度型向质量效益型转变;抢抓维保服务新增长点,将由规模、制造型向制造、服务型转变;总部思维,释放分支活力、个人价值,康力将由业务型向平台型转变;市场竞争加剧,将由机会型向管理型转变;品牌提升,努力实现中国品牌向世界品牌转变。

企业发展是一场没有止境的马拉松赛跑,心怀梦想,不忘初心,执着梦想,既不妄自菲薄,更不妄自尊大,瞄准世界一流标杆企业,有赶超的信心和勇气,不断提升科学运营能力,康力将迎来更加扎实的成长。

疫情危机的短期震荡影响已充分显现,虽然深远的系统性风险还远不可知,但其端倪可见,没有谁可以掉以轻心。中国经济的韧性和修复能力强,中国企业也应在危机中坚定信心,看到机遇和广袤的光明未来。

专家点评

智能制造：传统制造业升级转型的有效途径

在抗击疫情的过程中，智能制造为疫情中的制造业企业带来了转机，通过技术赋能企业生产运营，降低企业面临的风险，帮助企业渡过难关。

在传统制造业企业面临员工缺失、生产迟滞、资金紧张、供应链断裂等影响时，一些重视智能制造的企业凭借自动化、智能化、数字化带来的人力成本降低、协同效应提高、生产效率增强等优势，在疫情中实现复工复产，并借助智能制造实现产品创新，增强风险抗性与修复能力。智能制造在此次疫情中为中国制造业企业注入了活力，帮助制造业企业走出困境，实现转型升级。

第一，智能设备在抗疫中起到了重要作用。例如智能检测设备，能够实现在地铁、火车站、机场等场景的快速人脸识别、温度检测；在蓝胖子机器智能案例中提到的移动机器人、机械臂产品等智能设备为疫情中的服务业、物流、食品药品短距离配送等提供了有力的支持，避免了人与人之间的直接接触，缓解了在岗人员的工作压力；康力电梯的无感呼梯与轿厢通风杀毒系统通过AI人脸识别实现无触碰乘梯，对乘坐电梯人员数量进行监控，对电梯内部进行紫外线消毒与通风换气，帮助分散人流防止感染。在蓝帆医疗案例中，其通过提供疫情物资全套解决方案以及设置前置海外仓，帮助各个国家更高效地获得疫情防护资源。

第二，智能制造有效助力复工复产。在制造业企业复工复产期间，智能车间、智能工厂等模式为企业带来了自动化、数字化的高效生产力。通过管理系统控制自动化设备，实现动态感知与数据分析，产品生产向流程自动化、决策自动化转变，提高产品生产水平。通过上下游供应链自动化、信息化的精益管理，不仅实现生产过程智能化、透明化、可视化，还加强了产品质检分析、生产物流、信息共享、精准配送、协同作业等方面的管控，帮助企业提升安全、研发与管理的综合水准。

第三，智能制造以数字化转型与工业互联网为基础，以数据为驱动，助力万物互联，实现企业管理、办公模式、商业模式、产业链条、技术理念的创新与变革。例如在案例中，特锐德致力于打造以充电网为链条的汇集业务与数据的工业互联网，深度挖掘海量数据价值，实现新能源汽车领域的多元化服务。再如通过远程办公系统解决工作人员居家办公的问题；通过发挥数据处理与分析优势，帮助企业营销线上化，实现客户的精准对接与销售，为市场拓展提供技术助力；通过快速定位上下游供应商打通供应链上各个环节企业，提高供应链协同与管理能力，加速原材料采购过程；通过与金融机构进行精准对接，解决现金流供给短缺问题等。

在疫情期间智能制造充分展示了其重要的贡献和价值，也由此引发了更为深刻的思考。

一是中国制造业的数字化、智能化转型已经迫在眉睫。此次疫情让我们看到智能制造是推动我国制造业实现高度数字化、自动化与智能化升级的有效途径，是构建新型全球化制造业的基础。在疫情期间，传统制造业企业受到了强力的冲击，虽然存在应用智能装备的案例，但这些装备并没有实现批量生产。智能制造在传统制造业企业，尤其是中小企业中的应用也需要提升。此外，与智能制造领域相关的技术、政策、标准、应用场景等方面还需要继续探索与完善。

二是智能制造的发展要系统化与规范化。制造业的转型升级需要系统化、规范化的逻辑框架体系，现有应用与产品大多是散点分布，难以形成层次化、体系化的应用分布。若要构建我国自主可控的智能制造装备、系统、产品，形成成熟的产业链条，就需要具备标准化的政策体系、步骤流程、制造场景，形成闭环的价值链条，为中国制造业的转型升级提供赋能。

三是要建立智能制造的应急管理体系。此次突发疫情凸显了智能设备在疫情防护中的应急作用，要通过智能制造实现规模化、标准化、数字化、智能化的应急智能设备的更新与升级，加强智能设备的投入和研发力度，在突发事件出现时能够确保应急装备的供给。为此要着手制定应急管理以及应急智能设备生产、部署、测试、应用等相关标准，大力支持应急管理体系的建设，以应对不可控的公共安全事件。

相信在疫情过后，将会有更多的企业涉足智能制造领域以提高生产效率与企业管理水平，运用新理念、新技术、新方法引导智能制造的发展、创新与转型，为中国制造业带来新的活力。